X

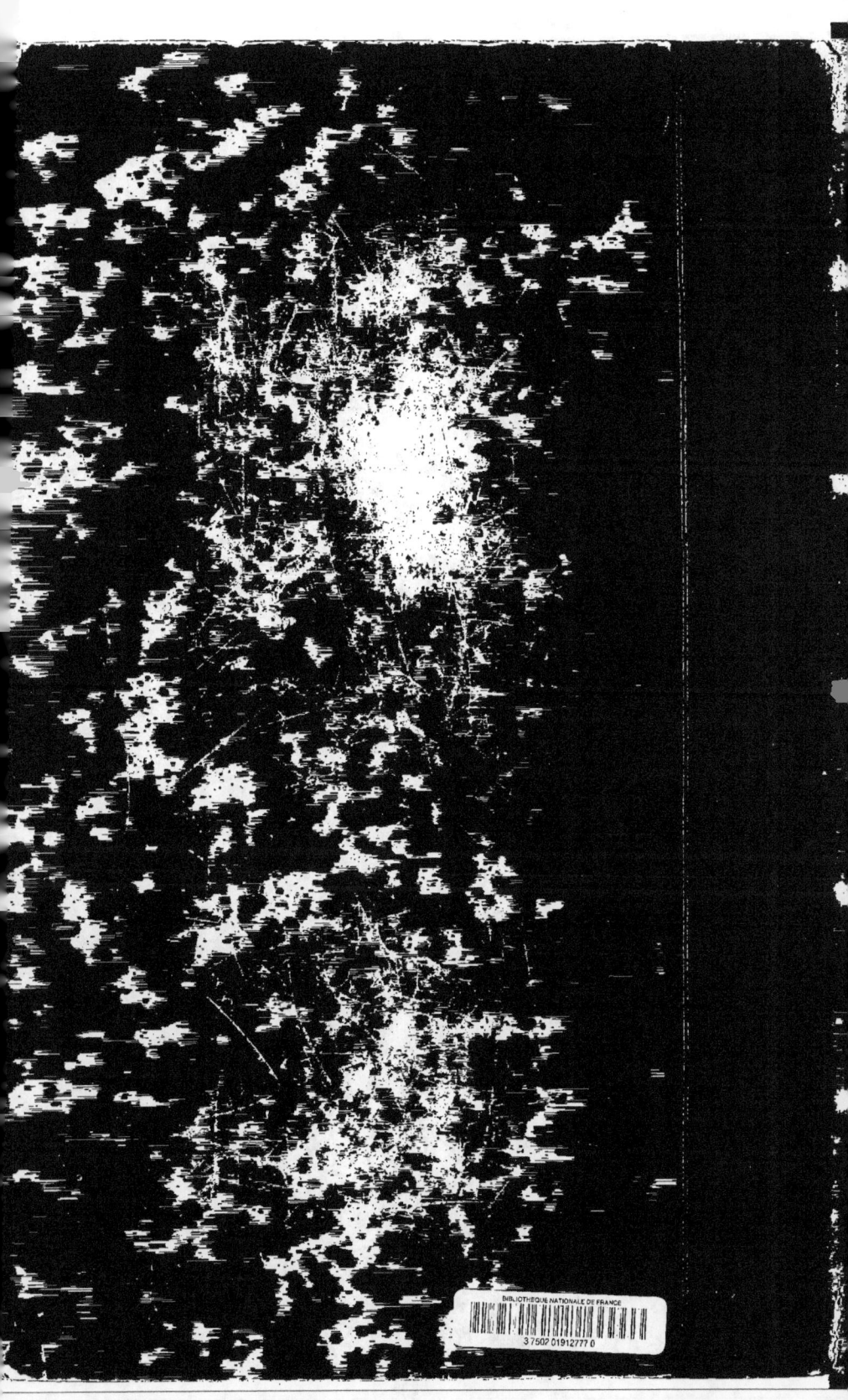

EXERCICES LATINS.

21901

Tout contrefacteur ou débitant d'exemplaires non signés par l'auteur, sera poursuivi selon la rigueur des lois.

Aug. Braue

AUTRES OUVRAGES DU MÊME AUTEUR.

GRAMMAIRE LATINE DE LHOMOND, ENTIÈREMENT REFONDUE. Cinquième édition, in-12, prix cartonnée, 1 fr. 50 c.

Cette Grammaire, adoptée par l'Université, a été l'objet, devant le Conseil royal de l'Instruction publique, d'un rapport dont voici un extrait : « *Cette nouvelle production est certainement préférable à ce qu'avait originairement donné Lhomond, et peut entrer utilement en concurrence avec les ouvrages du même genre qui sont le plus en vogue.* »

THESAURUS MEMORIÆ, ou *Morceaux choisis de littérature latine*, extraits des auteurs classiques, et destinés à être appris par cœur, dans le but de faciliter l'intelligence des auteurs et d'inspirer le goût d'une pure latinité ; ouvrage destiné aux études des *Collèges, Séminaires, Institutions et Pensions.*

Cet ouvrage se divise en deux parties in-12. La première est destinée aux classes de sixième et de cinquième ; et la seconde, aux classes de quatrième et de troisième.

La première partie est précédée de *cent*, et la seconde, de *soixante-quinze Racines latines* et d'environ *deux mille* mots *dérivés*.

Chaque partie est suivie de notes *explicatives, biographiques, historiques et géographiques*, sur tous les mots qui exigent quelque éclaircissement, ainsi que la définition du genre de chaque morceau d'éloquence.

Première partie, 3ᵉ édition, revue et *augmentée de morceaux de grec*, brochée, prix, 75 c. ; traduction, 1 fr. ; deuxième partie, 2ᵉ édition, brochée, prix, 50 c. ; traduction, 30 c.

COURS DE THÈMES LATINS D'IMITATION, avec dictionnaires. Première partie (classes *élémentaires*), in-12, cart., prix, 1 fr. 50 c. Seconde Partie (classe de *sixième*), 1 vol. in-12, prix, 1 fr. 50 c.

NOUVELLE GRAMMAIRE FRANÇAISE DES COMMENÇANTS, contenant les dix parties du discours, *développées et mises à la portée des enfants*; ouvrage très-simple et très-méthodique, dont chaque partie est suivie d'un *questionnaire*, de la manière la plus facile d'inculquer les principes de la langue dans l'esprit des enfants, et d'exciter l'émulation sans dégoût. 1 volume in-12, 3ᵐᵉ *édition, cartonné*, prix 75 cent.

COULOMMIERS. — IMPRIMERIE DE A. MOUSSIN.

EXERCICES LATINS

PAR AUGUSTE BRAUD,

AUTEUR DE LA

Grammaire Latine de Lhomond entièrement refondue, etc.

Ouvrage adopté par l'Université.

PREMIÈRE PARTIE,

Contenant des Exercices à corriger sur les *Déclinaisons*, les *Adjectifs*, les *Comparatifs* et les *Superlatifs*, les *Pronoms*, les différentes espèces de *Verbes*, et où chaque chapitre commence par un *Questionnaire*.

SECONDE PARTIE,

Contenant plus de deux mille Exercices sur toutes les règles de la Syntaxe latine, et terminée par une *Récapitulation générale*, où l'on trouve au moins un Exercice sur chaque règle. Tous ces Exercices renferment des *faits historiques, chronologiques*, des *maximes*, des *sentences*, etc., et sont de nature à être appris par cœur.

QUATRIÈME ÉDITION

REVUE ET CORRIGÉE.

PARIS,

DEZOBRY, E. MAGDELEINE ET Cie, LIBRAIRES-ÉDITEURS,
Rue des Maçons-Sorbonne, 1.

—

1846.

AVIS.

Le succès de ce livre dépasse de beaucoup les espérances que son utilité, aujourd'hui incontestable, avait pu faire concevoir : en moins de six mois une édition s'épuise et se renouvelle. C'est qu'en effet les *Exercices Latins* peuvent concourir puissamment au progrès des études; MM. les professeurs l'ont reconnu; et, quoique nouveau, ce livre est venu faire une agréable diversion à l'étude d'abord si difficile de la Grammaire.

Les *Exercices Latins* ont pour objet l'application de toutes les règles de la grammaire. L'élève les corrigera presque sans peine, sans travail, puisque les règles de la grammaire lui sont indiquées à la suite de chaque *alinéa* par un numéro de renvoi.

La *première partie*, destinée aux commençants, comprend des exercices à corriger sur les *déclinaisons*, les *comparatifs*, les *superlatifs* et les différentes espèces de *verbes*, principes qui font ordinairement le désespoir des enfants.

La *seconde partie* se compose de phrases

extraites des auteurs les plus célèbres sous le rapport du style, de l'élégance et de la morale. Ces exercices sont rangés selon l'ordre des règles de la grammaire, en sorte que l'élève passe toutes ces règles en revue, en lisant un latin pur et élégant, mêlé de *maximes,* de bons mots, de faits historiques, de traits hardis, de tours heureux, etc.

Manière d'enseigner ces Exercices.

L'élève doit corriger la *première partie* de vive voix, en citant le modèle d'après lequel il corrige; lorsqu'il a fini ce travail, il le recommence par écrit, et ne donne que le corrigé.

On agit ainsi pour la *seconde partie,* à l'exception que toutes les phrases latines s'écrivent et que l'élève met un trait sous les mots qu'il a corrigés.

Nota. La traduction n'a été donnée dans la *seconde partie* que pour faciliter aux élèves l'intelligence du texte latin; mais il importe beaucoup que, dans les corrections de vive voix, ces élèves s'habituent à traduire le texte en le corrigeant, sans regarder la traduction. C'est ainsi qu'ils se fortifieront dans la traduction orale des auteurs. — Le texte du dernier chapitre (*Récapitulation générale*) peut être utilement employé à toute espèce d'analyse.

EXERCICES LATINS

SUR

TOUTES LES RÈGLES DE LA GRAMMAIRE *.

PREMIÈRE PARTIE
JUSQU'À LA SYNTAXE.

CHAPITRE PREMIER. — SUBSTANTIFS.

EXERCICE Ier.

Première Déclinaison. (*Voyez Grammaire latine*, n°s 7 à 14.)

QUESTIONS : Combien y a-t-il de *parties du discours* en latin (*V. Gramm*. n° 1) ** ? Qu'entend-on par mots *variables ?* quels sont-ils ? (1)

Qu'entend-on par mots *invariables ?* quels sont-ils. (1)

Qu'est-ce que le *Nom* ou Substantif ? (2) D'où viennent ces mots *Nom, Substantif ?*

Combien y a-t-il de *nombres* dans les substantifs ? quels sont-ils ? (3)

Qu'entend-on par *cas* dans un *nom ?* (4)

Combien y a-t-il de *cas* dans un *nom ?* quels sont-ils ? (5)

Qu'entend-on par *décliner* un nom ? Combien y a-t-il de *déclinaisons ?* Par quoi les distingue-t-on ? (6)

A quoi reconnaît-on qu'un substantif est de la *première déclinaison ?* (7)

Quels sont les substantifs qui ont le *datif* et *l'ablatif plur.* en *abus ?* (8)

De quels noms les distingue-t-on ? (8)

Quelles sont les autres exceptions à la déclinaison du substantif *rosa ?* (9, 10, 11, 12)

---

* Voyez ma Grammaire latine de Lhomond entièrement refondue.
** Dans tout le cours de l'ouvrage, les n^{os} entre *parenthèses* désignent ceux des règles que l'élève doit consulter dans ma grammaire latine.

Exerc. lat. Aug. Br.

Que remarquez-vous sur le mot *família?* (13)

—

1. *Nominatif sing.* NE DITES PAS : Rosæ *, musam, mensâ, statuas, terris, musices, comete, physicen, sociæ, grammaticas, epitomis, Alciden, Pelidæ, Penelopes, rhetoricæ, Anchise, Andrean, boræ, Jonathæ, tiarâ, famulas, paginâ, horis, dominas, servam, filiæ, Cybeles, deabus, advenæ, odas, geometris.

2. *Génitif sing.* Rosam, mensas, statua, curis, herbâ, portas, fabulam, socia, horas, ô pagina, animarum, equâ, terrarum, natabus, musice, physice, grammaticas, epitomarum, rhetoricæ, Penelopæ, cometes, Alcide, Philocteten, Andrean, tiaras, ô Ænea, borean, Jonathâ.

3. *Datif sing.* Rosis, mensam, aquis, lunam, aquilis, aras, causas, coronam, famâ, portarum, filiabus, scholis, pœnam, culparum, ô statua, mora, stella, togam, tragœdiâ, sociabus, deas, ripam, sylvas, tubarum, musices, Penelopen, Cybele, grammaticas, cometes, ô Anchise, Jonathan, boreâ, geometris, odis, advena.

4. *Accusatif sing.* Rosas, musæ, mensarum, famulis, statuæ, aquarum, cura, terra, stella, portis, lunâ, pœnas, pagina, equæ, dominâ, servabus, musice, ô Cybele, Penelopes, epitomis, cometes, Philoctete, Alcide, Pelides, Andreas, tiaras, boreâ, geometres, odæ.

5. *Vocatif sing.* O rosæ, ô mensâ, ô terras, ô musis, ô scholæ, ô plantas, ô paginarum, ô stellam, ô filiabus, ô statuæ, ô paginam, ô coronas, ô portæ, ô fabulam, ô horâ, ô famulæ, ô dearum, ô servabus, ô aquis, ô musicæ, ô Cybeles, ô Penelopæ, ô epitomes, ô cometæ, ô Anchises, ô Peliden, ô Æneas, ô Andrean, ô tiaræ.

6. *Ablatif sing.* Rosarum, musam, aris, pœnæ, pecuniam, causa, famæ, poetis, nautam, advenas, moræ, portarum, veniam, terras, mensæ, stellas, filiam, famulabus, asina, musicæ, grammaticen, rhetorices, cometæ, Anchisen, Pelidæ, Æneas, Andrean, tiararum.

---

* L'élève doit traduire en français chaque mot latin. — Par là il apprendra la signification du mot, et de plus, les mots français serviront à justifier s'il écrit exactement le cas indiqué. L'élève n'écrit que le corrigé, et non les mots du livre. A la fin de cette *première partie,* l'élève trouvera un petit *dictionnaire* de tous les mots déclinables contenus dans ces exercices.

SUBSTANTIFS.

EXERCICE II.

7. *Nominatif plur.* NE DITES PAS : Rosa, musis, porta, mensam, scholâ, stellarum, plantas, advenis, poeta, morâ, filias, natabus, asinam, equa, epitomes, grammatice, cometen, odes, tiaran, geometris, odâ.

8. *Génitif plur.* Rosâ, prophetæ, turbam, uvis, vias, urnæ, villas, plantis, stellis, proræ, spumas, aras, causæ, fabulâ, nautis, poeta, grammaticis, epitomæ, cometes, odæ, tiaras, equabus, filiæ, domina, turbæ, tubis.

9. *Datif plur.* Rosas, musæ, prophetarum, turbâ, uvæ, viam, causas, fabulæ, mensam, advenarum, poetæ, plantas, stellam, filias, equæ, sociæ, epitomarum, grammaticas, portarum, cometæ, tiaran, geometræ.

10. *Accusatif plur.* Rosis, aquarum, plantæ, terram, advenarum, poetis, villæ, statua, urnam, grammaticis, epitomen, cometis, asinabus, filiæ, equarum, tiaræ.

11. *Vocatif plur.* O rosis, ô plantas, ô terram, ô poetis, ô aras, ô prophetarum, ô stella, ô cometes, ô advenis, ô asinabus, ô filiam, ô mensâ, ô statuas, ô epitomarum, ô tiaris, ô geometras, ô odis.

12. *Ablatif plur.* Rosæ, mensarum, portas, natæ, poetarum, odæ, grammaticæ, uvas, fabulam, scholâ, plantas, terræ, machina, herbarum, epitomas, paginæ, tiararum, togam, comete, Deas, turbas, tubæ, geometres.

EXERCICE III.

RÉCAPITULATION, *où tous les cas des deux nombres sont confondus.*

(*V.* Gramm., n°° 7 à 14.)

NOTA. *L'élève doit traduire et analyser les mots suivants tels qu'ils sont écrits ici. Lorsqu'il y rencontre une terminaison qui appartient à deux cas également, il doit le faire connaître. Ainsi, pour la terminaison æ, par exemple, on dit et l'on écrit : génitif singulier, ou datif singulier, ou nominatif pluriel, pour tous les mots qui se déclinent sur* Rosa.

13. Rosa.
Plantæ.
Scholam.
ô Terra.
Poetâ.
Prophetarum.
Uvis.
Stellas.
Fabulæ.
Mensæ.
Musæ.
Statuarum.
Cura.
Herbis.
Horarum.
Pagina.
Portas.
Aquis.
Moras.
ô Culpæ.
Aræ.
Causis.
Coronam.
Famæ.
Togis.
Pœnarum.

Pecuniæ.
Tragœdiâ.
Curas.
Lunæ.
Famulabus.
Deæ.
Animam.
Filias.
Equa.
Asinas.
Mulæ.
Natæ.
Dominabus.
Sociam.
Servæ.
Musicen.
Cibelæ.
Penelopes.
Physicen.
Grammaticarum.
Physice.
Epitomis.
Cometes.
Pelidæ.
Anchisen.

Philoctetes.
ô Alcide.
Æneas.
Tiaran.
Borean.
Aquilarum.
Arcâ.
Arena.
Belluis.
Belluam.
Catena.
Citharæ.
Rosis.
Plantas.
Scholæ.
Terris.
Poetam.
Advenis.
Propheta.
Uvæ.
Stellarum.
Fabulis.
Mensam.
Musâ.
Statuis.
Curæ.

ô Herbæ.
Horas.
Paginæ.
Portarum.
Aquæ.
Morâ.
Culpis.
Aram.
ô Causæ.
Lunam.
Fabula.
Fabulis.
Fabulæ.
Togam.
Togarum.
Togæ.
Pœnam.
Pecuniâ.
Tragœdiis.
Tragœdiæ.
Natabus.
Deabus.
Coronis.
Filiabus.
Fabulas.
Oden.

EXERCICE IV.

Deuxième Déclinaison. (*V.* Gramm., n° 15 à 20.)

Noms masculins et féminins.

QUESTIONS : A quoi reconnaît-on qu'un substantif est de la seconde déclinaison ? (15)

Que remarquez-vous sur les *noms* qui sont terminés par la lettre *r* ? (16)

Que remarquez-vous sur les mots *Deus*, *Agnus* et *chorus* ? (17)

Quels sont les *noms* qui ont le vocatif en *i* ? (18)

Que remarquez-vous sur les *noms* de cette déclinaison tirés du grec, tels que *Orpheus*, *Morpheus*, etc. ? (19)

Comment forme-t-on le vocatif de ces noms-là ? (19)

Qu'entend-on par Syncope ? donnez des exemples ? (20)

SUBSTANTIFS.

14. *Nominatif sing.* NE DITES PAS : Dominum, ô horti, lupo, ô asinis, populos, cervis, corvi, avorum, capillo, mulum, famuli, servo, asinis, socio, lauris, cupressi, pueri, avum, fabro, generi, socerum, libri.

15. *Génitif sing.* Domine, puer, virum, hortorum, lupis, magistrum, populo, ô fili, genius, Virgilio, Horatium, mulus, famulum, ô serve, asino, sociorum, animus, laurum, cupressis, puer, avo, fabrum, socer.

16. *Datif sing.* Domini, hortos, cervis, capillum, Deus, Orpheos, Perseon, Morphea, Theseum, famuli, servus, mulus, asinorum, ô anime, socius, lauros, cupressi, liber, generi, fabrum, genius, magistris, soceri.

17. *Accusatif sing.* Dominus, horto, luporum, Deos, Orphei, virorum, gladius, angeli, animo, famulis, asinos, cupressis, libros, socius, genero, genio, magister, pueris, fabris, avos, socero.

18. *Vocatif sing.* O Domino, ô lupi, ô servus, ô filius, ô genio, ô clypeus, ô Deum, ô pueris, ô Antonii, ô populum, ô cupressis, ô libris, ô laurum, ô viris, ô mulos, ô famulos, ô fabris, ô avus, ô natus.

19. *Ablatif sing.* Domine, calamus, hortum, cervis, vir, magistri, fabris, filium, Virgilii, Theseus, Deorum, clypei, servus, lupum, pueri, socerum, gladius.

20. *Nominatif plur.* Dominis, pueros, filium, ventus, Deorum, hortos, asinorum, famulis, cervis, clypeorum, liber, geniis, fabrorum, avis, soceros.

21. *Génitif plur.* Dominos, pueri, viris, Deos, asinis, servo, famulos, lupum, gladios, calamum, ventis, hortos, populi, capillum, cupressum, soceri.

22. *Datif plur.* Dominorum, ventum, populos, Romani, viro, avum, generi, Deorum, filii, cervos, famuli, calamum, servo, muli, magistros, prunus, socer.

23. *Accusatif plur.* Domini, ventorum, horti, filium, virum, famulum, pueri, magister, fabrum, animis, Diis, agrum, aprorum, servi, prunis, socium.

24. *Vocatif plur.* O Dominos, ô anime, ô Deorum, ô puer, ô viris, ô apris, ô magistros, ô populum, ô famule, ô capillis, ô cervos, ô fabris, ô avorum, ô natus.

25. *Ablatif plur.* Dominos, radius, hædum, annos, Deorum, viri, carduus, clypeorum, digitorum, populos, Romani, magister, apros, muli, famulorum, servos, asinos, socii, generum, laurus, cupressum, avorum.

EXERCICE V.

Deuxième Déclinaison. (*V.* Gramm. n°ˢ 21 et 22.)

Noms neutres.

QUESTIONS : Combien y a-t-il de *genres* en Français? (21) Combien y en a-t-il en latin? — Qu'est-ce que le genre *neutre?* (21)
Quels sont les noms qui n'ont pas le même genre au pluriel qu'au singulier? (22)

26. *Nominatif sing.* NE DITES PAS : Templo, brachii, bella, exemplorum, vini, vitiis, collo, studiis, vulgi, folia, membro, ovo, prælii, cœlo, balnei.

27. *Génitif sing.* Templum, brachia, bello, exemplis, vinum, vitiorum, ova, prælium, studio, vulgus, membra, cœlum, verbis, theatro, balneo.

28. *Datif sing.* Templi, bellum, spoliis, sarmentis, fanum, colli, oppidi, theatris, vitium, studia, vulgi, exemplorum, balnei, cœlum.

29. *Accusatif sing.* Templo, belli, vino, foliorum, ovorum, prælia, theatro, studii, foliis, brachiis, vulgo, verbi, balnei, cœli.

30. *Vocatif sing.* O templi, ô bellorum, ô vulgo, ô prælia, ô vini, ô exemplis, ô colli, ô membro, ô præmii, ô studio, ô cœlo.

31. *Ablatif sing.* Templa, vulgus, brachium, belli, exemplorum, balneum, vitium, colli, membris, ova, theatris, præmium, prælia, cœli.

32. *Nominatif plur.* Templis, brachii, vitiorum, ovum, theatris, belli, præmium, velum, saxorum, armis, elementi, locis, exemplis.

33. *Génitif plur.* Templa, bellis, exemplum, momentis, ova, loca, foliis, spolia, brachii, vinis, vitia, præmia, præliis, monumenta, theatro.

34. *Datif plur.* Templorum, bella, membro, theatra, collorum, verbum, prælii, jugum, ovorum, exempli, studio, vina, locorum.

35. *Accusatif plur.* Templis, bellum, verborum, armis, foliis, brachiorum, præliis, vitiorum, vini, monumentum, locis, spoliis, exemplorum.

36. *Vocatif plur.* O templis, ô verborum, ô vinum, ô

SUBSTANTIFS.

astris, ô armis, ô castris, ô fatis, ô folii, ô bellis, ô brachium, ô præmîi, ô locorum, ô monumenti.

37. *Ablatif plur.* Templa, bellum, foliorum, fana, fatorum, astrum, monstrum, negotia, prælia, præmio, vitia, rostri, loca, castrorum.

EXERCICE VI.

RÉCAPITULATION *sur la première et la deuxième déclinaison.*

(*V.* Gramm., n°ˢ 7 à 22.)

L'élève doit traduire et analyser chaque mot, de vive voix ou par écrit, en indiquant le GENRE, le NOMBRE, la DÉCLINAISON et le CAS, tels qu'ils sont écrits ici.

38. Rosis.   Theatrorum.   Negotiorum.   Campos.
Vitium.   Astris.   ô Fatum.   ô Musa.
Doli.   Genii.   Famulum.   ô Dii.
Populorum.   Gladium.   Deabus.   ô Agnus.
Famulabus.   ô Romane.   Deos.   Grammaticas.
Templi.   Verbis.   Chorus.   Anchises.
Domino.   Animas.   Virorum.   Dolium.
ô Rosæ.   Animos.   Apris.   Equabus.
Mensarum.   Servabus.   Balneæ.   Equis.
Deos.   Cybelen.   Asinis.   ô Horæ.
ô Fili.   ô Andrea.   Cœli.   Statuarum.
Brachiis.   ô Puer.   Servis.   Fabulis.
Bello.   Servis.   Filiabus.   Epitomas.
ô Præmia.   Asinabus.   Filiis.   Cometis.
Magistri.   Cometæ.   Cupressi.   Pelidæ.
Orpheon.   Laurorum.   Vulgo.   Andreas.
Famulis.   Rostrum.   Aprorum.   Frumenti.
Plantas.   Tiaras.   Agris.   Ager.
Hortum.   Sociorum.   Angelis.   ô Poetæ.
ô Anima.   Foliis.   Choros.   Nautis.
ô Animæ.   Gladiis.   Sarmentorum.   Studia.
ô Anime.   Arma.   Vulgi.   Locis.
Populi.   ô Momentum.

EXERCICE VII.

Troisième Déclinaison. (*V.* Gramm., n°ˢ 23 et 24.)

Noms masculins et féminins.

QUESTIONS : A quoi reconnaît-on qu'un nom est de la 3ᵉ déclinaison ? (23)

Comment se forment les *cas* dans cette déclinaison ? (24)

39. *Nominatif sing.* NE DITES PAS : Sororem, aquilonis,

militem, virginum, laboribus, hominis, leonum, hirundines, patrum, latronibus, ordini, virtuti.

40. *Génitif sing.* Sorores, religioni, formido, ordinem, labor, frater, honos, pietatem, calamitas, mulieri, uxor, militi, pedem, judex, regi, virtus.

41. *Datif sing.* Sororis, matrum, hirundinis, latronem, uxores, pavonis, imaginibus, aries, laudis, color, vulturis, societas, occasio, miles, pedis, judicis, virtutem.

42. *Accusatif sing.* Soror, aquilo, militis, virgini, labores, homo, leoni, hirundinum, patres, mater, ordinibus, religionis, pietas, laus, occasioni, virtus.

43. *Vocatif sing.* O sororis, ô uxorem, ô societati, ô formidinem, ô lampadem, ô fratris, ô colori, ô pavonem, ô vultures, ô ætatem, ô milites, ô laudem.

44. *Ablatif sing.* Sorori, virgo, imago, societiatem, hirundini, fraudis, aquiloni, pavo, leo, regi, lampas, hæreditatis, nepoti, canis, laudi, regi, pedi, virtuti.

45. *Nominatif plur.* Sororibus, virginum, miles, hominis, nepotem, ordinibus, imagini, formidinis, hospiti, laborum, fratrem, uxori, virtutis.

46. *Génitif plur.* Sororis, ætatem, latrones, societas, milites, laudibus, pavonis, leonem, virgines, imagini, hirundine, lampade, fraudem, virtutes.

47. *Datif plur.* Sorori, religioni, societatés, auditorem, professoris, hominem, pavoni, latrones, color, mulieres, hirundinum, laudis, virtus, arboris.

48. *Accusatif plur.* Sororum, aquilonibus, patris, laborem, uxoris, calamitas, lampas, miles, laudum, floris.

49. *Vocatif plur.* O sororis, ô lampadi, ô societas, ô leonum, ô aries, ô sermonibus, ô hirundinis, ô vulturi, ô hominem, ô virgo, ô laudibus, ô virtutem.

50. *Ablatif plur.* Sororis, imagini, virgines, laude, uxor, societati, lampades, colorum, florem, custodis, patres, fratri, adolescentes, pyramide, canes, pedes, arietum, homines, virtutes, arbores.

EXERCICE VIII.

Troisième Déclinaison. (*V.* Gramm., n°⁹ 28 à 31, 34, 35, 36.)

Noms masculins et féminins.

QUESTIONS : Comment se forme *l'ablatif singulier* des noms de la 3ᵉ déclinaison ? (23 — 3°)

SUBSTANTIFS. 9

Que remarquez-vous sur le mot *bos*? (24 — 8°)

Comment se termine le *génitif pluriel* du mot *avis*? (28)

Quels sont les mots qui ont le *génitif pluriel* en *ium*? (28 29)

Quels sont ceux qui ont cet *accusatif* en *em* ou en *im*? (30)

Quels sont les noms de cette déclinaison qui ont *l'accusatif sing.* en *im*? (31)

Que remarquez-vous sur les noms tirés du grec en *esis*, *ysis*? (34)

Que remarquez-vous sur le mot *heros*? (35)

Quels sont les autres noms grecs qui suivent cette règle? (35)

Que faut-il observer sur *l'accusatif singulier* en *a* et *l'accusatif pluriel* en *as* de ces noms-là? (35 rem.)

51. *Nominatif sing.* NE DITES PAS : Avi, noctis, fontem, colli, montes, mensi, cædis, securim, siti, tussi, vim, Tiberi, Arari, turrim, naves, puppium, cladem, artium, poesim, Theseos, phrasin, heroa, Palladis, Arcadem, æthera, Daphnim, amni, auribus, civium, classem, corbes, crines, febrem, hosti, orbi, pisci, unguium, vermibus, tigridis, sodales.

52. *Génitif sing.* Avibus, noctes, fontium, colles, montibus, menses, cædem, securibus, sitim, tussim, vires, Tiberim, Arari, turrim, navibus, puppi, clades, ars, poesi, thesim, phraseon, heros, Pallada, Arcas, ætherem, Daphni, amnes, auri, civem, classi, corbibus, crini, febri, hostium, orbe, piscium, unguibus, vermium, tigridem, sodali.

53. *Datif sing.* Avem, noctium, fontes, collis, mons, mensis, cædes, securim, sitis, tussim, vires, Tiberim, Ararim, turris, navibus, puppim, cladis, artis, poeseon, ætheris, phrases, heroem, Pallas, Arcadis, Daphnis, amnem, aure, civis, classes, corbibus, crine, febris, hostes, orbem, pisces, unguis, vermis, tigrida, sodalium.

54. *Accusatif sing.* Avis, nox, fons, colle, montis, mensibus, cædis, securi, sitis, tussi, vis, Tiberi, Araris, turres, naves, puppis, clades, arti, poesis, thesi, phraseos, heroum, Palladis, Arcade, ætheris, Daphni, amnibus, aurium, civi, classe, corbes, crini, febri, hosti, orbe, unguibus, vermi, tigridi, sodalis.

55. *Vocatif sing.* O avem, ô nocti, ô fontis, ô collem, ô monte, ô menses, ô cædi, ô securi, ô sitim, ô tussim, ô virium, ô Tiberi, ô Arari, ô turribus, ô navium, ô puppi, ô cladis, ô artis, ô poeseos, ô thesi, ô phraseon, ô heroibus, ô Palladem, ô Arcadi, ô ætheris, ô Daphni, ô amnibus, ô aurium, ô cive, ô classes, ô corbium, ô crinem, ô febri, ô hostibus, ô orbe, ô pisce, ô ungui, ô vermi, ô tigrida, ô sodalium.

56. *Ablatif sing.* Avem, nocti, fontis, collem, montium, mensis, cædes, securim, sitis, tussis, vires, Tiberim, Ararim, turris, navis, puppim, cladis, ars, poeseos, thesis, phrasin, herois, Palladi, Arcadem, æther, crinis, febris, hostes, orbem, piscis, ungues, vermis, sodalis.

57. *Nominatif plur.* Avibus, noctium, fontem, collis, montibus, mensi, cædi, securi, virium, turribus, navis, puppis, cladi, artium, poeseos, phraseon, thesibus, heroas, amnium, auribus, civis, classi, corbis, crinium, febribus, hostium, orbium, piscibus, unguis, vermi, sodalis.

58. *Génitif plur.* Aves, noctis, fontibus, collem, monti, menses, cædes, securibus, vires, turri, naves, puppim, clade, artibus, poesi, phrasis, thesibus, herois, amnes, aures, civi, classem, corbi, crines, febris, hostibus, orbes, pisci, ungues, vermibus, sodalis.

59. *Datif plur.* Avis, noctium, fonti, collis, monte, mensi, cædis, secures, virium, turri, navi, puppes, cladium, artium, poesis, phrasi, theses, heroem, amnium, auris, cives, classium, corbis, crini, febri, hostes, orbis, piscium, ungui, vermes, sodali.

60. *Accusatif plur.* Avis, noctium, fonti, mensibus, collis, montium, cædium, securibus, turris, navium, puppi, cladibus, artis, poesi, phrason, thesi, heros, amnibus, auri, civibus, classem, corbi, crinium, febris, hostium, orbem, piscibus, unguis, vermi, sodalium.

61. *Vocatif plur.* O avibus, ô noctis, ô fons, ô mensium, ô collibus, ô mons, ô cædi, ô securium, ô turri; ô navis, ô puppis, ô cladi, ô artium, ô poeseos, ô phrasibus, ô thesis, ô heroas, ô amnis, ô aurium, ô civis, ô classis, ô orbidus, ô corbis, ô crinem, ô febri, ô hostibus, ô piscem, ô ungui, ô vermium, ô sodalibus.

62. *Ablatif plur.* Aves, noctes, fontium, menses, colli, montes, cædis, secures, turri, naves, puppes, cladis, ar-

SUBSTANTIFS. 11

tium, poeses, phrases, thesis, heroum, amnis, aurium, cives, classe, corbes, crines, febrium, hoste, orbis, unguem, vermis, sodalium.

EXERCICE IX.

Troisième Déclinaison. (*V.* Gramm., n°* 25, 32, 33.)

Noms neutres.

QUESTIONS : Récitez le modèle de la 3ᵉ déclinaison, pour le genre *neutre.* (25)
Que remarquez-vous sur le mot *vas?* (25)
Que faut-il observer à l'égard des noms *neutres* dont le nominatif est en *e,* en *al* ou en *ar?* (32)
Comment se termine le *pluriel* des noms *neutres* qui ont l'ablatif singulier en *i?* (32)
Que faut-il remarquer sur les noms *neutres* qui sont terminés en *ma?* (33)

---

63. *Nominatif singulier.* NE DITES PAS : Corporis, tempori, capita, lumini, nemori, olerum, pecorum, pectoris, vulnera, vasis, cubilis, animalia, mantili, calcari, poemate, ænigmatis, diademata, dogmata, stratagematis, aromata, maris, cruris, agmini, carmina, ominis, criminum, examinibus, nominis, papaveris, marmora, gutturi, sulphuris, roboris, fœderum, generi, lateris, munera, operum, sidera, littoris, pignorum, ruris.

64. *Génitif sing.* Corpori, tempus, capitum, lumen, nemora, oleri, pecus, pectori, vulneribus, vas, crus, agminum, carmini, nominibus, crimina, examini, omini, papaver, ver, marmor, guttur, sideri, littora, pignori, cubile, animali, mantili, calcaria, poemati, ænigmatibus, diademati, dogma, stratagemati, aromati, ruri.

65. *Datif sing.* Corpus, temporis, capitis, luminis, nemoris, olera, pecorum, pectoribus, vulneris, vasa, crurum, agminis, carminis, nomina, criminis, examinis, omina, ver, papavera, marmoris, guttura, sideris, littorum, pignoris, cubilis, animal, mantilis, calcaris, poematis, ænigma, diadematis, stratagemata, dogmatis, aromatis, rus.

66. *Accusatif sing.* Corpora, tempori, capite, luminum, nemore, oleris, pecori, pectore, vulneribus, vasis, crure,

agminis, carmine, nomina, criminibus, examine, omine, vere, papaveri, marmore, gutturis, siderum, littoris, pignore, cubilibus, animali, mantilia, calcari, poematum, ænigmate, diademati, stratagematum, dogmate, aromatum, rure.

67. *Vocatif sing.* O corpore, ô temporibus, ô capitum, ô lumine, ô nemorum, ô olerum, ô pecoribus, ô pectora, ô vulneri, ô vase, ô cruris, ô agmine, ô carminibus, ô nominum, ô crimina, ô examinum, ô ominum, ô veris, ô papaverum, ô marmoris, ô gutturibus, ô sidere, ô littore, ô pignoris, ô cubilium, ô animalia, ô mantilibus, ô calcaria, ô poematibus, ô ænigmatibus, ô diadematis, ô dogmatum, ô stratagematibus, ô aromatibus, ô ruri.

68. *Ablatif sing.* Corporibus, tempori, capiti, luminum, nemoribus, olera, pecoris, pectorum, vulnerum, vasorum, cruri, agmen, carmen, nominum, crimen, examinum, omina, ver, papavera, marmoris, gutturum, sidus, littus, pignoribus, cubile, animalibus, mantile, calcarium, poemata, ænigmatis, diadematibus, dogmatum, stratagema, aromatis, rus.

69. *Nominatif plur.* Corporum, tempore, caput, luminis, nemorum, oleribus, pectore, vulneribus, vasi, crurum, agminum, carminibus, nominibus, crimine, examinibus, ominum, papaverum, marmorum, gutturi, sideribus, littus, pignorum, cubilium, animali, mantilis, calcaris, poema, ænigmatis, diadematum, dogmatum, stratagema, aroma.

70. *Génitif plur.* Corpora, temporibus, capitibus, lumina, nemora, oleris, pectoribus, vulneri, pecora, vasa, crure, agmina, carminis, nomina, criminibus, examina, ominibus, papavera, marmori, guttura, sideris, littoribus, pignora, cubilibus, animalis, mantile, calcaribus, poematis, ænigmata, diadematibus, stratagema, dogmata, aromatibus.

71. *Datif plur.* Corpori, tempore, capita, luminis, nemore, olera, pectorum, pecus, vulnus, vasorum, cruris, agminis, carmina, nominum, crimine, examen, omen, papaveri, marmor, gutturis, sidere, littore, pignoris, cubili, animal, mantile, calcaria, poematum, ænigmati, diadema, dogma, stratagemati, aromata.

72. *Accusatif plur.* Corporibus, temporis, capitum,

SUBSTANTIFS. 13

lumen, nemus, oleribus, pectus, pecoribus, vulneribus, vasis, cruris, agminum, carminibus, nominis, crimini, examinium, omini, papaveris, marmor, gutturis, sideri, littorum, pignori, cubilis, animalium, mantilis, calcari, poemati, ænigmatibus, diadematis, dogmati, stratagematis, aromatibus.

73. *Vocatif plur.* O corporum, ô tempus, ô capitibus, ô luminum, ô nemorum, ô oleris, ô pectorum, ô pecoribus, ô vulneri, ô vasi, ô cruribus, ô agminibus, ô carminis, ô nomen, ô criminum, ô examen, ô ominis, ô papaverum, ô marmorum, ô gutturi, ô sideris, ô littoris, ô pignorum, ô cubilibus, ô animalis, ô mantili, ô calcaris, ô poematis, ô ænigmatis, ô diadema, ô dogma, ô stratagemati, ô aromatis.

74. *Ablatif plur.* Corpus, temporis, capiti, lumen, nemus, olere, pecora, vulnerum, pectus, vasi, crura, agminis, carminis, nomina, crimen, examinis, omina, papaverum, marmora, guttura, sideri, littus, pignorum, cubile, animalia, mantilis, calcaris, poemata, ænigmatum, diademata, stratagemati, dogmate, aromati.

EXERCICE X.

RÉCAPITULATION.

(*Voyez* Grammaire, n°s 23 à 36.)

L'élève doit traduire et analyser chaque mot de vive voix ou par écrit, en indiquant le GENRE, *le* NOMBRE, *la* DÉCLINAISON *et le* CAS, *tels qu'ils sont écrits ici.*

75. Sororibus.	Vultur.	Corbes.	Daphnis.
Patris.	Nepote.	Pietas.	Crines.
Honos.	Sermones.	ô Imago.	Vermium.
Pavonem.	Collium.	Lampade.	Oleribus.
ô Rex.	Viribus.	Laudis.	Animalia.
Auditore.	Artes.	Noctium.	ô Opera.
Pyramide.	Arcas.	Siti.	Sulphure.
Avium.	ô Classes.	Puppim.	Leonibus.
Flos.	Piscibus.	Heroa.	Hirundo.
ô Fons.	Lumen.	ô Ungues.	Cædis.
Tussim.	Vasis.	Luminibus.	Turri.
Cladibus.	Ænigmati.	Cubile.	Legem.
Pallada.	Mantile.	Diadematis.	Mori.
Cives.	Dogmati.	Cruri.	Papaveris.
Orbem.	ô Agmen.	Crimen.	Fœdus.
Capitum.	Omine.	ô Guttur.	ô Littus.

Vulnera.	Robur.	Munere.	Militem.
Poematum.	Sideris.	Homines.	Ordinem.
Aromatis.	Aquiloni.	Fratrum.	Calamitatis.
Examina.	Latronem.	Matribus.	Colorum.
ô Ver.	Mare.	Ætatem.	Hæreditas.
Generibus.	ô Nomen.	Hospites.	Pedem.
Pignus.	Marmori.	ô Adolescentes.	Senex.
Securibus.	Latus.	Mensibus.	Palumbe.
Naves.	Laboris.	Auribus.	ô Crines.
ô Phrases.	Formidini.	ô Hostes.	Rupes.
Amnibus.	Uxorem.	Sodalibus.	Vatum.
Febris.	ô Societas.	Tempora.	Hæredibus.
Tigridis.	Cane.	Pectorum.	Mercedes.
Corpori.	Custodes.	Calcaria.	Phraseos.
Pecus.	Montium.	Stratagema.	Lumina.
Virginis.	Tiberim.	Carminibus.	Laterum.
Religioni.	Poesibus.	Aratis.	Ruri.
Mulierem.	Ætheris.	Theseon.	Hæredi.

EXERCICE XI.

Quatrième Déclinaison. (*V.* Gramm. n°s 37 à 41.)

Noms masculins, féminins et neutres.

QUESTIONS : A quoi reconnaît-on qu'un substantif est de la 4e déclinaison ? (37)

Que doit-on observer à l'égard du mot *Jesus*? (38)

Que remarquez-vous sur les noms *neutres* de cette déclinaison ? (39)

Quels sont les noms qui ont le *datif* et l'*ablatif* pluriel en *ubus* ? (40)

Que remarquez-vous sur le nom irrégulier *Domus*? Déclinez ce nom. (41)

---

76. *Nominatif sing.* NE DITES PAS : Manuum, fructu, vultui, exercitum, curribus, fluctuum, ô tumultus, domi, quercubus, arcum, lacûs, portum, tribûs, cestui, acum.

77. *Génitif sing.* Manus, fructum, vultuum, exercitui, currus, fluctibus, tumultum, domus, quercuum, arcus, lacu, portui, tribum, cestus, acuum.

78. *Datif sing.* Manûs, fructus, vultu, exercituum, curribus, fluctum, tumultus, domorum, quercu, arcubus, lacuum, portum, tribu, cestibus, acûs.

79. *Accusatif sing.* Manibus, fructu, vultûs, exercitibus, currui, fluctuum, tumultus, domui, quercui, arcuum, lacubus, portum, tribui, cestus, acui.

SUBSTANTIFS. 15

80. *Vocatif sing.* O manum, ô fructuum, ô vultûs, ô exercitu, ô curruum, ô fluctuum, ô tumultibus, ô domo, ô quercûs, ô arcubus, ô lacûs, ô portu, ô tribuum, ô cestibus, ô acu.

81. *Ablatif sing.* Manus, fructui, vultuum, exercitibus, currus, tumultuum, domûs, quercum, arcûs, lacubus, portui, tribus, cestûs, acus.

82. *Nominatif plur.* Manibus, fructûs, vultui, exercitum, currui, tumultum, domo, quercubus, arcuum, lacui, portubus, tribubus, cestui, acûs, cornibus, genuum, tonitribus.

83. *Génitif plur.* Manus, fructibus, vultu, exercitûs, currus, tumultus, domibus, quercûs, arcum, lacubus, portus, tribûs, cestum, acus, genua, cornu, tonitrua.

84. *Datif plur.* Manuum, fructûs, vultu, exercituum, currûs, tumultu, domus, quercu, arcum, lacu, portui, tribus, cestuum, acus, genua, cornua, tonitrua.

85. *Accusatif plur.* Manum, fructu, vultûs, exercitibus, curru, tumultum, domi, quercûs, arcu, lacubus, portum, tribui, cestibus, acuum, cornibus, genuum, tonitribus.

86. *Vocatif plur.* O manibus, ô fructuum, ô vultui, ô exercitu, ô curribus, ô tumultuum, ô domibus, ô quercum, ô arcuum, ô lacu, ô portubus, ô tribu, ô cestum, ô acu, ô tonitruum, ô cornibus.

87. *Ablatif plur.* Manum, fructûs, vultuum, exercitus, currum, tumultum, domûs, quercu, arcus, lacus, portum, tribuum, cestus, acûs, cornuum, genua, tonitrua.

EXERCICE XII.

RÉCAPITULATION.

(*Voyez* Grammaire, n°s 37 à 44.)

L'élève doit agir pour les mots suivants comme à l'Exercice X.

88. Manibus.   Cestum.   Sinuum.   Quercubus.
    Fructuum. Genua.   Tumultu.   Arcu.
    Vultui.   Portubus. Singultui.   Lacubus.
    Exercitum. Tribu.   ô Manus.   Tonitruum.
    ô Currus. Acu.   Fructibus.   Portus.
    Fluctu.   Cestibus. Vultuum.   Tribubus.
    Tumultus. Fastu.   Exercitibus. Cestus.

Tonitru.	Luxum.	Cornibus.	Acuum.
Domus.	Artubus.	Curru.	Astu.
Quercus.	Metum.	Fluctus.	Tastum.
Arcum.	ô Ritus.	Tumultus.	Luxus.
Lacuum.	Gelu.	ô Domi.	Cornua.

EXERCICE XIII.

Cinquième Déclinaison. (*V.* Gramm., n°s 42 et 43.)

Noms masculins et féminins.

QUESTIONS : Dans quel cas reconnaît-on qu'un substantif est de la *cinquième déclinaison?* (42)

Dans quels mots les *génitifs, datifs* et *ablatifs pluriels* ne sont-ils pas usités? — Quelles sont les exceptions? (43)

Que remarquez-vous sur les noms composés? — Donnez des exemples. (44).

Récitez le tableau général des cinq déclinaisons (45)

Quels sont les cas semblables dans toutes les déclinaisons? (46)

Quels cas sont semblables dans les noms *neutres?* — Quelle est la terminaison de ces cas au *pluriel?* (46)

89. *Nominatif sing.* NE DITES PAS : Diei, planitiem, acie, cariei, ô fides, glaciem, rerum, perniciem, rabiei, specie, spem, ô ingluvies, diluvie, effigie, facie, serie.

90. *Génitif sing.* Diem, planitie, acies, caries, fide, glacie, rebus, perniciem, rabies, specierum, spe, ingluviem, diluvie, effigiem, facie, series.

91. *Datif sing.* Dies, planitiem, acie, carie, fides, glacie, rem, perniciem, rabies, speciebus, spes, ingluvies, diluviem, effigies, faciem, serie.

92. *Accusatif sing.* Diei, planitie, aciei, caries, fidei, glacie, res, perniciei, rabies, specierum, spes, ingluvie, diluviei, series, facie, effigies.

93. *Vocatif sing.* O diem, ô planitiei, ô acie, ô cariem, ô glacie, ô rebus, ô perniciem, ô rabiei, ô speciem, ô spei, ô ingluviem, ô diluviebus, ô serie, ô faciem.

94. *Ablatif sing.* Dierum, planitiei, acierum, caries, glaciem, rerum, perniciem, rabies, spem, ingluviebus, diluviei, effigies, faciem, seriei.

95. *Nominatif plur.* Diebus, planitierum, aciebus, rerum, spebus, ingluvierum, diluviebus.

SUBSTANTIFS.

96. *Génitif plur.* Dies, planitie, acies, res, spei, ingluvies, diluviem.
97. *Datif plur.* Dierum, planitiem, acierum, re, sperum, ingluvies, diluviei.
98. *Accusatif plur.* Diem, planitiei, aciebus, rerum, spei, ingluvie, diluvierum.
99. *Vocatif plur.* O diei, ô planitie, ô acie, ô rebus, ô spem, ô ingluviebus, ô diluvie.
100. *Ablatif plur.* Dierum, planities, acie, res, spei, ingluvies, diluviei.

NOTA. La première et la cinquième déclinaison n'ont pas de substantifs du genre neutre.

EXERCICE XIV.
RÉCAPITULATION.
(*V.* Grammaire, n°˙ 42, 43 et 44.)

L'élève doit traduire et analyser les mots suivants comme à l'exercice X.

101. Dierum.   Diluvie.   Diluviem.   Respublica.
     Planities.   Planitie.   Diei.   Jujurandum.
     Aciebus.   Aciem.   Planitiem.   Paterfamilias.
     Cariei.   Diebus.   Acierum.   Reipublicæ.
     Fidem.   Fidei.   Fides.   Jurejurando.
     Glacie.   Glacies.   Glaciem.   Patremfamilias.
     Res.   Rebus.   Rem.   Rempublicam.
     Pernicie.   Perniciei.   Pernicies.   Jurijurando.
     Rabies.   Rabie.   Rabiei.   Reipublicæ.
     Speciebus.   Specierum.   Specie.   Jurisjurandi.
     Spem.   Spe.   Spes.   Patrefamilias.
     Ingluviei.   Ingluvies.   Ingluvie.   Republica.

EXERCICE XV.
RÉCAPITULATION sur les cinq déclinaisons.
(*V.* Gramm. du n° 7 au n° 46.)

L'élève doit traduire et analyser les mots suivants comme à l'exercice X.

102. Rosarum.   Carnis.   Herbam.   Poemata.
     Hirundini.   Lupum.   Herois.   Lampas.
     Theseon.   Virginem.   Fructibus.   Populis.
     Perseos.   Latro.   Lagenæ.   Poetæ.
     Orpheon.   Munera.   Negotia.   Luminibus.
     Puero.   Marium.   Equabus.   Crimina.
     Diebus.   Deabus.   Equis.   Littus.
     Apri.   Famulis.   Securim.   Dogmatum.

Fabrum.	Asinabus.	Epitomes.	Aromatibus.
Patrum.	Asinis.	Cometes.	Regis.
Miles.	Faciem.	Persei.	Civem.
Ingluvies.	ô Aves.	Fratri.	Urbium.
Deabus.	Chorum.	Hospiti.	Pectoribus.
Rosis.	Sitim.	Lampadi.	Animale.
Famulabus.	Tribubus.	Palladis.	Mare.
Vitii.	Tonitru.	Nauta.	Mantilis.
Dolum.	Dolium.	Genii.	Calcari.
Mensis.	Ænean.	ô Virgili.	Pernicie.
Dii.	Vultum.	Physicen.	Specubus.
Sorores.	Quercus.	Pelide.	Jesu.
Filius.	ô Ritus.	Andreas.	Domi.
Servarum.	Gelu.	Rerum.	Domus.
Honorem.	Diluviem.	Rempublicam.	Poematis.
Spe.	Aciei.	Gladio.	Vasa.
Manus.	Tiaræ.	Exercitum.	Cubilis.
Corpori.	Agros.	Genuum.	Turri.
Diis.	Fontem.	Portuum.	Phraseos.
Templa.	Specie.	ô Horte.	Astu.
Porta.	Artubus.		

CHAPITRE II. — ADJECTIFS.

EXERCICE XVI.

1re, 2e et 3e Déclinaison. (*V.* Gramm., n° 47 à 56.

QUESTIONS : Qu'est-ce que l'*adjectif*? D'où vient le mot *adjectif*? (47)

De quelles *déclinaisons* sont les *adjectifs*? (48, 50, 52, 53, 54, 56)

Sur quels modèles se déclinent les adjectifs terminés en *us,* en *a,* en *um,* en *er*? (48)

103. *Nominatif sing.* NE DITES PAS : *
masc. fémin. neutre.
Boni, bonæ, bona; sancti, sanctam, sancti; doctum, doctis, docto; magno, magnâ, magni; parvi, parvam, parvo; periti, peritæ, perito; cupidum, cupidæ, cupido; nigri,

* Remarquez bien, dans ces exercices, que des trois mots qui se suivent, le premier est pour le *masculin*, le second pour le *féminin* et le troisième pour le *neutre.* A l'égard de *prudenti, sapienti,* il n'y a qu'un mot, parce que le nominatif est le même pour les *trois genres.* Quelquefois un mot est pour le *masculin* et le *féminin,* et le second pour le *neutre.*

ADJECTIFS. 19

nigram, nigro ; pigro, pigræ, pigri ; pulchri, pulchrâ, pulchro ; misero, miserâ, miseri ; prudenti ; sapienti ; audacis; felicem, felicis ; veloci, velocem ; fortem, fortis ; utili ; comem, comis ; facilem, facili ; levem, levis ; celebri, celebrem, celebri ; salubres, salubri, salubris ; celerem, celeri, celeris ; alacris, alacrem, alacri.

104. *Génitif sing.* Bonis, bona, bonum ; sanctum, sanctis, sancto ; docto, docta, doctum ; magnus, magnam, magnis ; parvum, parva, parvis ; peritus, peritam, perito ; cupidus, cupidas, cupidum ; niger, nigram, nigra ; pigros, pigram, pigris ; pulcher, pulchrarum, pulchris ; miserum, miseras, misero ; prudens ; sapientem, sapienti ; audaci ; felices, felici ; velocium ; fortes, forti ; utilem, utile ; comes, comi ; faciles, facilibus ; levem, leve ; celeber, celebrem, celebre ; salubrem, salubri, salubria ; celer, celeres, celerium ; alacer, alacrem, alacria.

105. *Datif sing.* Bonis, bona, boni ; sanctos, sanctam, sanctum ; doctum, doctâ, docti ; magnis, magnas, magni ; parvus, parvam, parvum ; peritum, peritâ, peritum ; cupidi, cupirarum, cupidis ; nigros, nigram, nigrum ; piger, pigras, pigrorum ; pulcher, pulchrâ, pulchri ; miserorum, miseris, misera ; prudentem, prudentis, prudens ; sapiente, sapientem ; audax ; felicem, felicis ; velox, velocia ; fortes, forte ; utilis, utile ; comem, comis ; facilis, facilibus ; levem, levium ; celeber, celebris, celebre ; salubrem, salubribus ; celeris, celere ; alacres, alacrem, alacria.

106. *Accusatif sing.* Bonus, bona, bono ; sancti, sanctæ, sancta ; doctos, doctâ, docta ; magnus, magnis, magnorum ; parvo, parvas, parvis ; peritus, peritas, peritis ; cupi lorum, cupidarum, cupidorum ; nigro, nigræ, n'gra ; pigri, pigrâ, pigrorum ; pulchris, pulchras, pulchra ; misero, miseræ, miseris ; prudens, prudentis ; sapienti, sapientium ; audaci, audacia ; felix, felicibus ; velox, velocis ; fortis, fortia ; utili, utilibus ; comis, comi ; faciles, facili ; levibus, levia ; celebris, celebri, celebribus ; saluber, salubris, salubri ; celer, celeri, celeria ; alacrium, alacri, alacris.

107. *Vocatif sing.* O bonus, ô bonam, ô boni ; ô sanctum, ô sanctâ, ô sancto ; ô docti, ô doctis, ô docta ; ô magnus, ô magnas, ô magnis ; ô parvum, ô parvis, ô parvorum ; ô perito, ô peritam, ô peritis ; ô cupidos, ô cupidas, ô cupida ; ô nigri, ô nigræ, ô nigrorum ; ô pigro, ô pigram, ô pigri ; ô pulchrum, ô pulchrarum, ô pulchrorum ; ô mi-

2

EXERCICES LATINS.

seris, ô miseras, ô misero; ô prudenti *; ô sapientium; ô audacem, ô audaci; ô felicibus; ô veloci; ô fortes, ô forti; ô utilem, ô utilia; ô comi, ô comium; ô facilibus, ô facilem; ô levem, ô levi; ô celebris, ô celebrem, ô celebrium; ô celeri, ô celeres, ô celeri; ô salubri, ô salubrem, ô salubri; ô alacribus, ô alacrium, ô alacris.

108. *Ablatif sing.* Bonum, bona, boni; sanctis, sanctam, sancta; doctis, doctam, docta; magnum, magnæ, magnis; parvum, parvis, parvorum; periti, peritæ, peritis; cupidam, cupidam, cupidum; niger, nigram, nigra; pigri, pigris, pigrum; pulchris, pulchra, pulchrorum; miserorum, miseras, miserorum; prudentem, prudens; sapientes, sapientia; audax, audacibus; felices, felix; velox, velocibus; fortis, forte; utilium, utile; comis, come; facilibus, facilia; levis, levium; celeber, celebrem, celebre; celerem, celeris, celeribus; saluber, salubres, salubria; alacris, alacres, alacris.

109. *Nominatif plur.* NE DITES PAS : Bonos, bonas, bonis; sanctorum, sanctis, sanctis; doctus, doctam, doctis; magno, magnarum, magnis; parvum, parvis, parvorum; peritus, peritarum, periti; cupidis, cupidâ, cupidis; nigros, nigras, nigro; pigrorum, pigram, pigrorum; pulchrorum, pulchram, pulchrum; miser, misera, miseris; prudentem, prudentium; sapientis, sapientibus; audacium, audaci; felicibus, felicis; velocem, velocium; fortis, fortibus; utili, utile; comi, comium; facili, facilibus; levium, leve; celebrem, celebris; celebrium; celer, celeris, celere; salubri, salubrem, salubribus; alacribus, alacrium.

110. *Génitif plur.* Bonis, bonam, bona; sancti, sanctæ, sanctum; doctum, doctis, docta; magnos, magnas, magnis; parvi, parvæ, parvi; peritum, peritis, peritum; cupidus, cupida, cupidum; nigri, nigram, nigra; pigro, pigræ, pigrum; pulchri, pulchris, pulchra; miserum, miseræ, miserum; prudentibus, prudentia; sapientem, sapiens; audaces, audacia; felici, felicibus; velox, velocia; fortem, forte; utilibus, utilia; comis; facilibus; levem, levi; celebri, celebris, celebribus; celeres, celeribus; salubres, salubria; alacres, alacribus.

* Quand l'élève rencontre un mot qui est le même pour plusieurs *genres*, il doit nommer ces *genres*.

111. *Datif plur.* Bono, bonæ, bona; sanctos, sanctas, sanctorum; docti, doctarum, docta; magnum, magnam, magna; parvi, parvas, parva; periti, peritam, perito; cupidos, cupidam, cupido; nigros, nigræ, nigri; pigrorum, pigrarum, pigrorum; pulcher, pulchræ, pulchro; miserorum, miseras, misera; prudentium; sapientium, sapientia; audacem, audacia; felices, felicis; velox, veloci; fortes, fortium; utili, utilis; comis, comia; facilium, facili; leves, levia; celebres; celerium; salubres, salubrium; alacres, alacrium.

112. *Accusatif plur.* Bonorum, bonis, bonum; sanctis, sanctarum, sanctis; docto, doctam, docti; magnum, magnis, magno; parvi, parvæ, parvorum; periti, peritam; perito; cupidum, cupida, cupidorum; nigri, nigrâ, nigris; piger, pigra, pigrum; pulchris, pulchræ, pulchro; miserum, miseram, miseris; prudenti, prudentibus; sapientibus, sapienti; audacem, audacibus; felicem, felici; velocibus, velocium; fortem, fortibus; utilis, utilium; comis, comium; facilibus, facile; levium, levi; celebris, celebrium; celeribus, celerium; salubrium, salubri, alacris, alacribus.

113. *Vocatif plur.* O bonus, ô bona, ô bonis; ô sanctorum, ô sanctis, ô sancto; ô docte, ô doctam, ô docti; ô magnos, ô magnas, ô magnis; ô parvus, ô parvâ, ô parvo; ô peritum, ô peritas, ô peritis; ô cupidum, ô cupidas, ô cupidorum; ô niger, ô nigra, ô nigris; ô pigro, ô pigram, ô pigri; ô pulchris, ô pulchrâ, ô pulchri; ô miseris, ô miseris, ô miseris; ô prudentium, ô prudentis; ô sapiens, ô sapientes; ô audacibus, ô audacium; ô felix, ô felicibus; ô velocium, ô velocibus; ô fortem, ô fortibus; ô utilis, ô utilibus; ô comium, ô comis; ô facilium; ô levium, ô levis; ô celebrium, ô celebris; ô celebrius, ô celerium; ô saluber, ô salubris; ô alacris, ô alacris.

114. *Ablatif plur.* Boni, bonæ, bona; sanctorum, sanctas, sanctum; doctus, doctâ, docta; perito, peritæ, periti; cupidorum, cupidam, cupidorum; nigri, nigras, nigro; pigri, pigra, pigro; pulchro, pulchrâ, pulchra; miserorum, miseram, misera; prudentes, prudentia; sapientis, sapientium; audacis, audaci; felices, felicia; veloces, veloci; fortem, fortia; utilis, utilium; comes, comia; facilium, facilia; levis, leve; celebres, celebrium; celer, celeria; salubres, salubri; alacrium, alacria.

EXERCICE XVII.

Récapitulation *sur les déclinaisons des adjectifs.*

(*V.* Gramm., n°s 47 à 56.)

L'élève doit traduire et analyser les mots suivants, comme à l'exercice X.

115. Bonorum. Pulcher. ô Levia. Alacre.
Alacres. Fortibus. Cupidum. Bona.
Sapientium. Miserum. ô Salubris. Sapiens.
Bonam. Felicem. Nigras. Nigro.
Nigris. Prudentes. Gravem. Velox.
Velocia. Audacia. ô Dulce. Docti.
Docti. Sapientis. Juvenem. Prudens.
Prudenti. Utilium. Lenium. Sanctarum.
Sancto. Alacer. ô Similis. Velocis.
Veloces. Alacre. ô Celer. Magnorum.
Magnos. Bonis. Come. Parvam.
Misera. Gravibus. ô Audacia. Lene.
Parva. Alacribus. Pulchra. Facilis.
Facilibus. Nigræ. Forti. Perita.
Peritum. Velocibus. Miseris. Levias.
Levis. Doctum. Felici. Cupidis.
Cupida. Prudentibus. Prudente. Salubria.
Salubre. Sancta. ô Audaces. Celeribus.
Nigros. Veloci. ô Utile. Pigrorum.
Celeria. Magnum. Dulces. Celebre.
Pigras. Parvus. Gravium. Comium.
Celebris. Facilis. Juveni. Pulchram.
Comem. ô Perite. Sapienti. Fortes.
Felicia. ô Prudentes. Dulcibus. Similis.

EXERCICE XVIII.

Accord de l'adjectif avec le substantif.

(*V.* Gramm., n° 57.)

Questions : Comment s'accorde l'adjectif avec le substantif auquel il se rapporte? (57)

A quoi servent les adjectifs de nombre? (70)

Combien y a-t-il d'espèces d'adjectifs de nombre?—nommez-les. (70)

Quels sont les adjectifs de nombre *indéclinables*? (72)

Que remarquez-vous dans les noms de nombre au-dessous de *cent* exprimés par *deux mots*? (73)

ADJECTIFS.

116. *Singulier*. NE DITES PAS : Pater boni ; filium docilis ; avus doctum ; domino indulgentis ; corvo pulchri ; miles strenuo ; magistri sapiente ; auditorem pigri ; puero alacris ; fratre amabilis ; cervum pulchro ; populi felix ; poetam cupidi ; hospitis comem ; hortum fertili ; ô lupe periculoso ; asino utilem ; vir probum ; Horatii doctis ; ô Virgili peritum ; ô Deus omnipotentis ; Orpheon juvenis ; Thesea magni ; Persea infelix ; Morpheus utilem ; gladium parvo ; anno fructuosum ; servum diligenti ; ager vastum ; capilli longo ; animi levem ; ô agnus miti ; aprum fortis ; fratri miserum ; aquilonis rapidus ; latronem audax ; leoni fortis ; matrem dolorosa ; ô statua magnæ ; terra fertilem ; mensa longæ ; musicen jucundæ ; cometes terribili ; physices utilem ; epitomæ facilem ; Alcidæ fortem ; Penelopes dolorosam ; rhetoricen difficili ; Andreæ prudens ; famulâ diligentis ; virtus amabilem.

117. *Pluriel*. NE DITES PAS : Matres bonarum ; plantæ utilium ; scholas vastæ ; ô terræ fertilibus ; poetarum celebres ; prophetis veraces ; uvas dulcium ; stellarum fulgentibus ; fabulæ dolosarum ; ô musæ fidelibus ; mensarum copiosæ ; statuis magnas ; herbas gelidæ ; horas brevibus ; portas apertæ ; aquæ gelidas ; ô aræ sacrarum ; causis injustæ ; coronarum jucundas ; togæ pulchras ; pœnis duræ ; servabus diligentes ; tragediis pulchræ ; famulas diligentium ; filiabus sapientes ; asinabus utiles ; epitomæ utilibus ; belluæ nigrarum ; terræ sanctis ; aquilarum nigris ; equabus parvas ; ô catenæ gravibus ; virtutum amabiles.

118. *Singulier*. NE DITES PAS : Deus sanctum ; filium doctus ; horto amœnus ; lupum terribilis ; populi sapiens ; alumno studiosi ; asini utili ; cervum alacer ; corvus nigrum ; ô ave calvus ; capilli niger ; cupressus lugubri ; cedrus altæ ; lauro similis ; ficus injucundæ ; populus rectam ; myrtum celebris ; pirus bonæ ; pruni languidam ; malus magnam ; puer sapientis ; fabri perito ; libro utilis ; magistrum severus ; genio maturi ; ô gladie periculoso ; ô Virgili celebris ; ô Horati blando ; ô Pompei magno ; ô chorus jucundum ; ô agnus mitem ; viri strenuus ; angelo sancti ; animi generoso ; calamum niger ; hædi pinguem ; morbo proximi ; nodus inextricabili.

119. *Pluriel*. NE DITES PAS : Dii sanctorum ; annos fructuosi ; filii studiosorum ; liberi amabilium ; hortis amœnos; lupos terribilibus; ô populi sapientium; alumnis studiosos; asini utilibus; cervorum alacres; corvis nigros; ô avi calvorum; capillis nigrorum; cupressis lugubres; cedri altarum; lauris similes; ficos injucundæ; populos rectæ; ô piri bonis; ô pruni languidas; malis magnas; puerorum sapientes; fabris peritos; libri utilium; magistros severi; ô genii magnos; gladios periculosi; choros jucundis; agnis mites; virorum strenuis; angelorum sancti; animis generosos; calamos nigri; hædos pinguibus; morbis proximos; nodorum inextricabiles.

120. *Singulier.* (*V.* n° 57.) NE DITES PAS : Templo sancta; verbi velox; bellum inutilis; studium fructuosi; vitio horribile; brachii longum; exemplo boni; vinum dulcis; vulgus implacabili; folio siccum; membri languidum; ovo calidum; prælium terribilis; monumenti erectum; castrum oppositi; damnum magni; fano magnifici; freti arctum; frumento boni; horrei vasto; jugum alto; monstro horrendum; negotii difficile; oppidum munito; pallium nigri; præmio pretiosi; pretium sacro; saxi nigro; sceptrum mutabilis; scuto priscum; secculo diuturnum; signum æneo; suffragium-nocenti; theatro frequens.

121. *Pluriel.* NE DITES PAS : Templa sancti; verborum velocia; bellis inutilium; studiis fructuosa; vitiorum horribilibus; brachia longorum; ô exempla bonis; vinis dulcia; folia siccis; membrorum languidis; ovis calida; prælia terribilium; ô monumenta erectis; castris oppositorum; damna magnis; fanorum magnifica; fretis arctorum; frumentis bona; horrea vastis; ô juga altis; monstris horrendorum; negotia difficilium; oppidorum munita; palliis nigra; præmia pretiosis; pretiorum sacris; saxa nigris; sceptrorum mutabilia; scutis priscorum; seculorum diuturnis; signis ænea; spoliis copiosa; suffragia nocentibus; theatrorum frequentibus.

122. *Singulier* (*V.* n° 57.) NE DITES PAS : Aquilo velocis; laboris improbus; leonem magnifico; religio sacræ; uxoris pulchra; pavonem superbus; regi infelix; canis fideli; imagini pulchrâ; avis cupidâ; noctis claram; fons abundantis; montis asper; mensem amœnus; securim cruentæ; ars difficilem; poesim latina; bovem gravis; classis numerosam; civi strenui; hosti alacer; æthera sublimis; febris nocentem; phrasin longa; theseos facili; sermonem jucundus; ordinis integer; fructus dulci; vul-

tus pulcher; exercitui numerosi; currum rapidi; ô tumultus magno; ô quercus altâ; arcu tentus; die septimus; spes magnâ; rei difficilem; ô fides sanctæ; ingluviem intolerabilis; diluviei universa.

123. *Pluriel.* (*V.* n° 57.) NE DITES PAS : Aquilonibus veloces; labores improbis; leonum magnificos; regiliones sacris; uxoribus pulchrarum; pavones superborum; regibus infelices; canibus fidelium; ô imagines pulchris; avium cupidæ; noctibus claras; fontium abundantibus; montes asperis; mensibus amœni; secures cruentis; artibus difficiles; poeses variis; navium graves; classibus numerosæ; ô cives strenuis; ô hostes acrium; febres nocentium; phrases longis; theseon faciles; sermones jucundorum; ordinum integris; fructuum dulces; vultibus pulchri; exercituum numerosis; currus rapidis; tumultuum magnis; quercubus altæ; arcubus tenti; diebus hiemales; rerum difficils.

124. *Singulier neutre.* (*V* n° 57.) NE DITES PAS : Tempore brevis; corpus magno; capitis intonsum; lumini levis; ô nemus opaci; oleris salubre; pecori numerosum; pectus debilis; vulnere turpis; vasi sacri; cubile longo; animalis callido; poematis triste; ænigma difficilis; diademati grave; dogma utili; maris nigrum; agminis animosum; carmen parvi; nomen veteris; crimine horribilis; examen facili; veri jucundi; marmor duri; fœderis certum; genus odioso; muneris publico; operi novum; sidus mirabilis; pignoris exiguum.

125. *Pluriel neutre.* (*V.* n° 57.) NE DITES PAS : Tempora brevium; corporum magna; capitibus intonsa; lumina levium; ô nemora opacis; oleribus salubria; pecora numerosis; pectorum debilibus; vulneribus turpia; vasorum sacris; cubilia longis; animalium callidis; poematibus tristia; ænigmata difficilium; diadematis gravium; dogmata utilibus; maria vastorum; agminum animosis; carminibus parva; nomina veteribus; ô crimina horrendis; examinibus facilium; marmora spirantibus; fœderibus certa; genera odiosis; muneribus publicorum.

EXERCICE XIX.

Genres et Nombres divers.

126. (*V.* n° 57.) NE DITES PAS : Temporum brevia;

filius diligentis; templum sacro ; poetæ difficilem ; **aquâ limpidæ**; matris juvenem; fratres bonorum; negotia turpium ; oleribus amara ; corpus duri;- **homo doctum**; vir sapientis; mulierum indulgentes ; sororibus bonæ; auditores dignis; fratres cupidis; matrem curiosa; bella horrendis; animalibus periculosa; pugna difficili; pacem turpis ; aulam insidiosæ; puer jucundum; sororis doctâ; **genua flexis**; tonitru sævi; vino boni; templorum vastis; stratagematis vano ; fabri ingeniosis; arbor siccâ; auditoris sapiens; lectio utili; laborem brevis; horis breves; temporis atrum; discipulorum pigri; filiabus ægræ; **famula pigram** ; periculo ingens; gentis libera; mons altum ; aromatis jucundum; armorum inutilibus; spoliis hostilium ; prædam copiosa; fluvius ingenti; studium facili; **agro vasti** ; ô fili digni; res obscurâ; rebus obscuræ; quercûs densa; lacum magni; angelorum sanctos; societati periculosa; multitudinis tractabilem; opera magnis ; pugnæ difficilium ; bellorum horrendis; laboris improbus.

127. (*V.* n°s 70 à 74.) NE DITES PAS : Unius templum; unam rosæ; uni equi; nullum bono; nullius officio ; sola terræ ; solum templi; totus numeri; toti multitudo ; duorum exercitus; duæ domos; duobus animalia ; ambobus fratres; sorores ambabus; duas equarum; alius arbor; altera laurum; alterius cupresso; alii myrtum ; aliam arbori; alterius lauro ; duæ cupressis; duarum equabus; alterum corpori; alteri mulieris; tribus menses; trium templa; tres sororibus; tribus altaria ; unus equo; una arboris; totus mensi; (*V.* n° 72) viginti et tria templa; triginta et duo milites; quadraginta et quinque dies; quinquaginta et novem oves; sexaginta et quatuor boves; septuaginta et octo talenta ; octoginta et trium ovorum; nonaginta et duorum annorum.

EXERCICE XX.

128. DEGRÉS DE QUALIFICATION DANS LES ADJECTIFS.

(*V.* Gramm., n°s 58 à 69.)

QUESTIONS : *Qu'est-ce que le positif?* (58)
Qu'est-ce que le comparatif? (59)
Qu'est-ce que le superlatif? (60)
Comment forme-t-on le comparatif? (62)
Comment forme-t-on le superlatif? (63)

ADJECTIFS.

Dites* le *positif*, le *comparatif* et le *superlatif* des adjectifs suivants, tant au *singulier* qu'au *pluriel* (V. Gramm., n°s 62 et 63), et désignez toujours le *génitif* de chaque degré.

129.
M. Sanctus,	Saint.		Utilis,	Utile.
F. Sancta,	Sainte.		Utilis,	Utile.
N. Sanctum,	Saint.		Utile,	Utile.
M. Doctus,	Savant.		Altus,	Haut.
F. Docta,	Savante.		Alta,	Haute.
N. Doctum,	Savant.		Altum,	Haut.
M. Audax,	Hardi.		Avidus,	Avide.
F. Audax,	Hardie.		Avida,	Avide.
N. Audax,	Hardi.		Avidum,	Avide.
M. Peritus,	Habile.		Sapiens,	Sage.
F. Perita,	Habile.		Sapiens,	Sage.
N. Peritum,	Habile.		Sapiens,	Sage.
M. Cupidus,	Désireux.		Fertilis,	Fertile.
F. Cupida,	Désireuse.		Fertilis,	Fertile.
N. Cupidum.	Désireux.		Fertile,	Fertile.

EXERCICE XXI.

130. Dites le *positif*, le *comparatif* et le *superlatif* des adjectifs suivants, tant au *singulier* qu'au *pluriel* (V. Gr., n° 64), et désignez toujours le *génitif* de chaque degré.

M. Niger, noir.	Sacra, sacrée.	Liberum, libre.
F. Nigra, noire.	Sacrum, sacré.	Miser, malheureux.
N. Nigrum, noir.	Æger, malade.	Misera, malheureuse.
M. Pulcher, beau.	Ægra, malade.	Miserum, malheureux.
F. Pulchra, belle.	Ægrum, malade.	Celeber, célèbre.
N. Pulchrum, beau.	Piger, paresseux.	Celebris, célèbre.
M. Ruber, rouge.	Pigra, paresseuse.	Celebre, célèbre.
F. Rubra, rouge.	Pigrum, paresseux.	Celer, prompt.
N. Rubrum, rouge.	Liber, libre.	Celeris, prompte.
M. Sacer, sacré.	Libera, libre.	Celere, prompt.

EXERCICE XXII.

131. *Expliquez comme ci-dessus les Adjectifs suivants.*

(V. Gramm., n° 65.)

M. Facilis, facile.	Dissimilis, différent.	Imbecillis, imbécile.
F. Facilis, facile.	Dissimilis, différente.	Imbecillis, imbécile.
N. Facile, facile.	Dissimile, différent.	Imbecille, imbécile.
M. Gracilis, mince, grêle.	Humilis, humble.	
F. Gracilis, mince, grêle.	Humilis, humble.	Les autres adjectifs en

* Il est également utile de faire ces exercices par écrit.

N. Gracile, mince, grêle.   Humile, humble.   *Ils forment leur superla-*
M. Difficilis, difficile.   Similis, semblable.   *tif régulièrement :* Uti-
F. Difficilis, difficile.   Similis, semblable.   lis, utilissimus, a, um.
N. Difficile, difficile.   Simile, semblable.

EXERCICE XXIII.

132. *Expliquez comme ci-dessus les Adjectifs suivants.*
(V. n°s 66 et 67.)

M. Maledicus,	Médisant.	Bonus,	Bon.
F. Maledica,	Médisante.	Bona,	Bonne.
N. Maledicum,	Médisant.	Bonum,	Bon.
M. Malevolus,	Malveillant.	Malus,	Mauvais.
F. Malevola,	Malveillante.	Mala,	Mauvaise.
N. Malevolum,	Malveillant.	Malum,	Mauvais.
M. Beneficus,	Bienfaisant.	Magnus,	Grand.
F. Benefica,	Bienfaisante.	Magna,	Grande.
N. Beneficum,	Bienfaisant.	Magnum,	Grand.
M. Benevolus,	Bienveillant.	Parvus,	Petit.
F. Benevola,	Bienveillante.	Parva,	Petite.
N. Benevolum,	Bienveillant.	Parvum,	Petit.

EXERCICE XXIV.

133. *Expliquez comme ci-dessus les Adjectifs suivants.*
(V. n° 68.)

M. Pius,	Pieux.	Strenuus,	Courageux.
F. Pia,	Pieuse.	Strenua,	Courageuse.
N. Pium,	Pieux.	Strenuum,	Courageux.
M. Dubius,	Douteux.	Antiquus,	Ancien.
F. Dubia,	Douteuse.	Antiqua,	Ancienne.
N. Dubium,	Douteux.	Antiquum,	Ancien.
M. Idoneus,	Propre à.	Exiguus,	Petit, exigu.
F. Idonea,	Propre à.	Exigua,	Petite.
N. Idoneum,	Propre à.	Exiguum,	Petit.
M. Cæruleus,	Bleu.	Serius,	Sérieux.
F. Cærulea,	Bleue.	Seria,	Sérieuse.
N. Cæruleum,	Bleu.	Serium,	Sérieux.

CHAPITRE III. — PRONOMS.

EXERCICE XXV.

Pronoms en général. (V. n°s 75 à 92.)

QUESTIONS : Qu'est-ce que le *pronom* ? (75)
Combien y a-t-il de *personnes* dans le discours ? — Qu'est-ce que la *première*, la *seconde*, la *troisième* personne ? (76)

PRONOMS.

134. Comment fait le pronom de la première personne au *datif sing.*? au *génitif plur.*? à *l'accusatif sing.*? au *datif plur.*? à *l'ablatif plur.*? au *génitif sing.*? au *nominatif plur.*? (*V.* n° 77.)

135. Comment fait le pronom de la seconde personne au *nominatif plur.*, au *génitif sing.*, à *l'accusatif sing.*, au *vocatif plur.*, au *génitif plur.*, au *vocatif sing.*, au *nominatif sing.*? (*V.* n° 78.)

136. Comment fait le pronom de la troisième personne au *génitif*, au *datif*, à *l'ablatif*, à *l'accusatif*? (*V.* n° 79.)

137. Comment fait le pronom adjectif *is, ea, id*, à l'accusatif singulier *neutre*, au génitif plur. *féminin*, au datif plur. *masculin*, au datif sing. *neutre*, à l'accusatif plur. *masc.*, au nominatif plur. *fémin.*, au datif sing. *masc.*, à l'ablat. sing. *fémin.*? (*V.* n° 80.)

138. Comment fait *hic, hæc, hoc*, au génitif plur. *neutre*, au datif sing. *fémin.*, à l'accusatif pluriel *masc.*, au génititif sing. *fémin.*, à l'accusatif plur. *neutre*, au datif sing. *masc.*, à l'accusatif plur. *fémin.*? (*V.* n° 81.)

139. Comment fait *ille, illa, illud*, au datif sing. *masc.*, au datif plur. *fémin.*, à l'accusatif plur. *neutre*, au génitif plur. *fémin.*, au génitif sing. *masc.*, à l'accusatif sing. *masc.*, à l'accusatif sing. *neutre*, à l'accusatif plur. *fémin.*, à l'accusatif sing. *masc.*, au datif sing. *fémin.*? (*V.* n° 82.)

Nota. On peut continuer ces questions sur les autres pronoms adjectifs : Comment fait *meus, mea, meum*, au voc. sing. ? (85).

EXERCICE XXVI.

Accord des Pronoms Adjectifs avec le Substantif.

Questions : Comment s'accordent les pronoms adjectifs avec les substantifs? (*V.* n° 87.)

140. Ne dites pas : Meum pater; hoc hominem; illud templo; hujus mulier; hic pueri; ejusdem animal; iste hominis; fratris ipse; eâdem domum; meus auditoris; nostri caput; tua domûs; sui exemplum; vestra statuæ; huic patris; hunc labor; hâc deam; huic puerum; illo templi; eadem mulieri; istius animali; ista cupressum; isti exemplum; istius arbore; hos auditorum; has mulieribus; easdem statuæ; isti leonum; fratribus ipsi; eidem laborem; ejusdem mensam; horum pueris; eadem bellis; eo-

rumdem prælia; istæ belluarum; his discipulos; hanc sorori; tuas virium; tui fratribus; illis hortos; illarum herbæ; mea templorum; tuis prælia; eadem pecorum; nostris cubilia; vestris aves; tuis calcaria; vestrorum poemata; nostris ænigmatum; sua genuum; his dierum; tuæ sororum; meos fratribus; suis hortos; noster avum; vestra matrem; meos condiscipulis; suis pecora; meus agmen; mei lumini; sua exemplorum; illa templis; isto bellum; hoc fabri; tuum culter; hujus colubro; eidem aper; ejusdem homine; ô mei corpus; ô meorum fratres; ô meum pater; idem mensi; earumdem lagenæ; eisdem capilli; iisdem templa.

EXERCICE XXVII.
Pronoms relatifs et autres qui en dépendent.
(*V.* Gramm., n°ˢ 88, 89, 90, 91 et 92.)

141. Comment fait le pronom relatif *qui, quæ, quod,* au génitif sing. *masc.*, au nominatif plur. *neut.*, au nominatif plur. *fém.*, au datif plur. *fém.*, à l'accusatif masc. *sing.*, au génitif plur. *neut.*, à l'accusatif sing. *neut.*? etc. (*V.* Gramm., n° 88.)

Il faut adresser de semblables questions sur les autres pronoms, n°ˢ 89, 90, 91 et 92 de la Grammaire.

CHAPITRE IV. — VERBES.

EXERCICE XXVIII.
(*V.* Gramm., n°ˢ 93 à 106 compris.)

QUESTIONS : Qu'est-ce que le *verbe* ? (93)
À quoi connaît-on qu'un mot est un *verbe* ? (94)
Combien y a-t-il de nombres dans les *verbes* ? (95)
Quels mots désignent la *première personne* dans un verbe ? (96)
Quels mots désignent la *seconde* ? (96)
Quels mots désignent la *troisième* ? (96)
Combien y a-t-il de temps ? (97)
Qu'est-ce que le *présent* ? — le *passé* ou *prétérit* ? — le *futur* ? (97)
Combien y a-t-il de sortes de *prétérits* ou passés ? — Quels sont-ils ? (98)

VERBES.

Quels sont les deux *futurs ?* (98)
Qu'est-ce que le *mode ?* — Combien y a-t-il de modes ?
— Quels sont-ils ? — Que signifient-ils ? (99)
Qu'entend-on par *conjuguer* un verbe ? (102)
Combien y a-t-il de *conjugaisons* et par quoi les distingue-t-on ? (103)
Par quoi se distingue la *première ?* — la *seconde ?* — la *troisième ?* — la *quatrième ?* (103)
Comment appelle-t-on le verbe *sum ?* dans quel cas le nomme-t-on *verbe substantif ?* — dans quel cas s'appelle-t-il *verbe auxiliaire ?* (105)

---

142. *Traduisez en latin, d'après le n° 106, les temps, les nombres et les personnes du verbe français suivant :*
Sum es, fui, esse, *être.*

Avoir été juste.	Vous êtes savants.	Devant être célèbre.
Tu es bon.	J'étais.	J'aurai été.
Que nous soyons.	Qu'il ait été.	Qu'il ait été.
Vous étiez bons.	Tu étais hardi.	Nous aurons été.
Il aurait été.	Que nous eussions été.	Ils seront libres.
J'eus été sage.	Nous serions hardis.	Tu serais.
Tu auras été.	Qu'ils soient.	Il aurait été libre.
Que tu sois juste.	Qu'ils fussent.	Qu'il a été.
Nous sommes.	Je serai désireux.	Il était prompt.
Devant être.	Ils seront désireux.	Vous fûtes.
Qu'il fût heureux.	Nous étions.	Tu as été.
Etre bon.	Vous avez été.	Il avait été.
Qu'il soit.	Vous eûtes été.	Il sera beau.
Soyons sages.	Qu'il serait avide.	Qu'elle soit belle.
Vous êtes bons.	Qu'il était.	Devant être.
Il fut heureux.	Que tu aies été.	Qu'ils soient.
Nous serons.	J'ai été malade.	Que vous eussiez été.
Ils sont heureux.	Qu'ils fussent.	Ils avaient été.
Tu avais été.	Que vous ayez été.	Que tu sois utile.
Je suis juste.	Qu'ils eussent été.	Que nous fussions.
Que vous soyez.	Que vous soyez.	Qu'il eût été.
Il est paresseux.	Que tu fusses.	Ils étaient malades.
Sois docile.	Soyez instruits.	Soyons dociles.

EXERCICE XXIX.

143. *Verbes composés de* sum. (V. n° 107.)

Absum,	Abes,	Abfui,	Abesse,	*être absent.*
Adsum,	Ades,	Adfui,	Adesse,	*être présent.*
Subsum,	Subes,	Subfui,	Subesse,	*être dessous.*
Desum,	Dees,	Defui,	Deesse,	*manquer à.*

EXERCICES LATINS.

Intersum,	Interes,	Interfui,	Interesse,	assister à,
Obsum,	Obes,	Obfui,	Obesse,	nuire à,
Præsum,	Præes,	Præfui,	Præesse,	présider à.

(Les quatre derniers veulent le nom suivant ou datif.)

Traduisez en latin les verbes français qui suivent.

Je serai absent.
Tu as été présent au combat.
Nous sommes au-dessous.
Il manque à l'honneur.
Nous assistons à.
Vous nuisez à la vertu.
Ils président à l'ouvrage.
Tu fus absent.
Vous seriez au-dessous.
Je manquai aux combats.
Que j'aie été présent.
Tu as été au-dessous.
Je manquais à la foi.
Que tu assistes à.
Tu nuisais aux hommes.
Nous présidions à.
Vous étiez absents.
Ils étaient présents.
Tu assisteras à.
Qu'il nuisît à Dieu.
Nous présidons à.
Le père était absent.
Nous serions présents.
Avoir été au-dessous.
Devant manquer au frère.
Qu'il ait assisté à.
Vous nuisîtes au père.
Nous avons présidé à.
Tu es absent.
Il serait présent aux tragédies.
Nous eussions été au-dessous.
Je manquerai à la tragédie.
Vous auriez assisté à.
Nuire aux femmes.
Devoir présider à.
Que tu fusses absent.
Vous manqueriez à.
Vous aviez assisté à.
Ils avaient nui.
Tu présideras à.
Il sera absent.
Nous serons présents.

Il a été présent au spectacle.
Nous fûmes au-dessous.
Vous manqueriez aux travaux.
Ils ont assisté à la guerre.
Je nuis aux âmes.
Tu présides aux examens.
Qu'ils fussent absents.
Nous eûmes été présents.
Manque au combat.
Vous assisterez à.
J'ai été au-dessous.
Vous avez manqué à.
Tu assisteras à.
Il nuisit aux servantes.
Ils présidèrent à.
J'eus été absent.
Tu eus été présent.
Il serait au-dessous.
Nous aurions manqué à.
Vous eûtes assisté à.
Ils eurent nui.
J'avais présidé à la tribu.
Tu étais absent.
Il avait été présent.
Nous avions été au-dessous.
Avoir dû nuire.
Les voleurs nuiront aux tribus.
Que les magistrats présidassent à.
J'aurai été absent.
Tu auras été présent.
Il aura été au-dessous.
Nous aurions manqué à la foi.
Avoir assisté à.
Que tu nuisisses aux sœurs.
Présidons à.
Qu'ils soient absents.
Vous aurez été présents.
Ils auront été au-dessous.
Qu'il manque (impér.) à.
Assistez au discours.
Que tu nuises.
Que je nuisisse.

VERBES.

EXERCICE XXX.

Verbes de la première conjugaison.
(*V.* Gramm., n° 109.)

144. QUESTIONS : Qu'est-ce qu'un verbe actif ? (109)
A quoi connaît-on qu'un verbe est de la première conjugaison ? (103)

Laboro, as, avi, atum, are, *travailler*.
Turbo, as, avi, atum, are, *troubler*.
Do, das, dedi, datum, dare, *donner*.
Voco, as, avi, atum, are, *appeler*.
Creo, as, avi, atum, are, *créer*.
Aro, as, avi, atum, are, *labourer*.
Oro, as, avi, atum, are, *prier*.
Ambulo, as, avi, atum, are, *se promener*.
Migro, as, avi, atum, are, *émigrer*.
Dubito, as, avi, atum, are, *douter*.
Narro, as, avi, atum, are, *raconter*.
Habito, as, avi, atum, are, *habiter*.

Traduisez en latin les verbes suivants avec le nom à l'accusatif. (315)

Je travaille.
Tu donnais un livre.
Il créa l'homme.
Emigrer.
Tu racontes l'histoire.
Vous racontez.
Nous avons prié Dieu.
Vous eûtes émigré.
Ils avaient raconté.
Je troublerai les élèves.
Tu auras appelé ton frère.
Qu'il laboure. (impér.)
Que nous nous promenions.
Que vous doutassiez.
Qu'ils aient habité.
Que j'eusse travaillé.
Tu aurais donné les livres.
Il créerait.
Nous eussions prié.
Avoir appelé le père.
Nous labourons le jardin.
Vous vous promeniez.

Qu'il émigrerait.
De labourer le champ.
L'enfant troublait.
Nous appelâmes la mère.
Vous avez labouré.
Ils se furent promenés.
J'avais douté.
Tu habiteras la ville.
Il aura travaillé.
Donnons l'abrégé.
Que vous créiez.
Qu'ils priassent Dieu.
J'émigrerais.
Que tu aies raconté.
Qu'il eût troublé.
Je raconte.
Tu troublais les enfants.
Il appela la sœur.
Nous avons labouré.
Vous vous fûtes promenés.
Ils avaient douté.
J'habiterai la campagne.

Ils auraient douté.
J'habite la maison.
Tu travailles.
Il donnait la rose.
Nous créâmes.
Vous avez prié la Vierge.
Ils eurent émigré.
Les militaires avaient raconté.
En créant les hommes.
Tu avais troublé la tribu.
Il appellera le soldat.
Labourez les jardins.
Promenez-vous.
Que nous doutions.
Qu'ils habitassent ce lieu.
Je travaillerais.
Que tu aies donné la main.
Qu'il eût créé la femme.
Devoir prier le fils.
Tu auras travaillé.
Il eût donné la grammaire.
Créons deux temples.
Que vous priiez.
A *ou* pour habiter.
Qu'ils émigrassent.
Que j'aie raconté les histoires.
Tu appellerais les serviteurs.
Qu'il eût labouré les champs.
Que nous nous fussions promenés.
Avoir dû douter.
Qu'il aurait habité les villes.
Travaillant.
Que je donnasse le vin.
Devant créer la race.
Tu priais le maître.
Il émigra.
A raconter.
En donnant.

EXERCICE XXXI.

145. Aro, as, avi, atum, are, *labourer.* (109)
Festino, as, avi, atum, are, *se hâter.*
Castigo, as, avi, atum, are, *châtier.*
Veto, as, vetui, vetitum, vetare, *empêcher, défendre.*
Clamo, as, avi, atum, are, *crier, appeler.*

—

Traduisez en français et analysez les verbes suivants :

Arabam, castigavisti, clamat, festinaremus, vetatis, arant, castigo, clamabis, festinabat, vetuimus, araveratis, clamabunt, festinavero, veta *ou* vetato, arem, castigares, clamaverit, festinavissemus, vetare, aratum, castigavisse, festinaturam esse, festinaturos esse, vetandi, araturus, castigaturi, festinaturæ, vetiturum fuisse, arando, castigandum.

146. Castigarem, clamaverunt, festinavêre, vetem, arate, castigatote, clamando, vetui, araverant, clamaveritis, festinans, vetantes, arantium, castigatura, clamavit, festinent, veto, aras, castigavit, clamaverat, vetueramus, vetuissetis, araverimus, castigent, clametis, festinabo, vetabas, araverit, castigemus, clamavisse, festinandum, vetuisse, vetituram esse, arantem.

EXERCICE XXXII.

Verbes de la deuxième conjugaison. (V. n° 111.)

QUESTIONS : A quoi connaît-on qu'un verbe est de la seconde conjugaison ? (103)

147. Debeo, es, debui, debitum, debere, *devoir*. (111)
Doceo, es, docui, doctum, docere, *instruire, enseigner.*
Augeo, es, auxi, auctum, augere, *augmenter.*
Faveo, es, favi, fautum, favere, *favoriser.* (Avec datif.)
Habeo, es, habui, habitum, haberere, *avoir.*
Mordeo, es, momordi, morsum, mordere, *mordre.*
Video, es, vidi, visum, videre, *voir.*

Traduisez en latin les verbes suivants avec le nom à l'accusatif. (315)

Je dois, tu enseignes.
Elle augmentait la famille.
Ils avaient mordu, je verrai.
Tu devras la récompense.
Le professeur instruirait.
Qu'il eût vu, avoir dû.
Devoir instruire l'enfant.
Qu'il augmentera *ou* qu'il augmenterait.
Devant favoriser.
Avoir dû avoir les livres.
Mordant, voyant.
Augmentons le travail.
Que vous favorisiez.
Qu'elles eussent la rose.
Que les chiens aient mordu.
Que j'eusse vu, devoir.
Avoir enseigné la musique.
Devoir augmenter.
Avoir dû favoriser.
Ayant, devant mordre.
Avoir, de devoir.
En enseignant, à *ou* pour augmenter.
Je devais, tu instruisis.
Il a augmenté l'ouvrage.
Nous eûmes favorisé.
Vous aviez eu, ils mordront.
J'aurai vu, tu auras dû.

Nous favorisâmes.
Vous eûtes eu le livre.
Enseigne, qu'il enseigne.
Nous augmenterions.
Vous auriez augmenté.
Les juges eussent favorisé.
Que j'aie, que tu aies mordu.
A devoir, d'instruire.
En augmentant.
J'augmenterai, tu dois.
Le frère enseignait.
Nous devons la vie.
Vous avez favorisé.
Ils auraient, j'avais dû.
Tu auras enseigné l'abrégé.
La sœur aurait augmenté.
Nous eussions favorisé.
Ayez, qu'ils aient eu.
Que je mordisse la chair.
Que tu aies mordu les chairs.
Qu'elle eût vu, j'avais instruit.
Tu auras augmenté les travaux.
Qu'elle favorise.
Que nous ayons deux livres.
Que vous eussiez mordu.
Voir, en devant, avoir.
Devant voir, avoir dû.
Favoriser, favorisant.
D'augmenter la flotte.

EXERCICE XXXIII.

148. Pareo, es, parui, paritum, parere, *obéir.* (111)

Caveo, es, cavi, cautum, cavere, *prendre garde.*
Fleo, fles, flevi, fletum, flere, *pleurer.*
Maneo, es, mansi, mansum, manere, *rester, attendre.*
Valeo, es, valui, valitum, valere, *se porter bien, valoir.*

Traduisez en français et analysez les verbes suivants, par modes, temps, nombres et personnes.

Parerem, cavebis, flebat, maneamus, valete, parent, caveo, flebas, maneto (ille), valeamus, pareatis, cavere, flebam, manebit, vales, pareto (ille), cavendo, flemus, manetis, valent, parens, caventis, flentes, manendo, valitum, pareo, caves, flebit, maneremus, valebitis, parebunt, pare, caveto, fleas, maneamus, valetis, parete, caverent, flebant.

149. Mansimus, valueram, paruisti, cavisse, flevistis, manserint, parueram, caveras, fleverit, mansissemus, valuisse, parituram esse, cauturum fuisse, flendi, mansurus, valuerat, pariturum, cavendo, manendum, valui, paruimus, cavisti, flevit, manseramus, valueratis, parueris, caverimus, flevissetis, mansisti, valuerant, paruerint, cavisset, fleveritis, mansit, valuerit.

EXERCICE XXXIV.
Verbes de la troisième conjugaison. (V. n° 112.)

150. QUESTIONS : A quoi connaît-on qu'un verbe est de la troisième conjugaison? (103)

Credo, is, credidi, creditum, credere, *croire.* (112)
Dico, is, dixi, dictum, dicere, *dire.* (129)
Duco, is, duxi, ductum, ducere, *conduire.* (129)
Emo, is, emi, emptum, emere, *acheter.*
Ludo, is, lusi, lusum, ludere, *jouer.*
Surgo, is, surrexi, surrectum, surgere, *se lever.*

Traduisez en latin les verbes suivants avec le nom à l'accusatif. (315)

Je crois, tu diras la phrase.
Elle conduisit, il a acheté.
Nous jouons, v. v. étiez levés.
Je croyais, tu dirais.
Nous conduisîmes l'armée.
Vous eûtes acheté un bœuf.

Qu'elle avait acheté.
De jouer, que tu te lèves.
Qu'il croie, qu'il crût.
Je conduirai, que je dise.
Tu auras dit les phrases.
Que tu aies acheté le chien.

    ...raient joué, je me levai.   Qu'il jouât, que nous nous soyons
    ...nduisis, il croit.   levés.
    ...sons, vous aurez conduit. Dire, tu dis, je conduisis.
    ...auraient acheté.   Achète, jouer, lève-toi.
    ...je croie, dis, conduis.   Nous aurions cru.
    ...etons; qu'il joue.   Vous eussiez cru.
    ...nous nous soyons levés.   Vous eussiez conduit.
    ..., à dire, j'ai conduit.   Ils achèteraient.
    ...ue tu aies acheté l'âne.   A ou pour se lever.
Qu'il eût joué, s'être levé.   Devant croire ceci.
A croire, de dire.   Qu'ils disent (impér.).
En conduisant, devoir acheter.   Nous eûmes conduit.
Avoir dû jouer.   Vous achetiez la chienne.
Ils auront joué.   Qu'elles jouassent.
Qu'il se lève (impér.).   En se levant.
Soyez-vous, en croyant.   A ou pour acheter.
Avoir dit, devant conduire.   De conduire le fils.
...lle a ou qu'elle avait dit.   Vous croyez cela.

EXERCICE XXXV.

151. Prehendo, is, prehendi, prehensum, prehendere, *prendre* (112).
 Vendo, is, vendidi, venditum, vendere, *vendre*.
 Lædo, is, læsi, læsum, lædere, *blesser*.
 Cedo, is, cessi, cessum, cedere, *se retirer*, *céder*.
 Nosco, is, novi, notum, noscere, *connaître, savoir*.

Traduisez en français et analysez les verbes suivants par modes, temps, nombres et personnes.

Prehendisti, vendideras, læsimus, cessi, noveratis, prehenderant, vendidero, læsistis, cesserunt, novisset, prehenderimus, vendidissetis, læserat, cesseram, novisse, prehensurum esse, venditurum fuisse, læsurus, noturam fuisse, prehendimus, vendidi, læsistis, cesserint, novisses, prehenderim, vendiderant, novimus.

 2. Lædo, cedes, noscat, prehenderemus, vendere, læ-
.. cedunt, noscis, prehendet, lædito (illa), cedito (ille),
...unto, prehendam, vendis, lædens, cedentes, noscite,
...enditote, vendimus, læderetis, cedendo, notura, prehensurus, prehensuri, vendamus, læderet, cedunto, noscendi, prehendendum, vendis, lædit, cedo, noscimus, prehenderetis, venditis, læderemus, noscant, prehendit, vendis, læderemus, noscant, prehendit, vendant, læderent, cedilote, noscitis.

EXERCICE XXXVI.

Verbes de la troisième conjugaison (N° 113).

153. Aspicio, is, aspexi, aspectum, aspicere, *regarder*.
Capio, is, cepi, captum, capere, *prendre*.
Jacio, is, jeci, jactum, jacere, *jeter*.
Facio, is, feci, factum, facere, *faire*. (V. n° 129.)
Sapio, is, sapui *ou* sapivi *(sans supin)*, sapere, *être sage, avoir du goût*.

Traduisez en latin les verbes suivants avec le nom à l'acc. (315).

Je regarde, tu prends.
Il jette, nous faisons.
Tu jetas, il eût fait.
Nous fûmes sages.
J'eus regardé, tu avais pris.
Il jettera, elle aura fait.
Soyons sages, regarde.
Que tu prennes, qu'elle jette.
Que nous fissions.
Que vous eussiez été sages.
Sois sage, je regarderai.
Que je prenne le loup.
Tu auras été la bouteille.
Que tu aies fait la faute.
Qu'il soit sage (impér.).
Nous regardions l'image.
Vous prîtes l'enfant.
Elles firent, il avait été sage.
Je regarderais la maison.
Que je prisse, tu aurais jeté.
Prends, fais, jetons.

Vous êtes sages.
Ils regardaient, je pris.
Nous regardons.
Vous preniez, que tu jetasses.
Elle ferait le travail.
Nous eussions été sages.
Regardez, prenez, faites.
Je suis sage, tu as regardé.
Il avait jeté, nous aurons fait.
Vous fûtes sages, en regardant.
Devant prendre la lampe.
A *ou* pour jeter, à faire.
Nous prendrions les livres.
Vous eussiez jeté, devoir faire.
Avoir dû prendre, j'ai regardé.
Tu as pris, elle a jeté les bouteilles.
Nous avons fait l'ouvrage.
Vous avez été sages.
Ils ont regardé les ânesses.
Faites, qu'ils fissent.
Que je prisse les loups.

EXERCICE XXXVII.

154. Jacio, is, jeci, jactum, jacere, *jeter*. (113)
Fodio, is, fodi, fossum, fodere, *percer*.
Fugio, is, fugi, fugitum, fugere, *fuir*.
Rapio, is, rapui, raptum, rapere, *ravir, entraîner*.
Quatio, is, quassi, quassum, quatere, *secouer, renverser*.

Traduisez en français et analysez les verbes suivants par modes, temps, nombres et personnes.

Jaciam, fodiebas, fugit, rapiemus, quatite, jaciunto, fo-

VERBES. 39

derem, fugere, rapiens, quatiendo, jacturus, fugitura, rapio, quatis, jacit, fodimus, rapitis, quatiunt, jaciebam, fodies, fugito, rapiat, quatiatis, jacerent, fodiam, fugiat, raperemus, quateretis, jacite, foderet, fugient, rapiendum, quassum.

155. Jecerat, fodisti, fugi, rapuêre, quasserunt, jeceris, foderamus, fugerint, rapueritis, quassisset, jecero, foderis, fugerat, rapuimus, quassistis, jecerant, fossurum esse, fugisse, rapturum fuisse, quassi, jeceramus, fodit, fugistis, rapuissemus, quasserint, jecissetis, fodissem, fugeras, rapueritis, jecisses, foderint, fugissem, rapuisse.

EXERCICE XXXVIII.

Verbe de la quatrième conjugaison (n° 114).

156. QUESTIONS : A quoi connaît-on qu'un verbe est de la 4ᵉ conjugaison ? (103)

Haurio, is, hausi, haustum, haurire, *puiser*. (112)
Fulcio, is, fulsi, fultum, fulcire, *soutenir*.
Aperio, is, aperui, apertum, aperire, *ouvrir*.
Nutrio, is, ivi, itum, ire, *nourrir*.
Scio, is, ivi, itum, scire, *savoir*.

Traduisez en latin les verbes suivants avec le nom à l'acc. (315)

Je puise, tu soutenais.
Il ouvrit, nous nourrirons.
Vous savez, sachez.
Que je puise, que tu soutinsses.
Ouvrir, nourrissant.
De savoir, en puisant.
A ou pour soutenir, j'ouvrais.
Tu nourris, il sut l'histoire.
Nous puisions l'eau.
Vous soutiendrez.
Qu'ils ouvrent (impér.).
J'ai puisé, tu avais soutenu.
Elle aura ouvert la maison.
Que nous ayons nourri.
Qu'ils eussent su.
Avoir puisé les eaux.
Que tu aies soutenu.
Ils ouvrent les temples.
Qu'elles ouvrent (impér.).
Devoir puiser, devant soutenir.
Que j'eusse puisé, que tu aies su.

Puisez, soutenons.
Ouvrez, vous nourrîtes.
Tu auras su, elle avait puisé.
Que nous soutenions.
Que vous ouvrissiez.
Ils nourriraient.
Qu'ils sussent la grammaire.
De puiser, avoir soutenu.
A ouvrir, devoir ouvrir.
Tu puises, tu soutins.
Elle ouvrit, nous nourrîmes.
Devoir soutenir, en ouvrant.
Avoir dû nourrir.
Devant savoir la musique.
Je puiserai l'eau.
Tu auras soutenu le temple.
Vous eûtes su.
Qu'il ouvre, sache (impér.).
Je puiserais le vin.
Vous soutîntes l'arbre.
Que les enfants sachent.

EXERCICE XXXIX.

157. Punio, is, ivi, itum, ire, *punir.*
Sancio, is, sanxi, sancitum, sancire, *ordonner, ra...*
Amicio, is, amixi, *ou* amicui, amictum, amicire, *vrir, revêtir.*
Condio, is, ivi, itum, ire, *embaumer.*

Traduisez en français et analysez les verbes suiv...

Punire, sanciret, amiciet, condiat, puniamus, sa...
amiciunt, condi, punito (ille), sanciant, amiciunto, c...
direm, punio, sanciebas, amiciat, sanciemus, condien...
puniret, sanciebam, amicitis, condiremus, punis, sancit,
amici, condite, puniens, amiciendi, condiendum, punias,
sancirem, amiciret, condiendo, punientes.

158. Sanxistis, amicueramus, amixerunt, condivisti,
punivi, sanxisse, amicturum fuisse, condiveratis, puniv...
rant, sanxerint, amixero, condiveris, punivit, sanci...
esse, amicuisset, condivissent, puniveram, sanxe...
amixeratis, condivistis, puniverit, sanxero, am...
condivêre, punivimus, sanxeram, amixisses, condi...

EXERCICE XL.

159. QUESTIONS : Comment fait-on une syncope dans les verbes ? — Donnez des exemples. (115)
Comment se divisent les temps des verbes ? (116)
Qu'est-ce que les temps primitifs ? (116)
Qu'est-ce que les temps dérivés ? (116)
Combien y a-t-il de temps primitifs ? quels sont-ils ?...
Quels sont les temps que forme le *présent de l'in...tif ?* (119 à 123)
Comment forme-t-on *l'imparfait de l'indicatif ?* — le *futur de l'indicatif ?* (120) — le *présent du su...tif ?* (121) — le *participe présent ?* (122) — le *gér...* (123)
Quels sont les temps que forme le *parfait de l'i...tif ?* (124 à 128)
Comment forme-t-on le *plus-que-parfait de l'indic...f ?* (124) — le *futur passé ?* (125) — le *parfait du subj...* (126) — le *plus-que-parfait du subjonctif ?* (127) *parfait de l'infinitif ?* (128)

VERBES.

Quels sont les temps que forme le *présent de l'infinitif?* (129 et 130)

Comment forme-t-on *l'impératif?* (129) — *l'imparfait du subjonctif?* (130)

Quels sont les temps que forme le *supin?* (131 et 132)

Comment forme-t-on le *futur de l'infinitif?* (131) — le *participe futur?* (132)

Expliquez encore la formation des temps dérivés dans l'ordre qu'ils occupent dans une conjugaison. (119, 124, 120, 125, 129, 121, 130, 126, 127, 128, 131, 122, 132, 123.)

EXERCICE XLI.

160. RÉCAPITULATION *sur les quatre conjugaisons actives.* (109 à 114.)

Muto, as, avi, atum, are, *changer.*
Deleo, es, delevi, deletum, delere, *détruire.*
Quæro, is, quæsivi, quæsitum, quærere, *chercher.*
Cupio, is, cupivi, cupitum, cupere, *désirer.*
Sepelio, is, ivi, sepultum, sepelire, *ensevelir.*

Traduisez en latin les verbes suivants:

Je change, tu détruis, il cherche, nous désirons, vous ensevelissez, elles changent; je détruisais, tu cherchas, elle désirait, nous ensevelissions, vous changiez, ils détruisaient; je cherchai, tu désiras, il ensevelit, nous changeâmes, vous détruisîtes, elles cherchèrent; j'ai désiré, tu as enseveli, le maître a changé, nous avons détruit, vous avez désiré, les hommes pieux ont enseveli; j'eus changé, tu eus détruit, la sœur eut cherché, nous eûmes désiré, vous eûtes enseveli, les maîtres eurent changé; j'avais détruit, tu avais cherché, le frère avait désiré, nous avions enseveli, vous aviez changé, les vainqueurs avaient détruit; je chercherai, tu auras désiré, qu'il ensevelisse (*impér.*), que nous changions, que vous détruisiez, qu'ils aient cherché, que les enfants eussent désiré; ensevelir, avoir changé, détruisant, devoir chercher, avoir dû désirer, qu'il aurait *ou* qu'il eût enseveli, devant changer, à détruire, de chercher, en désirant, à *ou* pour ensevelir; change, détruisons, cherchez vos livres.

EXERCICE XLII.

Questions : Par quelle lettre se termine, dans les différents temps des quatre conjugaisons actives, la 1re, la 2e, la 3e personne du singulier?

Quelles sont les trois lettres qui terminent la 1re, la 2e personne du pluriel?

Quelles sont les deux lettres qui terminent la 3e personne du pluriel?

A quelle personne, à quels temps appartient la terminaison *o*?

A quelles conjugaisons appartient-elle?

Dans quelles conjugaisons se trouvent les terminaisons *eo, io*?

Dans quelle conjugaison se trouvent les terminaisons *are, ere, ire*?

Pour quels temps et pour quel espèce de verbes emploie-t-on les terminaisons *abam, abas*, etc., — *bam, bas*, etc., — *ebam, ebas*, etc., — *i, is, it, imus, istis, erunt* ou *ère*, — *eram, eras*, etc., — *abo, abis*, etc., — *bo, bis*, etc., — *am, es, et*, etc., — *ero, eris*, etc., — *a, ato, ate, atote, e, eto, etote*, etc., — *i, ito, ite, itote*, etc., — *em, es*, etc., — *am, as*, etc., — *arem, ares*, etc., — *erem, eres*, etc., — *irem, ires*, etc., — *erim, eris, issem, isses*, etc., — *isse, ans*, — *ens, um*, — *rus, ra, rum*, — *andi, ando, andum*, — *ndi, ndo, ndum*, — *endi, endo, endum*?

Nota. Pour répondre aux questions ci-dessus, l'élève doit parcourir les quatre conjugaisons actives.

Récapitulation : *Sur les quatre conjugaisons actives.*

161. Dono, as, avi, atum, are, *gratifier, faire cadeau.*
Moveo, es, movi, motum, movere, *mouvoir, émouvoir.*
Colo, is, colui, cultum, colere *cultiver, honorer.*
Perficio, is, perfeci, perfectum, perficere, *perfectionner, achever.*
Erudio, is, ivi, itum, ire, *instruire.*

Traduisez en français et analysez les verbes suivants :

161. Donavi, moveras, coluit, perfecerimus, erudiveritis, donavissent, movisse, culturum fuisse, perfeci, crudiveras, donaverit, moverimus, coluissetis, perfecissent,

donavisse, movendi, colendum, perfecerant, eruditurus, donando, motum, culturum esse, perficere, erudiunt, donas, moveam, colet, perficiant, erudi, donato, moveres, colit, perficiet, erudiunto.

162. Donabamus, moveatis, colitote, perficito (illa), erudis, donavisti, movissem, colamus, perficiat, erudivistis, donant, movebant, cole, perficiunto, donat, movetis, colo, perficies, erudiat, donem, moveto, colat, perficiemus, erudituram esse, donans, moventes, coluêre, perficiemus, erudito (ille), dona, movete, coluit, perfecistis, erudivimus, donatum.

EXERCICE XLIII.

SUITE DE LA RÉCAPITULATION. — *Verbes actifs et verbes neutres qui se conjuguent comme les verbes actifs* (n° 108).

163. Certo, as, avi, atum, are, *combattre* (neutre).
Video, es, vidi, visum, videre, *voir* (actif).
Vinco, is, vici, victum, vincere, *vaincre* (actif).
Venio, is, veni, ventum, venire, *venir* (neutre).

Traduisez en latin les verbes suivants :

Je suis venu, j'ai vu, j'ai vaincu, tu viendras, en combattant, de voir, à vaincre, à ou pour venir, combats, voyez, viens, combattons (*impér.*), qu'ils voient, qu'il vienne, que je vainque, nous combattons, vaincre, devant venir, qu'il combattît, je verrai, nous vaincrons, vous veniez, ils combattent, qu'ils voient, je vaincrais, que tu vinsses, il a combattu, nous avions vu, vous aurez vaincu, qu'ils soient venus, je serais venu, que tu aies combattu, qu'elle eût vu, avoir vaincu, je viendrai, que tu viennes, elle aura combattu, nous aurions vu, vous eussiez vaincu, les élèves seront venus, qu'elle aurait *ou* qu'elle eût vaincu, avoir dû venir, de combattre, à voir, en vainquant, être venu, qu'il a *ou* qu'il avait combattu, en voyant, tu es venu, devant vaincre, avoir dû combattre, tu vois, en venant, à *ou* pour combattre, que je vinsse, que tu aies vaincu, tu auras vaincu, que vous soyez venus, que je voie, que je combatte, que je vainquisse, que je vienne.

EXERCICE XLIV.

SUITE DE LA RÉCAPITULATION. — *Verbes actifs et verbes neutres qui se conjuguent comme les verbes actifs* (n° 108).

164. Dubito, as, avi, atum, are, *douter* (neutre).

Terreo, es, terrui, territum, terrere, *épouvanter* (actif).
Cresco, is, crevi, cretum, crescere, *croître*, (neutre).
Munio, is, ivi, itum, ire, *munir, fortifier*, (actif).
Dormio, is, ivi, itum, ire, *dormir*, (neutre).

Traduisez en français et analysez les verbes suivants :

Dubitem, terres, crescet, muniamus, dormiveritis, dubitant, terreo, crescis, munit, dormivimus, dubitatis, terruêre, crescam, munies, dormivit, dubitabamus, terretis, muniunto, dormis, dubito, terret, terrebimus, crescitis, muniebant, dormituram, dubitandi, terrebitis, crescite, dormivisse, dubitaverunt, territum, crevimus, munire.

165. Dormiebat, dubitas, terremus, crescunt, munito (illa), dormivêre, dubitaturum fuisse, territura, creturum, crescendo, muniverit, dormiemus, dubitent, terreamus, crevisse, munientium, dormientis, dubitatote, terreret, crescit, muniatis, dormietis, dubitandum, territuros esse, crescitis, muniam, dormimus, dubites, terreto, crescamus, munirem.

EXERCICE XLV.

Des verbes passifs.

166. QUESTIONS : Quels sont les seuls verbes qui se conjuguent au *passif ?* (134).
Comment divise-t on les temps des verbes *passifs ?* (136)
Qu'est-ce que les temps *simples ?* citez-les. (137)
Qu'est-ce que les temps *composés ?* citez-les. (138)
Comment forme-t-on les temps *simples* du passif ? (139)
Expliquez cette formation pour la 1re, la 2e et la 3e personne, tant du *singulier* que du *pluriel*, et donnez des exemples. (140)
A quoi ressemble l'*impératif* dans les verbes passifs ? (141)
Combien l'*impératif passif* a-t-il de syllabes ? (142)
Comment se forment les temps composés ? (143)
Sur quoi se décline le *participe passé ?* (143)
D'où se forme le *participe passé ?* (143)
D'où se forme le *participe futur passif ?* (143)
D'où se forme le *supin passif ?* (145)

Laudor, aris, laudatus sum, laudatu, laudari, *être loué*. (146)

VERBES.

Doceor, eris, doctus sum, doctu, doceri, *être instruit.* (147)
Vincor, eris, victus sum, victu, vinci, *être vaincu.* (148)
Sepelior, iris, sepultus sum, sepultu, sepeliri, *être enseveli.* (150)

Traduisez en latin les verbes suivants :

Je suis loué, tu étais instruit, il fut vaincu, elle a été vaincue, l'animal a été vaincu, nous eûmes été ensevelis, vous aviez été loués, vous aviez été louées, ils seront instruits, elles seront vaincues, elles auront été vaincues, sois enseveli, que tu sois instruit, qu'elle fût vaincue, que nous ayons été ensevelies, que vous eussiez été loués, que ces animaux eussent été vaincus, j'étais instruit, tu as été vaincue, il avait été enseveli, elle aura été ensevelie, nous aurons été ensevelis, vous eussiez été louées, devoir être instruite, devant être instruites, à être vaincu, avoir dû être ensevelis, avoir dû être ensevelie.

EXERCICE XLVI.

167. Domor, aris, domitus sum, domitu, domari, *être dompté.*
Jubeor, eris, jussus sum, jussu, juberi, *être ordonné.*
Solvor, eris, solutus sum, solutu, solvi, *être délié, être payé.*
Adjicior, eris, adjectus sum, adjectu, adjici, *être ajouté.* (3e conj.)
Lenior, iris, lenitus sum, lenitu, leniri, *être calmé.*

Traduisez en français et analysez les verbes suivants :

Domare, jussus fui, solvatur, adjecti sumus, lenimini, domentur, jubeor, solvaris, adjiciatur, leniemur, domamini, jubebantur, solutæ eratis, adjecta sunt, lenieris, domitus es, jubebitur, soluti erimus, adjecti fueritis, lenitæ sint, domiti fuissent, jussi, solvendæ, adjectus, leniendus, domer, juberis, solvetur, adjicitor (illud), leniamur, domitos fuisse, jussum iri, solvendum fuisse.

168. Adjicior, lenitus est, domatur, jubemini, solvimur, adjectum est, lenita erunt, domita fuit, jussæ erimus, soluti sitis, adjicienda, leniti, domandum esse, jubendum fuisse, solutus sum, adjecta est, lenitur, lenitum est,

domiti sumus, jussi eratis, solutæ sunt, adjecta erant, lenita fuerint, domitu, jussus essem, jussa erit, jussum eras, jussi simus, jussæ estis, jussa essent, solventur, adjiciuntor, leniamini, domamur, adjiceris.

EXERCICE XLVII.
Suite des verbes passifs. (146 à 150.)

169. Æstimor, aris, atus sum, atu, ari, *être estimé.* (146)
Augeor, eris, auctus sum, auctu, augeri, *être augmenté.* (147)
Mittor, eris, missus sum, missu, mitti, *être envoyé.* (148)
Vincior, iris, vinctus sum, vinctu, vinciri, *être lié, garrotté.* (150)

Traduisez en latin les verbes suivants :
Que vous eussiez été estimées, que tu aies été augmentée, elle a été augmentée, les temples auront été augmentés, je suis envoyé, tu étais garrotté, il fut estimé, nous avons été estimés, vous eûtes été augmentés, ils avaient été envoyés, je serai lié, tu auras été estimé, soyons augmentés, que vous soyez envoyées, qu'elles fussent garrottées, que j'aie été estimé, que j'aie été estimée, que tu eusses été augmenté, que tu eusses été envoyée, être garrotté, être estimé, avoir été augmenté, avoir été augmentée, avoir été envoyés, avoir été garrottées, qu'il aurait ou qu'il eût été estimé, devant être augmentés, avoir dû être envoyée, nous serions liés, vous avez été estimées, ils ont été envoyés, je suis lié, tu étais estimée, il était estimé, il était envoyé, nous fûmes liés, vous aviez été estimés, que tu sois augmenté, tu seras envoyé, à être garrotté, avoir été estimée, avoir été augmentées, avoir été envoyés, ayant été liés, ayant été estimée, ayant été augmenté.

EXERCICE XLVIII.
Des verbes déponents.

170. QUESTIONS : Qu'est-ce que les verbes *déponents ?* (152)

A quels verbes français correspondent les verbes *déponents ?* (153)

Comment se conjuguent les verbes *déponents ?* (154)

Hortor, aris, hortatus sum, hortatum, hortari, *exhorter*. (155)

Misereor, eris, misertus sum, misertum, misereri, *avoir pitié*. (156)

Loquor, eris, locutus sum, locutum, loqui, *parler*. (157)

Mentior, iris, mentitus sum, mentitum, mentiri, *mentir*. (158)

Traduisez en latin les verbes suivants :

J'exhorterai, tu exhortais, tu as pitié, elle aurait pitié, nous parlons, parlez, vous mentez, ils exhortaient, parle, que je mente, que tu exhortasses, avoir pitié, parlant, de mentir, à mentir, j'exhorte, tu avais pitié, il parlera, que nous mentions, exhortez, (*impér.*) qu'ils exhortent, que j'eusse pitié, parler, en mentant, à *ou* pour exhorter, qu'il ait pitié (*impér.*), je parlais, tu mentiras, elle exhortera, nous parlerions, que vous mentiez, qu'ils exhortassent, ayons pitié, de parler, j'ai menti, tu as exhorté, il avait parlé, nous aurons menti, vous auriez exhorté, elles eussent eu pitié, que j'aie parlé, que tu eusses menti, avoir exhorté, avoir dû avoir pitié, ayant parlé, qu'elle a *ou* qu'elle avait menti, devoir exhorter, devant parler, ces hommes devant mentir, cette mère devant exhorter, vos sœurs ont eu pitié, nos frères avaient parlé, nous eussions menti, elle aurait exhorté, qu'elles eussent pitié, qu'ils eussent parlé, qu'il ait menti, vous eûtes exhorté, elles auront eu pitié, qu'ils eussent parlé, vous auriez menti.

EXERCICE XLIX.

171. Conor, aris, atus sum, atum, ari, *tâcher, s'efforcer de*. (155)

Fateor, eris, fassus sum, fassum, fateri, *avouer*. (156)

Sequor, eris, secutus sum, secutum, sequi, *suivre*. (157)

Experior, iris, expertus sum, expertum, experiri, *éprouver*. (158)

Traduisez en français et analysez les verbes suivants :

Conarer, fateris, sequitur, experimur, conamini, fatentur, sequor, experire, conabatur, fassi sumus, experti eratis, conatæ sunt, fatebor, secuta eris, experitor (ille), conemur, fateremini, sequi, expertam esse, conatum iri, fassus, sequenda, experiendi, conatæ sint, fassi fuissent, secutus sum, experta fuisti, conabimur, fateri, sequere, experiar, coneris.

172. Fatebitur, sequemur, experiemini, conabuntur, fatentor, sequar, expertus eris, conare, fateamur, secutum, expertus sim, conandum, fassus sit, sequetur, experiendam esse, conaturum, fassura, secuturus, experiuntur, conaris, fassi erunt, secutæ essetis, expertum est, conatus sum, fateberis, sequatur, experiendus, conabere, fatendus, sequendæ, experiens, conantes, fateretur, sequeremini, experientis.

EXERCICE L.
Des verbes neutres.

173. QUESTIONS : Comment se conjuguent les verbes *neutres ?* (151)

Qu'entend-on par verbes *irréguliers ?* (159)
Qu'entend-on par les verbes *neutres passifs ?* (160)
Que remarquez-vous sur le verbe irrégulier *fio ?* (165)

Soleo, es, solitus sum, solere, *avoir coutume ?* (160)
Fido, is, fisus sum *ou* fidi, fidere, *se fier.* (160)
Affero, affers, attuli, allatum, afferre, *apporter.* (161)
Offeror, offerris, oblatus sum, oblatu, offerri, *être offert.* (162)
Adeo, is, adii *ou* adivi, aditum, adire, *aller trouver.* (164)
Fio, fis, factus sum, factu, fieri, *devenir, être fait.* (165)

Traduisez en latin les verbes suivants :

J'avais coutume, tu te fies, nous apportons, il est offert, nous allons trouver, vous devenez, ils ont coutume ; je me fiais, tu apportais, elle était offerte, nous allions trouver, vous étiez faits, ils avaient coutume ; je me fierai, tu apporteras, elle sera offerte, nous irons trouver, vous deviendrez, ils auront coutume ; fie-toi, que je me fie, que tu apportasses, qu'il est *ou* qu'il était offert ; aller trouver, à être fait, devant être fait, devant être faites, j'aurais coutume, tu te fierais, elle apporterait, nous serions offertes, vous seriez offerts, ils iraient trouver, elles deviendraient ; j'ai eu coutume, tu t'es fié, elle a apporté, nous avons été offerts, vous êtes allés trouver, ils sont devenus, avoir eu coutume, devoir se fier, avoir dû apporter, devant être faite, devant être faits, ayant eu coutume, s'étant fié, s'étant fiées, ayant été offerts, devant être offertes, devoir être faite, j'avais eu coutume, tu t'étais fié, il avait apporté, nous avions été offerts, vous serez allés trouver, vous fûtes allés trouver, ils fussent devenus, ils ont eu coutume.

EXERCICE LI.

174. Audeo, es, ausus sum, audere, *oser*. (160)

REMARQUE. Le verbe *audeo* fait au subjonctif *audeam*, *audeas*, etc., ou bien *ausim*, *ausis*, etc.

Diffido, is, diffisus sum, diffidere, *se défier*. (160)

Aufero, aufers, abstuli, ablatum, auferre, *ôter, emporter*. (161)

Auferor, auferris, ablatus sum, ablatu, auferri, *être ôté*. (162)

Abeo, is, ivi *ou* abii, itum, ire, *s'en aller*. (164)

Fio, fis, factus sum, factu, fieri, *devenir, être fait*. (165)

Traduisez en français et analysez les verbes suivants.

Ausus es, diffisi sumus, abstulerunt, ablati erant, abiere, facti sunt, ausæ sint, diffisi erunt, abstulisset, ablatus eram, abiisse, facti sunt, ausus sum, diffisus esset, ablatum, ablatum iri, abeundo, facta erit, ausus sis, diffisi simus, abstulissetis, ablata sunt, abivistis, factu, ausus, diffidendum, ablatum fuisse, auferendam esse, abiissent, factum iri.

175. Audeo, diffidis, auferre, auferimur, abitis, fiunt, audebo, diffidam, auferebas, auferebatur, abibamus, fiebatis, audebant, diffides, audeam, aufereris, abibit, fiemus, audebitis, diffident, aufer, auferamur, abiretis, fieri, audens, diffidendi, aufers, auferuntor, abite, fi, ausis, diffiderem, auferretur, abeamus, fitote, audeant, ausimus, diffideres, auferretis, auferremur, ausim.

EXERCICE LII.
Des verbes défectifs.

176. QUESTIONS : Qu'entend-on par verbes *défectifs*? A quels verbes français se rapportent-ils? (166)

Volo, vis, volui, velle, *vouloir*. (166)

Nolo, nonvis, nolui, nolle, *ne vouloir pas*. (167)
Malo, mavis, malui, malle, *aimer mieux*. (168)
Possum, potes, potui, posse, *pouvoir*. (107)
Prosum, prodes, profui, prodesse, *servir*. (107)
Nequeo, nequis, nequivi, nequire, *ne pouvoir pas*. (169)
Odi, osus sum *ou* fui, odisse, *haïr*. (170)
Aio, *je dis*. (171) Inquam, *dis-je*. (172)

Traduisez en latin les verbes suivants :

Je voudrais, tu ne veux pas, il aime mieux, nous pouvons, vous servez, ils ne peuvent pas, je haïssais, dis-tu, je voulais, dit-il, nous ne voulions pas, vous aimerez mieux, pouvoir, qu'ils servent, que je ne voulusse pas, tu as haï, tu as dit, je veux, dira-t-il, nous ne voulûmes pas, vous avez mieux aimé, je puis, sers, qu'il ne pût pas, haïr, dit-il, que tu veuilles, tu ne veux pas, il aimerait mieux, nous pouvons, vous ne pourriez pas, elles ont haï, ils disent, disant, avoir voulu, que je ne veuille pas, que tu aimasses mieux, ils pouvaient, avoir servi, je hais, tu as dit, diras-tu, vous voulez, ne voulant pas, que tu eusses pu, devant servir, n'avoir pas pu.

EXERCICE LIII.
(Voyez les verbes latins de l'exercice précédent.)

177. *Traduisez en français et analysez les verbes suivants :*

Volo, nonvis, mavult, possumus, prodestis, nequeunt, odi, ais, nequibat, volemus, noletis, mallent, possim, prodesto, nequitis, osus est, aistis, inquito, voluere, nolueram, mavis, possunt, profuturus, nequirem, osæ sumus, aiebas, inquistis, velim, noli, malitis, potero, profueritis, nequivisses.

178. Vis, noluimus, maluerat, potuerint, profuturum esse, nequit, osi erant, vellet, noles, maluistis, potuit, prosimus, prosunto, nequiretis, odisti, aiat, inquitis, volemus, noluisse, potueris, prodesto, nequis, odimus, osus esset, velint, nolitote, malui, potes, prodest, nequeatis, odissent, volueramus, nolo, malis, poterunt, prosis, oderunt.

EXERCICE LIV.
Verbes impersonnels.

179. QUESTIONS : Qu'est-ce que les verbes impersonnels ? (173)

PRONOMS.

Quels sont les temps qui manquent à ces verbes? (173)
Quels verbes sont employés accidentellement comme *impersonnels*? (174)
Que remarquez-vous sur la conjugaison des impersonnels, *pœnitet, pudet, tædet*, etc. ? (175)
Qu'est-ce que les verbes *impersonnels passifs*? (176)
Quels sont les verbes qu'on peut rendre *impersonnels passifs*? (177)

Grandinat, *il grêle*, grandinavit, grandinare, *grêler*. (173)
Decet, *il convient*, decuit, decere, *convenir*. (173)
Contingit, *il arrive*, contigit, contingere, *arriver*. (173)
Me pudet, *j'ai honte*, puduit, pudere, *avoir honte*. (175)
Certatur, *on combat*, siletur, *on se tait*, vivitur, *on vit*. (177)

Traduisez en latin les verbes suivants :

Il grêle, il convenait, il est arrivé, nous avons honte, on a combattu, on se taira, on vivra, il avait grêlé, il conviendrait, il était arrivé, tu auras honte, elle avait honte, on combattrait, on se taisait, on vit, il grêlait, il eût convenu, il arriva, j'avais honte, elles ont honte, que l'on combatte, que l'on se taise, il grêlerait, il conviendra, il serait arrivé, nous avons eu honte, vous eussiez eu honte, on eût combattu, on se tait, qu'il grêlât, qu'il convienne, qu'il arrive, ils auraient eu honte, elle aura honte, que l'on combattît, que l'on se tût, il a grêlé, qu'il convînt, il fût arrivé, qu'elles eussent eu honte, j'aurai eu honte, ayant honte.

EXERCICE LV.

180. Tonat, *il tonne*, tonuit, tonare, *tonner*. (173)
Licet, *il est permis*, licuit *ou* licitum est., licere, *être permis*. (173)
Pluit, *il pleut*, pluere, *pleuvoir*. (173)
Evenit, *il arrive*, evenire, *arriver*. (173)
Me miseret, *j'ai pitié*, me misertum est, miserere, *avoir pitié*. (175)
Curritur, *on court*, itur, *on va*, venitur, *on vient*. (177)

Traduisez en français et analysez les verbes suivants :

Tonuerat, licuisset, pluit, eveniet, te misertum est, currebatur, itum est, venietur, tonabat, licuit, pluet, evenerit, nos miserebitur, curratur, ibitur, tonaret, licuerit, plueret, evenisset, me misertum sit, illas miseret, vos misertum esset, curritur, itur, venietur, tonuisset, licitum erat, pluerat, evenerit, illam miserebatur, licitum erit, pluisset, evenit, nos misereret, vos misertum fuerit, venitur.

CHAPITRE V. — PARTICIPE.

EXERCICE LVI.

181. QUESTIONS : Qu'est-ce que le *participe?* (178)
D'où vient le mot *participe?* (99-5°)
Combien y a-t-il de sortes de *participes?* (179)
Combien les verbes *actifs* ont-ils de *participes?* (180)
Quels sont-ils? (180)
Combien les verbes *passifs* en ont-ils? (181)
Combien y en a-t-il dans les verbes *neutres?* (182)
Combien dans les verbes *déponents?* (183)
De quelle déclinaison sont les *participes présents?* (179)
Sur quel modèle les décline-t-on? (53)
Comment décline-t-on le participe *futur actif,* (179) le participe *passé,* (179) et le participe *futur passif?* (179)
Qu'est-ce que les *gérondifs?* (186)
D'où vient le mot *gérondif?* (186)
Combien les gérondifs ont-ils de *cas?* (187)
De quel *genre* et de quel *nombre* sont les gérondifs? (188)
Qu'est-ce que les *supins?* — Combien y en a-t-il?
Quelle est leur terminaison? (184)

CHAPITRE VI. — ADVERBE.

EXERCICE LVII.

182. QUESTIONS : Qu'est-ce que l'*adverbe?* (190)
D'où vient le mot *adverbe?* (190)

ADVERBES.

Donnez un exemple sur l'emploi de l'adverbe. (190)
Quels sont les adverbes de *temps*? (191)
    idem. . . de *nombre*? (192)
    idem. . . de *quantité*? (192)
    idem. . . de *manière*? (193)
D'où viennent les adverbes de *manière*? (193)
Quels sont les adverbes de *comparaison*? (194)
    idem. . . d'*union*? (195)
    idem. . . de *division*? (196)
    idem. . . d'*interrogation*? (197)
    idem. . . d'*affirmation*? (198)
    idem. . . de *négation*? (199)
    idem. . . de *doute*? (200)
Quels sont les *adverbes* qui ont les trois degrés de signification?—Donnez des exemples. (201).
Quelle différence y a-t-il entre le *comparatif* de l'adverbe et celui de l'adjectif? (202)
Quelle différence y a-t-il entre le *superlatif* de l'adverbe et celui de l'adjectif? — Donnez des exemples. (202)
Qu'est-ce que les adverbes de *lieu*? (203)
Quels sont les adverbes du *lieu où l'on est*? (203-1°)
    idem. . . du *lieu où l'on va*? (203-2°)
    idem. . . du *lieu d'où l'on vient*? (203-3°)
    idem. . . du *lieu par où l'on passe*? (203-4°)
Quels sont ceux de ces adverbes qui se rapportent à des verbes de repos? (204)
Quels sont ceux qui se rapportent à des verbes de mouvement? (204)

CHAPITRE VII. — PRÉPOSITION.

EXERCICE LVIII.

183. QUESTIONS : Qu'est-ce que la *préposition*? (205)
— D'où vient le mot *préposition*? (205)
Combien y a-t-il de *prépositions* qui veulent à l'*accusatif* le *nom* ou *pronom* qui les suit? (206)
Quelles sont ces prépositions? (206)
Combien y a-t-il de prépositions qui veulent l'*ablatif* après elles? (207) — Quelles sont-elles? (207)
Quelle est la différence d'emploi entre *à* et *ab*? (208)
    idem. . . entre *e* et *ex*? (208)

Que faut-il observer au sujet des quatre prépositions *in, sub, subter, super?* (209)

CHAPITRE VIII. — CONJONCTION.

EXERCICE LIX.

184. QUESTIONS : Qu'est-ce que la *conjonction?* (211) — D'où vient le mot *conjonction?* (211)

Quelles sont les conjonctions *copulatives?* — D'où vient leur nom? (212)

Que remarquez-vous sur la conjonction *que?* (212)

Quelles sont les conjonctions *disjonctives?* — D'où vient leur nom? (213)

Que remarquez-vous sur la conjonction *ve?* (213)

Quelles sont les conjonctions *adversatives?* — D'où vient leur nom? (214)

Quelles sont les conjonctions *conditionnelles?* — D'où vient leur nom? (215)

Quelles sont les conjonctions *causatives?* — D'où vient leur nom? (216)

Quelles sont les conjonctions *transitives?* — D'où vient leur nom? (217)

CHAPITRE IX. — INTERJECTION.

EXERCICE LX.

QUESTIONS : Qu'est-ce que l'*interjection?* (218)
D'où vient le mot *interjection?* (218)
Quelles sont les principales *interjections?* (218)

DICTIONNAIRE

DES MOTS EMPLOYÉS DANS LES EXERCICES SUR LES DÉCLINAISONS.

A

Abundans, tis, part. d'abundo, *abondant.*
Acies, ei, s. f., *armée.*
Acus, ûs, s. f., *aiguille.*
Adolescens, tis, s. m. *jeune homme.*
Advena, æ, s. m. *étranger.*
Æger, gra, grum, adj., *malade.*
Æneas, æ, s. p. m., *Énée.*
Æneus, a, um, adj., *d'airain, de cuivre.*
Ænigma, atis, s. n., *énigme,* f.
Ætas, atis, s. f., *âge, vie.*
Æther, eris, s. m., *air.*
Ager, gri, s. m., *champ.*
Agmen, inis, s. n., *troupe,* f.
Agnus, i, s. m., *agneau.*
Alacer, m., alacris, f. alacre, n., adj., *vif.*
Alcides, æ, s. p. m., *Hercule.*
Alius, a, ud, gén. alius, dat. alii, adj., *autre.*
Altar, aris, *ou* altare, is, s. n., *autel,* m.
Alter, a, um, adj., *autre, un autre.*
Altus, a, um, adj., *haut, élevé.*
Alumnus, i, s. m., *élève.*
Amabilis, is, e, adj., *aimable.*
Amarus, a, um, adj., *amer.*
Ambo, orum, adj. de nombre plur., *tous deux.*
Amnis, is, s. m., *fleuve.*
Amœnus, a, um, adj., *agréable.*
Anchises, æ, s. p. m., *Anchise.*
Andreas, æ, s. p. m., *André.*
Angelus, i, s. m., *ange.*
Anima, æ, s. f., *âme.*
Animal, alis, s. n., *animal,* m.
Animosus, a, um, adj., *animé, courageux.*
Animus, i, s. m., *esprit.*
Annus, i, s. m., *année,* f.
Antonius, ii, s. p. m., *Antoine.*

Aper, apri, s. m., *sanglier.*
Aqua, æ, s. f., *eau.*
Aquila, æ, s. f., *aigle,* m.
Aquilo, onis, s. m., *aquilon.*
Ara, æ, s. f., *autel,* m.
Araris, is, s. m., *la Saône* (fleuve).
Arbor, oris, s. f., *arbre,* m.
Arcas, adis, s. m. et adj., *Arcadien.*
Arctus, a, um, adj., *étroit.*
Arcus, ûs, s. m., *arc.*
Arena, æ, s. f., *sable,* m.
Aroma, atis, s. n., *aromate, parfum,* m.
Ars, artis, s. f., *art,* m.
Artus, uum, s. m. plur., *les membres du corps.*
Asina, æ, s. f., *ânesse.*
Asinus, i, s. m., *âne.*
Asper, era, erum, adj., *âpre, dur, difficile.*
Astrum, i, s. n., *astre,* m.
Astus, ûs, s. m., *ruse,* f.
Ater, atra, atrum, adj., *noir, noire.*
Audax, acis, adj. des trois genres, *audacieux, hardi.*
Auditor, oris, s. m., *élève, écolier.*
Auris, is, s. f., *oreille.*
Avidus, a, um, adj., *avide.*
Avis, is, s. f., *oiseau,* m.
Avus, i, s. m., *grand-père.*

B

Balneum, i, s. n. au sing., et balneæ, arum, f. au plur., *bain,* m.
Bellua, æ, s. f., *bête féroce.*
Bellum, i, s. n., *guerre,* f.
Blandus, a, um, adj., *caressant, charmant, agréable.*
Bonus, a, um, adj., *bon.*
Boreas, æ, s. m., *Borée, nord.*

Bos, bovis, s. m., *bœuf.*
Brachium, i, s. n., *bras,* m.
Brevis, m. f., breve, n., adj., *court, bref.*

C

Cædes, is, s. f., *carnage,* m., *massacre,* m.
Calamitas, atis, s. f., *malheur,* m., *calamité,* f.
Calamus, i, s. m., *plume* (à écrire), f., *roseau,* m.
Calcar, aris, s. n., *éperon,* m.
Calidus, a, um, adj., *chaud.*
Callidus, a, um, adj., *adroit, fin, rusé.*
Calvus, a, um, adj., *chauve.*
Campus, i, s. m., *champ.*
Canis, is, s. m. f., *chien, chienne.*
Capillus, i, s. m., *cheveu.*
Caput, itis, s. n., *tête,* f.
Carduus, i, s. m., *chardon.*
Caries, ei, s. f., *carie* (des os).
Carmen, inis, s. n., *vers, poème,* m.
Caro, carnis, s. f., *chair.*
Castrum, i, s. n., *forteresse,* f.
Castra, orum, s. n. pl., *camp,* m.
Catena, æ, s. f., *chaîne.*
Causa, æ, s. f., *cause.*
Cedrus, i, s. f., *cèdre,* m.
Celeber, m., celebris, f., celebre, n., adj., *célèbre.*
Celer, m., celeris, f., celere, n., adj., *prompt, vite.*
Cervus, i, s. m., *cerf.*
Cestus, ûs, *et* i, s. m., *ceinture,* f., *ceste,* m.
Chorus, i, s. m., *chœur.*
Cithara, æ, s. f., *harpe.*
Civis, is, s. m. f., *citoyen, citoyenne.*
Clades, is, s. f., *ravage, défaite.*
Clarus, a, um, adj., *clair, distingué, célèbre.*
Classis, is, s. f. *flotte.*
Clypeus, i, s. m., *et* clypeum, i, s. n., *bouclier,* m.
Cœlum, i, s. n. au sing. *et* cœli, orum, m. plur., *ciel.*
Collum, i, s. n., *cou,* m.
Color, oris *et* colos, oris, s. m., *couleur,* f.
Coluber, bri, s. m., *couleuvre,* f.

Comis, m. f., come, n., adj., *doux, affable.*
Condiscipulus, i, s. m., *condisciple,* m.
Contentus, a, um, adj., *content.*
Copiosus, a, um, adj., *riche, abondant.*
Corbis, is, s. m., *corbeille.*
Cornu, u, s. n. indéclin. au sing., *corne,* f.
Corona, æ, s. f., *couronne.*
Corpus, oris, s. n., *corps,* m.
Corvus, i, s. m., *corbeau.*
Creber, bra, brum, adj., *fréquent.*
Crimen, inis, s. n., *crime,* m.
Crinis, is, s. m., *cheveu.*
Cruentus, a, um, adj., *sanglant.*
Crus, cruris, s. n., *jambe,* f.
Cubile, is, s. n., *lit,* m.
Culpa, æ, s. f., *faute.*
Culter, tri, s. m., *couteau.*
Cupidus, a, um, adj., *désireux, amateur.*
Cupressus, i, s. f., *cyprès,* m.
Cura, æ, s. f., *soin,* m.
Curiosus, a, um, adj., *curieux.*
Currus, ûs, s. m., *char.*
Custos, odis, s. m. f., *garde, gardien, gardienne.*
Cybele, es, s. p. f., *Cybèle.*

D

Damnum, i, s. n., *dommage,* m., *perte,* f.
Daphnis, is, s. p. m., *Daphnis.*
Dea, æ, s. f., *déesse.*
Debilis, is, m. f., debile, n., adj., *faible, débile.*
Densus, a, um, adj., *épais, épaisse.*
Deus, i, s. m., *Dieu.*
Diadema, atis, s. n., *diadème,* m.
Dies, ei, s. m. f., *jour,* m.
Difficilis, m. f., difficile, n., adj., *difficile.*
Digitus, i, s. m., *doigt,* m.
Diligens, tis, adj. 3 genr. *diligent, te.*
Diluvies, ei, s. f., *déluge,* m.
Disciplina, æ, s. f., *discipline, règle, instruction.*

Discipulus, i, s. m., *disciple, élève.*
Diuturnus, a, um, adj., *long, de longue durée.*
Docilis, is, m. f., docile, n. adj., *docile.*
Doctus, a, um, adj., *savant, instruit.*
Dogma, atis, s. n., *dogme,* m.
Dolium, i, s. n., *tonneau,* m.
Dolorosus, a, um, adj., *chagrin, chagrine.*
Dolosus, a, um, adj., *trompeur, trompeuse.*
Dolus, i, s. m., *ruse, fourberie,* f.
Domina, æ, s. f., *maîtresse, souveraine.*
Dominus, i, s. m., *maître, seigneur.*
Domus, ûs et i, s. f., *maison.*
Dulcis, is, m. f., dulce, n., adj., *doux, agréable.*
Duo, æ, adj. de nomb., *deux.*
Durus, a, um, adj., *dur.*

E

Effigies, ei, s. f., *image.*
Elementum, i, s. n., *élément,* m.
Epitome, es, s. f., *abrégé,* m.
Equa, æ, s. f., *jument.*
Equus, i, s. m., *cheval.*
Erectus, a, um, adj. et part., *droit, dressé.*
Examen, inis, s. n., *examen,* m.
Exemplum, i, s. n., *exemple,* m.
Exercitus, ûs, s. m., *armée,* f.
Exiguus, a, um, adj., *exigu, petit.*

F

Faber, bri, s. m., *ouvrier.*
Fabula, æ, s. f., *fable.*
Facies, ei, s. f., *visage,* m., *figure,* f.
Facilis, is, m. f., facile, n., adj., *facile.*
Fama, æ, s. f., *renommée,* f., *bruit,* m.
Famula, æ, s. f., *servante.*
Famulus, i, s. m. *serviteur.*
Fanum, i, s. n., *temple,* m.
Fastus, ûs, s. m., *faste.*
Fatum, i, s. n., *destin,* m., *destinée,* f.
Febris, is, s. f., *fièvre.*
Felix, icis, adj. 3 genr., *heureux.*
Fertilis, is, m. f., fertile, n., adj., *fertile.*
Ficus, i, s. f., *figuier,* m.
Fidelis, is, m. f., fidele, n., adj., *fidèle.*
Fides, ei, s. f., *foi.*
Filia, æ, s. f., *fille.*
Filius, ii, s. m., *fils.*
Flexus, a, um, adj., *courbé, plié, fléchi.*
Flexus, ûs, s. m., *pli,* m., *courbure,* f.
Flos, floris, s. m., *fleur,* f.
Fluctus, ûs, s. m., *flot.*
Fluvius, ii, s. m., *fleuve,* m., *rivière,* f.
Fœdus, a, um, adj., *sale, vilain.*
Fœdus, eris, s. n., *alliance,* f.
Folium, i, s. n., *feuille,* f.
Fons, fontis, s. m., *fontaine,* f.
Formido, inis, s. f., *crainte, épouvante.*
Fortis, is, m. f., forte, n., adj., *fort, forte.*
Frater, tris, s. m., *frère.*
Fraus, fraudis, s. f., *fraude, fourberie.*
Fretum, i, s. n., *détroit,* m.
Fructus, ûs, s. m., *fruit.*
Fructuosus, a, um, adj., *fructueux, fertile.*
Frumentum, i, s. n., *froment, blé.*
Fulgens, tis, adj. 3 genr., *brillant.*

G

Gelidus, a, um, adj., *gelé, glacé.*
Gelu, u, s. n., indéclin. au sing., *gelé, glace,* f.
Gener, eri, s. n., *gendre.*
Generosus, a, um, adj., *noble, généreux.*
Genius, i, s. m., *génie.*
Gens, tis, s. f., *nation,* f. *peuple,* m.

Genu, u, s. n., ind. au sing., *genou*, m.
Genus, eris, s. n., *genre*, m., *race, famille*, f.
Geometres, æ, s. m., *géomètre*, m.
Glacies, ei, s. f., *glace*.
Gladium, i, s. n., *et* gladius, ii, s. m., *glaive*, m., *épée*, f.
Grammatice, es, *et* grammatica, æ, s. f., *grammaire*.
Gravis, is, m. f., *et* grave, n., adj., *grave, lourd, pesant*.
Guttur, uris, s. n., *gosier*, m., *gorge*, f.

H

Hædus, i, s. m., *chevreau*.
Hæreditas, atis, s. f., *héritage*, m.
Hæres, edis, s. m. f., *héritier, héritière*.
Herba, æ, s. f., *herbe*.
Heros, herois, s. m., *héros*.
Hic, hæc, hoc, gén. hujus, pron. adj., *ce, cet, cette*.
Hiemalis, is, m. f., hiemale, n., adj., *d'hiver*.
Hirundo, inis, s. f., *hirondelle*.
Homo, inis, s. m., *homme*.
Honor *et* honos, oris, s. m., *honneur*.
Hora, æ, s. f., *heure*.
Horatius, ii, s. p. m., *Horace*.
Horrendus, a, um, adj., *horrible, effrayant*.
Horreum, i, s. n., *grenier*, m.
Horribilis, is, m. f., horribile, n., adj., *horrible*.
Hortus, i, s. m., *jardin*.
Hospes, itis, s. m., *hôte*.
Hostis, is, s. m., *ennemi*.

I

Is, ea, id, gén. ejus, pron. adj., *ce, cet, celui, lui, elle*.
Ille, illa, illud, gén. illius, pron. adj., *celui-là, celle-là, cela*.
Imago, inis, s. f., *image*.
Implacabilis, m. f., le, n., adj., *implacable*.
Improbus, a, um, adj., *mauvais, méchant, opiniâtre*.
Indulgens, tis, adj. 3 genr. *indulgent*.
Inextricabilis, m. f., le, n., adj., *inextricable*.
Infelix, icis, adj. 3 gen., *malheureux*.
Ingeniosus, a, um, adj., *ingénieux, adroit*.
Ingens, tis, adj. 3 genr., *grand*.
Ingluvies, ei, s. f., *gourmandise*.
Injucundus, a, um, adj., *désagréable*.
Injustus, a, um, adj., *injuste*.
Insidiosus, a, um, adj., *insidieux, qui tend des pièges*.
Integer, gra, grum, adj., *intègre, entier*.
Intolerabilis, m. f., le, n., adj., *intolérable, insupportable*.
Intonsus, a, um, adj., *qui n'a point été tondu*.
Inutilis, m. f., le, n., adj., *inutile*.
Ipse, a, um, gén. ipsius, pron. adj., *lui-même, elle-même, cela même, moi-même, toi-même*, etc.
Iste, a, ud, gén. istius, pron. adj., *celui-là, celle-là, cela*.

J

Jesus, u, s. p. m., *Jésus*.
Jonathas, æ, s. p. m., *Jonathas*.
Jucundus, a, um, adj., *agréable, plaisant*.
Jugum, i, s. n., *sommet, hauteur*, f., *joug*, m.
Jusjurandum, gén. jurisjurandi, s. n., *serment*, m.
Juvenis, m. f., juvene, n., adj., *jeune*.
Juventus, utis, s. f., *jeunesse*, f.

L

Labor, oris, s. m., *travail*.
Lacus, ûs, s. m., *lac*.
Lagena, æ, s. f., *bouteille*.
Lampas, adis, s. f., *lampe*.

Languidus, a, um, adj., *languissant*.
Latinus, a, um, adj., *latin, ine*.
Latro, onis, s. m., *voleur*.
Latus, eris, s. n., *côté*, m.
Laurus, i, s. f., *laurier*, m.
Laus, laudis, s. f., *louange, gloire*.
Lectio, onis, s. f., *lecture*.
Lenis, m. f., lene, n., adj., *doux, douce (au toucher)*.
Leo, onis, s. m., *lion*.
Levis, is, m. f., leve, n., adj., *léger, légère*.
Lex, legis, s. f., *loi*.
Liber, bri, s. m., *livre*.
Liber, era, erum, adj., *libre*.
Limpidus, a, um, adj., *limpide, clair*.
Littus, oris, s. n., *bord, rivage*, m.
Locus, i, s. m. au sing., loca, orum, plur. n., *lieu*.
Longus, a, um, adj., *long*.
Lugubris, m. f., bre, n., adj., *lugubre*.
Lumen, inis, s. n., *lumière*.
Luna, æ, s. f., *lune*.
Lupus, i, s. m., *loup*.
Luxus, ûs, s. m., *luxe*.

M

Machina, æ. s. f., *machine*.
Magister, tri, s. m., *maître*.
Magnificus, a, um, adj., *magnifique*.
Magnus, a, um, adj., *grand*.
Malus, a, um, adj., *mauvais, méchant*.
Malus, i, s. f., *pommier*.
Mantile, is, s. n., *serviette*, f.
Manus, ûs, s. f., *main*.
Mare, is, s. n., *mer*, f.
Marmor, oris, s. n., *marbre*.
Mater, tris, s. f., *mère*.
Maturus, a, um, adj., *mûr, mûre*.
Membrum, i, s. n., *membre*, m.
Mens, tis, s. f., *âme*, f., *esprit*, m., *sens*, m., *pensée*, f.
Mensa, æ, s. f., *table*.
Merces, edis, s. f., *récompense*, f., *salaire*, m.

Meus, a, um, pron. adj., *mon, ma, mon, le mien*, etc.
Miles, itis, s. m., *soldat*.
Mirabilis, is, m. f., de, n., adj., *admirable*.
Miser, era, erum, adj., *misérable, malheureux*.
Mitis, is, m. f., te, n., adj., *doux, calme, tranquille*.
Momentum, i, s. n., *moment*, m.
Mons, tis, s. m., *mont*, m., *montagne*, f.
Monstrum, i, s. n., *monstre*, m.
Mora, æ, s. f., *retard*, m.
Morbus, i, s. m., *maladie*, f.
Morpheus, i, s. p: m., *Morphée*.
Mos, moris, s. m., *coutume, habitude*, f.
Mulier, eris, s. f., *femme*.
Multitudo, inis, s. f., *multitude*.
Mulus, i, s. m., *mulet*.
Munitus, a, um, adj. et part., *muni, fortifié*.
Munus, eris, s. m., *charge, don*.
Musa, æ, s. f., *muse*.
Musice, es, s. f., *musique*.
Mutabilis, is, m. f., le, n., adj., *muable, variable*.
Myrtus, i, s. f., *myrte*, m.

N

Nata, æ, s. f., *fille*.
Natus, i, s. m., *fils*.
Nauta, æ, s. m., *marin, matelot*.
Navis, is, s. f., *navire*, m.
Negotium, ii, s. n., *chose, affaire*.
Nemus, oris, s. n., *bois*, m., *forêt*, f.
Nepos, otis, s. m., *petit-fils, neveu*.
Niger, gra, grum, adj., *noir, noire*.
Nocens, tis, adj., 3 genr., *coupable*.
Nodus, i, s. m., *nœud*.
Nomen, inis, s. n., *nom*, m.
Nonaginta, adj. de nomb. indécl., *quatre-vingt-dix*.
Noster, tra, trum, pron. adj., *notre, le nôtre*, etc.

Novem, adj. de nomb. indécl., *neuf.*
Nox, noctis, s. f., *nuit.*
Nullus, a, um, gén. nullius, pron. adj., *aucun, e.*
Numerosus, a, um, adj., *nombreux.*
Numerus, i, s. m., *nombre.*

O

Obscurus, a, um, adj., *obscur, obscure.*
Octo, adj. de nomb. indécl., *huit.*
Octoginta, adj. de nomb. indécl., *quatre-vingts.*
Ode, es, s. f., *ode.*
Odiosus, a, um, adj., *odieux.*
Officium, ii, s. n., *devoir,* m.
Olus, eris, s. n., *légume,* m.
Omen, inis, s. n., *présage,* m.
Omnipotens, tis, adj., 3 genr., *tout-puissant.*
Opacus, a, um, adj., *opaque, sombre.*
Oppidum, i, s. n., *ville,* f.
Oppositus, a, um, adj., *opposé.*
Opus, eris, s. n., *ouvrage, travail, besoin,* m.
Orbis, is, s. m., *globe, monde, cercle,* m.
Ordo, inis, s. m., *ordre, rang.*
Orpheus, i, s. p. m., *Orphée.*
Ovis, is, s. f., *brebis.*
Ovum, i, s. n., *œuf,* m.

P

Pagina, æ, is. f., *page.*
Pallas, adis, s. p. f., *Pallas, Minerve.*
Pallium, ii, s. n., *manteau,* m.
Palumbes, is, s. m., *pigeon.*
Papaver, eris, s. n., *pavot,* m.
Parvus, a, um, adj., *petit, petite.*
Pater-familiâs, gén. patris-familiâs, s. m., *père de famille.*
Pavo, onis, s. m., *paon (oiseau).*
Pax, pacis, s. f., *paix.*
Pectus, oris, s. n., *poitrine,* f.

Pecunia, æ, s. f., *monnaie,* f., *argent,* m.
Pecus, oris, s. n., *troupeau,* m.
Pelides, æ, s. p. m., *Achille.*
Penelope, es, s. p. f., *Pénélope.*
Periculosus, a, um, adj., *dangereux, périlleux.*
Periculum, i, s. n., *péril, danger,* m.
Peritus, a, um, adj., *habile.*
Pernicies, ei, s. f., *perte, ruine.*
Perseus, i, s. p. m., *Persée.*
Pes, pedis, s. m., *pied.*
Philoctetes, æ, s. p. m., *Philoctète.*
Phrasis, is, s. f., *phrase.*
Physice, es, s. f., *physique.*
Pietas, atis, s. f., *piété,* f., *amour, attachement,* m.
Piger, gra, um, adj., *paresseux.*
Pignus, oris, s. n., *gage, témoignage,* m.
Pinguis, m. f., gue, n., adj., *gras, grasse.*
Pirus, i, s. f., *poirier,* m.
Piscis, is, s. m., *poisson.*
Planities, ei, s. f., *surface, plaine.*
Planta, æ, s. f., *plante.*
Poema, atis, s. n., *poème,* m.
Pœna, æ, s. f., *peine.*
Poesis, is, eos, s. f., *poésie.*
Poeta, æ, s. m., *poète.*
Pompeius, ii, s. p. m., *Pompée.*
Populus, i, s. m., *peuple.*
Porta, æ, s. f., *porte.*
Portus, ûs, s. m., *port (de mer).*
Præda, æ, s. f., *butin, proie.*
Prælium, ii, s. n., *bataille,* f., *combat,* m.
Præmium, ii, s. n., *prix,* m., *récompense,* f.
Pretiosus, a, um, adj., *précieux.*
Pretium, ii, s. n., *prix,* m.
Priscus, a, um, adj., *ancien.*
Probus, a, um, adj., *probe, honnête.*
Professor, oris, s. m., *professeur.*
Propheta, æ, s. m., *prophète.*
Prora, æ, s. f., *proue, (avant d'un navire).*
Proximus, a, um, adj., *proche, voisin.*

DICTIONNAIRE.

Prudens, tis, adj. 3 genr., *prudent*.
Prunus, i, s. f., *prunier*, m.
Publicus, a, um, adj., *public*.
Puer, eri, s. m., *enfant*.
Pugnum, i, s. n., *combat*, m., *bataille*, f.
Pugnus, i, s. m., *poing*.
Pulcher, chra, chrum, adj., *beau, belle*.
Puppis, is, s. f., *poupe (arrière d'un navire)*.
Pyramis, idis, s. f., *pyramide*.

Q

Quadraginta, adj. de nomb. indécl., *quarante*.
Quatuor, adj. de nomb. indécl., *quatre*.
Quercus, ûs, s. f., *chêne*, m.
Quinquaginta, adj. de nomb. indécl., *cinquante*.
Quinque, adj. de nomb. indécl., *cinq*.

R

Rabies, ei, s. f., *rage*.
Radius, i, s. m., *rayon*.
Rapidus, a, um, adj., *rapide*.
Rectus, a, um, adj., *droit*.
Religio, onis, s. f., *religion*.
Res, rei, s. f., *chose, affaire*.
Respublica, reipublicæ, s. f., *république*.
Rex, regis, s. m., *roi*.
Rhetorice, es, s. f., *rhétorique*.
Ripa, æ, s. f., *rive, rivage*, m.
Ritus, ûs, s. m., *rite*, m., *coutume, cérémonie*, f.
Robur, oris, s. n., *force*.
Romanus, a, um, adj., s. f., *romain, romaine*.
Rosa, æ, s. f., *rose*.
Rostrum, i, s. n., *bec (d'oiseau)*.
Ruber, bra, brum, adj., *rouge*.
Rupes, is, s. f., *roche, rocher*, m.
Rus, ruris, s. n., *campagne*, f.

S

Sacer, cra, crum, adj., *sacré*.
Sævus, a, um, adj., *cruel*.
Saluber, bris, bre, adj., *salubre, salutaire*.
Sanctus, a, um, adj., *saint, sainte*.
Sapiens, tis, adj. 3 genr., *sage*.
Sarmentum, i, s. n., *sarment*, m.
Saxum, i, s. n., *rocher*, m., *pierre*, f.
Sceptrum, i, s. n., *sceptre*, m.
Schola, æ, s. f., *école*.
Scutum, i, s. n., *bouclier*, m.
Seculum, i, s. n., *siècle*, m.
Securis, is, s. f., *hache*.
Senex, senis, s. m., *vieillard*.
Septimus, a, um, adj., *septième*.
Septuaginta, adj. de nomb. indécl., *soixante-dix*.
Series, ei, s. f., *suite, série*, f.
Sermo, onis, s. m., *discours*.
Serva, æ, s. f., *esclave, servante*.
Servus, i, s. m., *esclave*.
Severus, a, um, adj., *sévère*.
Sexaginta, adj. de nomb. indécl., *soixante*.
Siccus, a, um, adj., *sec, sèche*.
Sidus, eris, s. n., *astre*, m., *étoile*, f.
Signum, i, s. n., *signe*, m., *statue*, f.
Similis, m. f., le, n., adj., *semblable*.
Singultus, ûs, s. m., *sanglot, hoquet*.
Sinus, ûs, s. m., *golfe*.
Sitis, is, s. f., *soif*.
Socer, eri, s. m., *beau-père*, m.
Socia, æ, s. f., *compagne*.
Societas, atis, s. f., *société*.
Socius, i, s. m., *compagnon, camarade*.
Sodalis, is, s. m. f., *compagnon*.
Solus, a, um, adj., *seul*.
Soror, oris, s. f., *sœur*.
Species, ei, s. f., *apparence, figure*.
Specus, ûs, s. f., *caverne*.
Spes, spei, s. f., *espérance*.
Spirans, tis, adj. 3 genr., *qui respire*.
Spolium, ii, s. n., *dépouille*, f.
Spuma, æ, s. f., *écume*.

Statua, æ, s. f., *statue.*
Stella, æ, s. f., *étoile.*
Stratagema, atis, s. n., *stratagème*, m.
Strenuus, a, um, adj., *courageux.*
Studiosus, a, um, adj., *studieux.*
Studium, ii, s. n., *étude.*
Sublimis, m. f., me, n., adj., *sublime, élevé.*
Suffragium, ii, s. n., *suffrage*, m.
Sulphur, uris, s. n., *soufre*, m.
Superbus, a, um, adj., *superbe, orgueilleux.*
Suus, a, um, pron. adj., *son, sa, le sien*, etc.
Sylva, æ, s. f., *forêt.*

T

Talentum, i, s. n., *talent (somme d'argent)*, m.
Templum, i, s. n., *temple*, m.
Tempus, oris, s. n., *temps*, m.
Tentus, a, um, adj., *tendu, e.*
Terra, æ, s. f., *terre.*
Terribilis, m. f., le, n., adj., *terrible.*
Territus, a, um, adj. et part., *épouvanté.*
Theatrum, i, s. n., *théâtre*, m.
Theseus, i, s. p. m., *Thésée.*
Thesis, is, eos, s. f., *thèse.*
Tiaras, æ, s. m., *tiare*, f.
Tiberis, is, s. m., *Tibre (fleuve).*
Tigris, is, s. m., *Tigre (fleuve).*
Toga, æ, s. f., *robe, toge.*
Tonitru, u, s. n., *tonnerre*, m.
Totus, a, um, adj., *tout, toute, tout entier.*
Tractabilis, m. f., le, n., adj., *traitable, maniable.*
Tragœdia, æ, s. f., *tragédie.*
Tres, m. f., tria, n., gén. trium, adj. de nombre, *trois.*
Tribus, ûs, s. f., *tribu.*
Triginta, adj. de nomb. indécl., *trente.*
Tristis, m. f., te, n., *triste.*
Tuba, æ, s. f., *trompette.*
Tumultus, ûs, s. m., *tumulte.*

Turba, æ, s. f., *troupe.*
Turpis, m. f., pe, u., adj., *honteux.*
Turris, is, s. f., *tour*, f.
Tussis, is, s. f., *toux.*
Tuus, a, um, pron. adj., *ton, ta, le tien*, etc.

U

Unguis, is, s. m., *ongle.*
Universus, a, um, adj., *universel, tout, général.*
Unus, a, um, adj., *un, une, un seul.*
Urbs, urbis, s. f., *ville.*
Urna, æ, s. f., *urne.*
Utilis, is, m. f., le, n., adj., *utile.*
Uva, æ, s. f., *raisin*, m.
Uxor, oris, s. f., *épouse, femme.*

V

Vanus, a, um, adj., *vain, vide, inutile.*
Vas, vasis, s. n., *vase*, m.
Vastus, a, um, adj., *vaste.*
Vates, is, s. m., *prophète.*
Velox, ocis, adj., 3 genr., *prompt, vif.*
Velum, i, s. n., *voile*, m., *voile*, f.
Venia, æ, s. f., *pardon*, m., *permission*, f.
Ventus, i, s. m., *vent.*
Ver, veris, s. n., *printemps*, m.
Verax, acis, adj. 3 genr., *vrai, véritable, sincère.*
Verbum, i, s. n., *parole*, f.
Vermis, is, s. m., *ver, vermisseau.*
Vester, tra, trum, pron. adj., *votre, le vôtre, la vôtre.*
Vetus, eris, adj. 3 genr., *vieux, ancien.*
Via, æ, s. f., *route, rue, voie.*
Viginti, adj. de nomb. indécl., *vingt.*
Villa, æ, s. f., *maison de campagne.*

Vinum, i, s. n., *vin,* m.
Vir, viri, s. m., *homme.*
Virgilius, ii, s. p. m., *Virgile.*
Virgo, inis, s. f., *jeune fille, vierge.*
Virtus, utis, s. f., *vertu,* f.
Vis, vis, au plur. vires, ium, s. f., *force.*

Vitium, ii, s. n., *vice,* m.
Vulgus, i, s. n., *vulgaire,* m., *populace,* f., *peuple,* m.
Vulnus, eris, s. n., *blessure,* f.
Vultur, uris, s. m., *vautour,*
Vultus, ûs, s. m., *visage,* m., *figure,* m.

FIN DE LA PREMIÈRE PARTIE.

EXERCICES LATINS.

SECONDE PARTIE.

SYNTAXE.

NOTIONS PRÉLIMINAIRES.

De la Proposition.

1. QUESTIONS : Qu'est-ce que la *proposition*? (222) *
Comment se manifeste la *proposition*? (222)
Combien y a-t-il de *propositions* dans une phrase? (223)
— Donnez des exemples.
Quelles sont les parties constitutives de la proposition? (224)

Du Sujet.

2. Qu'est-ce que le *sujet*? (225)
A quelle question répond le *sujet*? (226)
Par quels mots peut être représenté le sujet? (227)
Donnez des exemples. (234)

De l'Attribut.

3. Qu'est-ce que l'*attribut*? (228)
Par quels mots peut être représenté l'attribut? (229)
Donnez des exemples? (234)

Du Verbe.

4. Qu'est-ce que le *verbe*? (230)

---

* Voyez ce n° et les suivants dans la *Grammaire latine de Lhomond entièrement refondue*, etc.

A quoi sert le *verbe* dans une proposition ? (231)
Combien y a-t-il de *verbes* ? (232)
Pourquoi appelle-t-on le verbe *Être*, verbe *substantif* ? (232)
Comment les autres mots qu'on appelle *verbes* sont-ils des *verbes* ? (232)
Qu'est-ce que le *verbe adjectif* ou *attributif* ? (233) — Donnez des exemples.
Donnez encore des exemples pour montrer par quels mots différents peuvent être représentés le *sujet* et *l'attribut*. (234)

Du Complément ou Régime.

5. Qu'est-ce que le *complément* ou *régime* ? (235)
D'où vient le mot *complément* ? (235)
Donnez des exemples de *complément*. (235)
Le verbe a-t-il un *complément* ? (236)
Quelles parties de la proposition ont un *complément* ? (236)
Combien y a-t-il de sortes de *compléments* ou *régimes* ? (237)
Qu'est-ce que le *régime direct* ? (238)
A quelle question répond le *régime direct* ? (239)
Qu'est-ce que le *régime indirect* ? (240)
Par quoi se marque le *régime indirect* en latin ? (241)
Donnez des exemples de *régimes indirects* ? (241)
Qu'est-ce que le *complément circonstanciel* ? (242)
Donnez des exemples de compléments circonstanciels ? (242)
Quels mots latins indiquent les questions à faire sur une proposition ? (242)

NOMS DES AUTEURS CITÉS.

Aul. Gel.	Aulus Gellius,	Aulu-Gelle.
Cic.	Cicero,	Cicéron.
Cæs.	Julius Cæsar,	Jules César.
Colum.	Columella,	Columelle.
Corn. Nep.	Cornel. Nepos,	Cornélius Népos.
Eut.	Eutropius,	Eutrope.
Hor.	Horatius,	Horace.
Just.	Justinius,	Justin.
Juv.	Juvenalis,	Juvénal.
Luc.	Lucanus,	Lucain.
Mart.	Martialis,	Martial.
Ovid.	Ovidius,	Ovide.
Phæd.	Phædrus,	Phèdre.
Plaut.	Plautus,	Plaute.
Plin.	Plinius,	Pline.
Plin. J.	Plinius Junior,	Pline le jeune.
Publ. Syr.	Publius Syrus,	Publius Syrus.
Q. Curt.	Quintus-Curtius,	Quinte-Curce.
Quint.	Quintilianus,	Quintilien.
Sall.	Sallustius	Salluste.
Stat.	Statius,	Stace.
Sen.	Seneca,	Sénèque.
Suet.	Suetonius,	Suétone.
Tac.	Tacitus,	Tacite.
Ter.	Terentius,	Térence.
T. Liv.	Titus-Livius,	Tite-Live.
Val.-Max.	Valerius-Max.,	Valère-Maxime.
Varr.	Varro,	Varron.
Vell. Pat.	V. Paterculus,	Velléius Paterculus.
Virg.	Virgilius,	Virgile.

Exerc. Lat. Aug. Br.

CHAPITRE PREMIER.

Questions : Qu'est-ce que la Syntaxe? (243) — Combien y a-t-il de sortes de *syntaxes*? (244) — Qu'est-ce que la syntaxe d'*accord*? (244) — Qu'est-ce que la syntaxe de *régime*? (244)

Nota. — A chaque faute que l'élève corrige dans les exercices, il doit dire *pourquoi* en citant la règle de la grammaire.
Cette observation s'étend à tous les chapitres qui suivent.

1. Alexander, *victorem* * regum atque populorum, succubuit iræ. (Seneca.)
2. Datum est Neptuno, alteri Jovis *fratris*, maritimum omne regnum. (Cicero.)
3. Themistocles, *imperatoris* bello Persico, servitute Græciam liberavit. (Cic.)
4. Multa me docuit usus, *magistro* egregius. (Plinius.)
5. Duæ urbes potentissimæ, *Carthagini* atque *Numantiæ*, à Scipione sunt deletæ. (Cic.)
6. Artaxerxes Magnesiam *urbis* Themistocli donârat, quæ ei panem præberet, *Lampsaco* autem undè vinum sumeret, *Myuntis* ex quâ obsonium haberet. (Corn. Nep.)
7. Titus, *amoris* ac *deliciarum* generis humani. (Suet.)
8. Hortensius, *lumine* et *ornamento* reipublicæ. (Cic.)
9. Urbs *Athenis*. (Cic.)
10. Plato, divinus *auctori*. (Cic.)
11. Apud Herodotum, *pater* historiæ. (Cic.)
12. Græci milites, *præcipuam spem*, ad Darium pervenerant. (Q. Curt.)

CHAPITRE II.

SYNTAXE DES ADJECTIFS.

Règles : Deus *sanctus*. (247) — Pater et filius boni, mater et filia bonæ. (248) — Pater et mater *boni* (249)

* Tous les mots en *italique* doivent être corrigés. Cette observation est commune à tous les exercices qui suivent.

DE LA SYNTAXE LATINE.

Accord de deux noms.

RÈGLES : Augustus *imperator* ? (245)—*Urbs Roma.* (246)
— Que dit la règle *Augustus imperator* ? (245) — Que dit la règle *urbs Roma* ? (246)

L'élève peut être interrogé de la même manière sur les règles des chapitres suivants.

---

1. *Alexandre*, *vainqueur* de tant de rois et de peuples, succomba à la colère. (245) *
2. Tout l'empire maritime fut donné à Neptune, *second frère* de Jupiter. (245)
3. *Thémistocle*, *général* dans la guerre persique, délivra la Grèce de l'esclavage. (245)
4. *L'usage*, *maître* excellent, m'a enseigné bien des choses. (245).
5. Deux *villes* très-puissantes, *Carthage* et *Numance*, furent ruinées par Scipion. (246)
6. Artaxerxès avait fait don à Thémistocle de la *ville de Magnésie* pour son pain, de *Lampsaque* pour son vin, et de *Myunte* pour ses mets. (246)
7. *Titus*, *l'amour* et les *délices* du genre humain. (245)
8. *Hortensius*, la *lumière* et *l'ornement* de la république. (245)
9. *La ville d'Athènes.* (246)
10. *Platon*, divin *auteur.* (245)
11. Dans *Hérodote*, *le père* de l'histoire. (245)
12. *Les soldats grecs*, *principal espoir* de Darius, l'avaient rejoint. (245)

ACCORD
DE L'ADJECTIF AVEC LE SUBSTANTIF.

1. *Le tyran Hiéron* ayant demandé à *Simonide*, non-seulement *poète agréable*, mais encore *homme profond et sage*,

---

* Les numéros ainsi placés entre parenthèses, sont ceux des règles que l'élève doit consulter dans la Grammaire, pour justifier la correction du texte latin correspondant.

— Virtus et vitium *contraria*. (250) — *Accord du pronom relatif avec son antécédent :* Pater *qui*, etc. (251)

1. Cùm *tyrannum* Hiero quæsivisset è Simonide, non solùm poetâ *suavis*, verùm etiam viro *doctus sapiensque*, quid Deus esset, postulavit sibi diem *unus* ad deliberandum, postridiè petivit biduum, et deinceps sæpiùs duplicavit numerum. (Cic.)
2. Ad eumdem rivum lupus et agnus venerant siti *compulsus*. (Phæd.)
3. Jampridem pater mihi et mater *mortuus* sunt. (Ter.)
4. Inter se *contrarius* sunt beneficium et injuria. (Sen.)
5. Dari bonum *qui* potuit, auferri potest. (Publ. Syr.)
6. Discordiâ fit *cariorem* concordia. (Publ. Syr.)
7. Vir et uxor annis *solutus*. (Ovid.)
8. Non cibus nobis, non humor, non vigilia, non somnus, sine mensurâ quâdam, *saluber* sunt. (Sen.)
9. Labor voluptasque societate quâdam inter se naturali sunt *junctus*. (T. Liv.)
10. Sententiæ *vetus (eris)* philosophorum de naturâ Dei fuerunt variæ atque inter se dissidentes. (Cic.)
11. Divitiæ, decus et gloria in oculis *sitæ* sunt. (Sall.)
12. Flumen est in Britanniâ *qui* appellatur Tamesis. (Cæs.)
13. Genus, ætas, eloquentia propè *æquales* Cæsari et Catoni. (Sall.)
14. *Difficilis* oportet aurem habere ad crima. (Publ. Syr.)
15. *Picena* cedunt pomis Tiburtia. (Hor.)
15. Terra et luna *rotundi* sunt. (Cic.)
17. Viri, feminæ, mancipia bello *capta*. (T. Liv.)
10. Puerulo me, utpotè novem annos *natus*. (Corn. Nep.)

CHAPITRE III.

REGLES : Ego *audio* (252), (253), (254). — Petrus et Paulus *ludunt*. (255) — Ego et tu *valemus*. (256) — Turba *ruit* ou *ruunt*. (258) — Deus *qui* regnat. (259) — Ego et tu qui *valemus*. (260) — *Quis* vocavit. (261)

1. *Te* Marcellus *sum*. (Virg.)
2. Licet ipsa vitium *sum* ambitio, frequenter tamen causa virtutum *sum* (Quint.)

SYNTAXE DES ADJECTIFS. 71

ce que c'était que Dieu, il demanda *un jour* pour délibérer (245-247). Le lendemain il demanda deux jours, et ensuite il alla toujours en doublant le nombre.

2. Le loup et l'agneau, *pressés* par la soif, vinrent boire à un même ruisseau. (248)

3. Depuis longtemps *mon père* et *ma mère* sont *morts*. (249).

4. *L'injure* et le *bienfait* contraires l'un à l'autre. (250)

5. Le *bien qui* a pu être donné peut être repris (251)

6. La discorde nous rend *la concorde* plus chère. (247)

7. *L'homme* et la *femme accablés* par les ans. (249)

8. Ni le *manger*, ni le *boire*, ni la *veille*, ni le *sommeil*, ne nous sont *salutaires*, si nous en usons sans mesure (250)

9. Le *travail* et le *plaisir* sont *unis* entre eux par une alliance pour ainsi dire naturelle. (250)

10. Les sentiments des *anciens philosophes* sur l'essence de Dieu ont été partagés et opposés entre eux. (247)

11. Les *richesses*, *l'honneur* et la *gloire* sont sous vos yeux. (250)

12. Il y a dans la Grande-Bretagne un *fleuve* qui s'appelle la Tamise. (251)

13. La *naissance*, l'*âge* et l'*éloquence* furent presque *semblables* dans César et dans Caton. (250)

14. Il ne faut prêter aux accusations qu'une *oreille difficile*. (247)

15. Les fruits de Tibur le cèdent aux *fruits* de *Picenum*. (247)

16. La terre et la lune sont *rondes*. (248)

17. Les hommes, les femmes, les esclaves *pris* à la guerre. (249)

18. Moi enfant, n'étant *âgé* que de neuf ans. (247)

ACCORD DU VERBE AVEC LE SUJET.

1. *Tu seras* Marcellus. (252)

2. Quoique *l'ambition elle-même soit* un vice, *elle produit* souvent des vertus. (252, 253)

3. Ni *le manger*, ni *le boire*, ni *la veille*, ni *le sommeil* ne *sont* bons, sans une certaine mesure. (252, 255)

4. *La fortune et moi* nous nous sommes mutuellement *éprouvés*. (256)

3. Non *cibum*, non *humoris*, non *vigiliam*, non *somnum*, sine mensurâ quâdam *prosum*. (Sen.)
4. Ego ac fortuna *expertus* invicem *sum*. (Tac.)
5. Magna pars *vulneratus* aut *occisus sum*. (Sall.)
6. Multi homines futura modò bona expectant, quæ quia certa esse non *possum*, conficiuntur et angore et metu. (Cic.)
7. Res *parvas cresco* concordiâ, *maximas dilabor* discordiâ. (Sall.)
8. *Dico*, quandòquidem in molli *consedi* herbâ. (Virg.)
9. *Vitâ et morte sum* jura naturæ. (Sall.)
10. Tu et collegæ tui *erro*. (Cic.)
11. *Ignotos* etiam *flere* Germanicum. (Tac.)
12. *Pompeium, Lentulum, Scipionem, Afranium,* fœdè *perii*. (Cic.)
13. Nos *debeor* morti. (Hor.)
14. Vis et nequitia quidquid *oppugno* ruit (Phæd.)
15. *Timotheum sum* disertus, impiger, laboriosus. (C. Nep.)
16. *Homini docto* in se semper divitias *habeo*. (Phæd.)
17. *Te* ipse cum Sexto quid *cogito*? (Cic.)
18. *Humilibus laboro*, ubi *potentibus dissideo*. (Phæd.)
19. *Saxum* pluunt. (Sta.)
20. Ecquis homo *loquor*? (Plaut.)

CHAPITRE IV.

Règles : Deus est *sanctus*. (262) — *Turpe* est mentiri. (263) — *Culpa* est mentiri. (264) — *Ellipse du substantif :* Omnes agunt, omnia pereunt. (266) — Verè sapientes. (267) — *Ellipse du sujet.* (268, 269) — *Ellipse de l'attribut :* Meum est loqui. (270) — Hic liber est *meus*. (271)

1. Consuetudo est *alter* natura. (Cic.)
2. *Turpis* est aliud loqui, aliud sentire. (Sen.)
3. Diligere parentes *primam* naturæ *legem* est. (Val. Max.)
4. *Multis* divitias despiciunt. (Cic.)
5. Video meliora proboque, deteriora sequor. (Ovid.)
6. Ea urbs, quia *postremam ædificatam* est, *Neapoli* nominatur. (Cic.)

SYNTAXE DES VERBES. 73

5. Une grande partie *furent blessés ou tués.* (258 *plur.*)
6. Bien des hommes ne comptent que sur le bonheur à venir, et comme ce *bonheur* ne *peut* être certain, ils sont en proie à l'inquiétude et à la crainte. (259, 251)
7. *Les petites choses croissent* par la concorde, *les plus grandes périssent* par la discorde. (252)
8. *Chantez,* puisque *nous sommes assis* sur un tendre gazon. (253)
9. *La vie et la mort sont* les droits de la nature. (255)
10. *Vous et vos collègues, vous vous êtes trompés.* (256, 254)
11. *Les inconnus* même *pleureront* Germanicus. (252)
12. *Pompée, Lentulus, Scipion, Afranius,* ont *péri* misérablement. (252, 255)
13. *Nous sommes destinés* à la mort. (252)
14. Tout ce que la *force et la méchanceté attaquent* succombe. (255)
15. *Timothée fut* éloquent, actif, laborieux. (252)
16. *L'homme instruit* a toujours en lui des richesses. (252)
17. *Que pensez-vous* vous-même avec Sextus? (252)
18. *Les petits souffrent* quand *les grands sont* en querelle. (252)
19. *Il pleut des pierres.* (252)
20. *Qui parle* ici ? (261)

ACCORD DE L'ATTRIBUT AVEC LE SUJET. (228, 229.)

1. *L'habitude* est une *seconde* nature. (262)
2. Il est *honteux* de *parler* autrement qu'on ne pense. (263)
3. *Chérir* ses parents est la *première loi* de la nature. (264)
4. *Beaucoup* méprisent les richesses. (266)
5. Je vois *ce qui est préférable,* je l'approuve, et je fais *ce qui est plus mal.* (266)
6. Cette ville s'appelle *Naples,* parce qu'*elle* a *été bâtie en dernier lieu.* (262, 268)
7. La *médiocrité* est la *meilleure chose.* (262)
8. Ne pas aimer ses parents est *une impiété.* (264)
9. Le *monde* est rond. (262)
10. Il y en a à qui je parais trop mordant. (266)

7. Mediocritas *optimus* est. (Cic.)
8. Parentes suos non amare *impietatem* est. (Sen.)
9. Mundus *globosum* est. (Cic.)
10. Sunt quibus videor nimis acer. (Hor.)
11. Agri non omnes *frugifer* sunt qui coluntur. (Cir.)
12. *Bellus* est sua vitia nosse. (Cic.)
13. Amicitia nunquàm *intempestivus*, nunquàm *molestus* est. (Cic.)
14. Omnia præclara *raris* sunt. (Cic.)
15. Triste maturis frugibus imbres. (Virg.)
16. Nemo fit casu *bonum*. (Sen.)
17. *Dulcis* et *decorus* est pro patriâ mori. (Hor.)
18. Nemo ignaviâ *immortalem* factus est. (Sall.)
19. *Pulcher* est eminere inter illustres viros. (Sen.)
20. Dulce lenta salix pecori. (Virg.)
21. *Improbus* est relinquere honestatem. (Cic.)
22. Justitia erga Deum *religioni* dicitur; ergà parentes, *pietatem*. (Cic.)
23. Et monere et moneri *proprius* est veræ amicitiæ. (Cic.)
24. Nomen amicitiæ erit semper *sanctus* et *venerabilis*, (Ovid.)
25. Labor voluptasque inter se sunt *junctis*. (T. Liv.)
26. Alexandri amici *regum* facti sunt. (Just.)
27. Homerus solus appellari *poetam* meruit. (Vell.)
28. Quis profitetur suum esse de omnibus rebus dicere? (Cic.)
29. Clodius *tribunum* plebis est *designatum*. (Cic.)
30. Tempus *rem* est *pretiosissimam*. (Cic.)

CHAPITRE V. — Syntaxe de régime. (244.)

Règles : Liber *Petri*. (272) — Bonitas *divina*. (273) — Puer *egregiâ indole* ou *egregiæ indolis*. (274) — Tempus *legendi*. (275) — Tempus *legendæ* historiæ. (276) — Deus *cujus* providentia est mirabilis. (277)

1. Maximum remedium *ira* dilatio est. (Sen).
2. *Anima* morbi sunt cupiditates immensæ *divitias, gloriam, dominatio* atque *voluptates*. (Cic.)

11. Les *champs* que l'on cultive ne sont pas tous *fertiles*. (262)
12. Il est *beau* de connaître ses défauts. (263)
13. L'*amitié* n'est jamais *intempestive*, jamais *importune*. (262)
14. *Tout* ce qui est illustre est *rare*. (266, 262)
15. Les pluies sont funestes aux moissons déjà mûres. (269)
16. *Personne* ne devient *bon* par hasard. (262)
17. Il est *doux* et *glorieux* de *mourir* pour la patrie. (263)
18. *Personne* n'est devenu *immortel* par la lâcheté. (262)
19. Il est *beau* de se distinguer parmi les hommes illustres. (263)
20. Le saule flexible est (*une chose*) agréable aux troupeaux. (269)
21. Il est *mal* d'*abandonner* l'honnêteté. (263)
22. La *justice* envers Dieu s'appelle *religion*; envers les parents, *piété*. (262)
23. Avertir et être averti est le *propre* de la véritable amitié. (263)
24. Le *nom* de l'amitié sera toujours *saint* et *vénérable*. (262)
25. Le travail et le plaisir sont *unis* l'un à l'autre. (250, 262)
26. Les amis d'Alexandre devinrent *rois*. (262)
27. Homère seul a mérité d'être appelé *le poète*. (262)
28. Qui déclare qu'il *lui appartient* de parler sur toutes choses? (269)
29. Clodius fut *désigné tribun* du peuple. (262)
30. Le temps est la *chose* la *plus précieuse*. (262)

COMPLÉMENT DU SUBSTANTIF.

1. Le souverain *remède contre la colère*, c'est le délai. (272)
2. *Les maladies de l'âme* sont *les désirs immodérés des richesses, de la gloire, de la domination et des plaisirs*. (272).
3. Sénèque était un *homme d'un génie élevé* et *d'un grand savoir*. (274, avec le *gén.*)
4. *Le soin de vivre* honnêtement vaut mieux que *celui de parler* éloquemment. (275)
5. Dion brûlait du *désir d'entendre Platon*. (276)

4*

3. Seneca vir erat *excellens ingenium* atque *doctrina*. (Colum.)
4. Ratio *vivere* honestè potior est quàm ratio optimè *dicere*. (Q. Curt.)
5. Dio *Plato audire* cupiditate flagrabat. (Corn. Nep.)
6. Socrates, *qui* morti illacrymari soleo Platonem legens. (Cic.)
7. Bonum *mens* est virtus. (Cic.)
8. Urbs Syracusæ maxima est *Græcia* urbium pulcherrimaque omnium. (Cic.)
9. Lentulus *eximia spes, summa virtus* adolescens. (Cic.)
10. Sapientia ars *vivere* putanda est. (Cic.)
11. Maxima *augere memoria* ars, exercitatio est. (Quint.)
12. Mors terribilis non est iis *qui* laus emori non potest. (Cic.)
13. Omnis ars imitatio est *natura*. (Sen.)
14. Nero Cæsar, qui *luxuria immoderatissima* esset, ter omninò per quatuordecim annos languit. (Suet.)
15. Vehementer Syllam probo, qui tribunis plebis suâ lege *injuriam facere* potestatem ademerit, *auxilium ferre* reliquerit. (Cic.)
16. Somnus est imago *mortem*. (Cic.)
17. Homo *maximo corpori*. (C. Nep.)
18. Avari homines non solùm libidine (divĭtias) *augere* cruciantur, sed etiam *amittere* metu. (Cic.)
19. Varia sunt *homines* judicia. (Plin.)
20. Aristoteles, vir *summum ingenium*, prudentiam cum eloquentiâ junxit. (Cic.)
21. Ulcisci *injuriam* facilior ratio est, quàm *beneficium remunerare*. (Cic.)
22. Pietas est fundamentum *omnes virtutes*. (Cic.)
23. O nomen dulce *libertas!* (Cic.)
24. Vir bonus *summa pietas* erga Deum est. (Sen.)
25. Philosophia inventrix *leges* et magistra *mores* fuit. (Cic.)
26. Ore probo, animi *inverecundi* fuit Pompeius. (Sall.)
27. Captivi præda *militibus* fuerunt. (Cic.)
28. Agesilaüs *statura* fuit *humilis*. (C. Nep.)

6. Socrate, *dont* j'ai coutume de pleurer la mort, quand je lis Platon. (277)

7. La vertu est *le bien de l'âme*. (272)

8. La ville de Syracuse est la plus grande et la plus belle de toutes les villes *de la Grèce*. (273)

9. Lentulus, *jeune homme d'une haute espérance et d'une grande vertu*. (274, avec l'ablat.)

10. La sagesse doit être regardée comme *l'art de vivre*. (275)

11. Le plus grand *art d'augmenter la mémoire* est l'exercice. (276)

12. Le trépas n'est point terrible à *ceux dont* la gloire ne peut mourir. (277)

13. Tout art est une *imitation de la nature*. (272)

14. L'empereur Néron, quoiqu'il fût *d'une extrême débauche*, ne fut que trois fois malade dans l'espace de quatorze ans. (274)

15. J'approuve fortement Sylla, qui, par sa loi, a ôté aux tribuns du peuple le *pouvoir de nuire*, et leur a laissé celui *de secourir*. (276)

16. Le sommeil est *l'image de la mort*. (272)

17. Homme *d'une très-grande taille*. (274, avec le *gén.*)

18. Les avares sont tourmentés, non-seulement de la fureur *d'accroître* leurs richesses, mais encore de la crainte de les *perdre*. (275)

19. *Les jugements des hommes* sont différents. (272)

20. Aristote, homme *d'un grand génie*, joignit la prudence à l'éloquence. (274, avec *l'abl.*)

21. Le moyen de *venger une injure* est plus facile que celui de *récompenser un bienfait*. (276)

22. La piété est le *fondement de toutes les vertus*. (272)

23. O doux *nom de la liberté!* (272)

24. L'homme de bien est *d'une grande piété* envers Dieu. (274, avec le *génitif*.)

25. La philosophie a été l'inventrice *des lois* et la directrice de la *morale* (272), c'est-à-dire a trouvé les lois et enseigné la morale.

26. Pompée était *d'une physionomie honnête* et *d'un cœur pervers* (274, en mettant le *génitif* à la place de *l'ablat.* et réciproquement.)

27. Les captifs furent la proie *des soldats*. (272)

28. Agésilas était *d'une petite taille*. (274, avec *l'abl.*)

29. *Omnibus rebus* mors est extremum. (Cic.)

30. Numa Pompilius sapientiam *constituere civitatem* duobus propè seculis antè cognovit, quàm eam Græci natam esse senserunt. (Cic.)

31. Grata mihi est memoria *nobis* tua. (Cic.)

32. Parcimonia est scientia *vitare* sumptus supervacuos, aut ars re familiari moderatè *uti*. (Sen.)

33. Annibal opinionem de se auxit conatu tàm audaci *trajicere Alpes*. (T.-L.)

CHAPITRE VI.

ADJECTIFS QUI VEULEN

RÈGLES : Avidus *laudum*. (278)—Cupidus *videndi*. (279) — Pro patriâ non timidus *perire*. (280) — Cupidus *videndæ* urbis. (281)

1. Romani *laus* avidi, *pecunia* liberales erant. (Sall.)
2. Boni cives amantes *patriâ*. (Cic.)
3. Cantandi periti. (Virg.)
4. Demosthenes *Platonem audire* studiosus fuit. (Cic.)
5. Omnes oderunt immemorem *beneficium*. (Cic.)
6. Multi cupidi sunt *bella gerere*. (Cic.)
7. Ovis patiens *injuria*. (Phæd.)
8. *Proposito* tenax vir. (Hor.)
9. Studiosus *discere*. (Cic.)
10. Avida est *periculo* virtus. (Sen.)
11. Magna pars Babyloniorum avida erat *cognoscere* Alexandrum. (Q. Curt.)
12. Vetera extollimus, *recentibus* incuriosi. (Tac.)
13. Veteres Romani appetentes *gloriâ* fuerunt. (Cic.)
14. Pythagoras *sapientâ* studiosos appellat philosophos. (Cic.)
15. *Venturâ* memores estote *senectâ*. (Ovid.)
16. Vivit sapiens *futuro* securus. (Sen.)
17. Nescia mens hominum *fato*. (Virg.)
18. Numa vir consultissimus erat *divino jure*. (T. Liv.)
19. *Omnibus rebus* rudis. (Cic.)
20. Epaminondas studiosus erat *audire*; ex hoc enim facillimè disci arbitrabatur. (C. Nep.)

29. La mort est la fin *de toutes choses.* (272)

30. Numa Pompilius posséda la science du *gouvernement* près de deux siècles avant que les Grecs en soupçonnassent l'existence. (276)

31. Le souvenir que vous gardez de *nous* m'est agréable. (272)

32. L'économie est la science d'*éviter* les dépenses superflues, ou l'art d'*user* modérément de sa fortune. (275)

33. Annibal accrut sa réputation par l'entreprise si hardie de *passer les Alpes.* (276)

COMPLÉMENT DES ADJECTIFS.

LEUR COMPLÉMENT AU GÉNITIF.

1. Les Romains étaient *avides de gloire* et *prodigues d'argent.* (278)
2. Les bons citoyens, *amis de la patrie.* (278)
3. *Habiles* à chanter. (280)
4. Démosthène était *curieux d'entendre* Platon. (281)
5. Tout le monde hait celui *qui ne se souvient pas d'un bienfait.* (278)
6. Plusieurs ont le *désir de faire des guerres.* (281)
7. La brebis qui souffre l'injure (*patiente de l'injure*). (278)
8. Homme *ferme en ses projets.* (278)
9. *Curieux d'apprendre.* (279)
10. Le courage est *avide de péril.* (278)
11. Une grande partie des Babyloniens était *avide de voir* Alexandre. (279, 315)
12. Nous vantons ce qui est ancien, *indifférents à ce qui est moderne.* (278)
13. Les anciens Romains étaient *avides de gloire.* (278)
14. Pythagore appelle philosophes *ceux qui ont du goût pour la sagesse*, (ou ceux qui *étudient la sagesse*). (278)
15. *Souvenez-vous* de la *vieillesse qui s'avance.* (278)
16. Le sage vit *tranquille sur l'avenir.* (278)
17. L'esprit humain est *ignorant de la destinée.* (278)
18. Numa était un homme *très-versé dans le droit divin.* (278)
19. Étranger à *toutes choses.* (278)
20. Epaminondas *aimait* beaucoup à *entendre;* car il pensait que c'est le meilleur moyen de s'instruire. (279)

21. Omnes *virtute* compotes beati sunt. (Cic.)
22. *Irâ* potens non erat Alexander. (Q. Curt.)
23. Bestiæ *ratione* et *oratione* sunt expertes. (Cic.)
24. Plena *erroribus* sunt omnia. (Cic.)
25. Non inopes *vitâ*, sed prodigi sumus. (Sen.)
26. Timotheus *res* militaris fuit peritus, neque minùs *civitatem regere*. (C. Nep.)
27. Gallia *frugibus hominibus que* fertilis fuit. (T. Liv.)
28. Themistocles peritissimos *bello navali* fecit Athenienses. (C. Nep.)
29. Germania *pecoribus* fecunda est. (Tac.)
30. Epaminondas adeò fuit *veritate* diligens, ut ne joco quidem mentiretur. (C. Nep.)
31. Ovillum pecus quamvis ex omnibus animalibus vestitissimum, *frigore* tamen impatientissimum est. (Colum.)

ADJECTIFS QUI VEULEN

RÈGLES : Mihi *utile* est. (282) — Corpus assuetum *tolerando* laborem, ou *tolerando* labori. (283) — Locus *prœliari* commodus. (284)

1. *Magnum periculum* sunt opes obnoxiæ (Phæd.)
2. Cùm parùm se idoneum Diocletianus *moderare imperium* esse sentiret, in privatam vitam concessit. (Eut.)
3. Nihil est *naturam* hominis accomodatius beneficientiâ ac liberalitate. (Cic.)
4. Crassus *disserere* par non erat. (Cic.)
5. Cæsar *summi oratores* æmulus fuit. (Tac.)
6. Aristides æqualis ferè fuit *Themistocles*. (C. Nep.)
7. Polypus assuetus *exeundo* è mari. (Plin.)
8. Gades insula *egressi* fretum obvia est. (Mel.)
9. Syracusani *nostrûm dicti* audientes sunt. (Cic.)
10. *Cantando* pares. (Virg.)
11. *Nullius* est obediens naturæ Deus. (Cic.)
12. Verba reperire *innocentis* facile est. (Q. Curt.)
13. Fortuna *lætæ sorti dandæ* assueta.
14. Terra, quæ *vites* apta est, etiam *arborum* est utilis. (Col.)
15. Utile est *juventus* regi. (Sen.)

21. Tous ceux qui *possèdent la vertu* sont heureux. (278)
22. Alexandre n'était pas *maître de sa colère.* (278)
23. Les bêtes *n'ont en partage* ni *la raison* ni *la parole.* (278)
24. Tout est *plein d'erreurs.* (278)
25. Nous ne sommes pas *pauvres de vie*, nous en sommes *prodigues.* (278)
26. Timothée, habile dans *l'art militaire*, ne le fut pas moins à *gouverner un état.* (278, 281)
27. La Gaule était *fertile en moissons et en hommes.* (278)
28. Thémistocle rendit les Athéniens très-habiles dans *la guerre navale.* (278)
29. La Germanie est féconde *en troupeaux.* (278)
30. Epaminondas était tellement ami *de la vérité*, qu'il ne mentait pas même en plaisantant. (278)
31. La brebis, quoique la plus vêtue de tous les animaux, est celle *qui supporte le moins* facilement le *froid.* (278)

UR COMPLÉMENT AU DATIF.

1. Les grandes richesses sont exposées *à un grand danger.* (282)
2. Comme Dioclétien se sentait peu propre *à gouverner l'empire*, il se retira dans la vie privée. (283, 2e exempl.)
3. Rien n'est plus conforme *à la nature* humaine que la bienfaisance et la libéralité. (282)
4. Crassus n'était pas *en état de discuter.* (283)
5. César fut l'*émule des plus grands orateurs.* (282)
6. Aristide fut presque *égal à Thémistocle.* (282)
7. Le polype est *accoutumé à sortir* de la mer. (284)
8. *Ceux qui sortent* du détroit ont *en face* l'île de Gades. (282)
9. Les Syracusains sont soumis *à nos ordres.* (282)
10. Egalement *habiles à chanter.* (284)
11. Dieu n'est *soumis à aucun être.* (282)
12. Il est *facile à un innocent* de trouver des paroles. (282)
13. La fortune accoutumée *à donner un sort heureux.* (284)
14. Le terrain qui *convient à la vigne* est bon aussi pour *les arbres.* (282)
15. Il est *utile pour la jeunesse* d'être dirigée. (282)

16. Atticus non *fortunâ*, sed *hominum* erat amicus. (Corn. Nep.)
17. Quot *periculorum* sumus obnoxii ! (Plin.)

ADJECTIFS QUI VEULENT LEUR COMPLÉMENT

RÈGLES : Similis *patris* ou *patri*. (285) — Populabundus *agros*. (286) — Propensus *ad lenitatem*. (287) — Pronus *ad irascendum*. (288) — Docilis *ad excipiendam doctrinam*. (289)

1. Nemo est orator qui se *Demosthenes* similem esse nolit. (Cic.)
2. Marius vitabundus hostium *classis*, ad oppidum pervenit. (Sall.)
3. Ad *decus et libertas* nati sumus. (Cic.)
4. Amici sint propensiores ad benè *merere* quàm ad *reposcere*. (Cic.)
5. Aptus, idoneus ad *administranda respublica*. (Cic.)
6. Alcibiades ad *omnibus rebus* aptus erat. (Corn. Nep.)
7. Vos *ad serviendum* magis quàm *ad imperandum* parati estis. (Sall.)
8. Alterum similem *sibi* quærere. (Cic.)
9. Canis nonne *lupi* similis est ? (Cic.)
10. Epaminondas gratulabundus *patria* expiravit. (Just.)
11. *Omnis ætatis* mors est communis. (Cic.)
12. Sentes *ad lædendum* natæ. (Ovid.)
13. Palpebræ aptissimæ sunt et *claudendis pupillis* et *aperiendis*. (Cic.)
14. *Cui* paucos pares civitas tulit. (Cic.)
15. Corporis motus *naturæ* accommodati sunt. (Cic.)
16. Falsa *verorum* finitima sunt. (Cic.)
17. Ætas *vitiis* prona. (Q. Curt.)
18. Affinis *alicui* culpæ. (Cic.)
19. *Homini* est propria veri inquisitio. (Cic.)
20. Natura *alicui morbo* proclivior est. (Cic.)
21. *Noxam* pœna par esto. (Cic.)
22. Non solùm *discere* propensi sumus, verùm etiam *docere*. (Cic.)
23. Populabundus *agris* ad oppidum pervenit. (Aul. Gell.)

16. Atticus était *attaché* non *à la fortune*, mais aux hommes. (282)

17. A combien de *périls* nous sommes *exposés!* (282)

...IF OU AU DATIF, OU A L'ACCUSATIF AVEC AD.

1. Il n'est pas un orateur qui ne veuille *ressembler à Démosthène*. (285, avec *le gén.*)

2. Marius, évitant *la flotte* ennemie, arriva jusqu'à la ville. (286)

3. Nous sommes *nés pour l'honneur et la liberté*. (287)

4. Que les amis soient *plus portés à rendre des services* qu'à en *demander le prix*. (288)

5. *Propre à gouverner la république*. (289)

6. Alcibiade était *propre à toutes choses*. (287)

7. Vous êtes plus *disposés à servir* qu'à *commander*. (288, Rem.)

8. Chercher un autre homme *semblable à soi*. (285, 278)

9. Le chien n'est-il pas *semblable au loup?* (285, 282)

10. Epaminondas expira en félicitant sa *patrie*. (286)

11. La mort est *commune à tous les âges*. (285, 282)

12. Buisson *né pour blesser*. (288, Rem.)

13. Les paupières sont *très-propres à fermer et à ouvrir les prunelles*. (289)

14. La ville a produit peu d'hommes qui *lui ressemblassent*. (285, 278)

15. Les mouvements du corps sont *appropriés à la nature*. (287)

16. Le faux est bien *voisin du vrai*. (285, 282)

17. Age enclin *aux vices*. (287)

18. Complice de *quelque faute*. (285, 278)

19. La recherche de la vérité est *propre à l'homme*. (285, 278)

20. Son tempérament est plus *disposé à quelque maladie*. (287)

21. Que la punition soit égale *à la faute*. (285)

22. Nous sommes portés non-seulement *à apprendre*, mais *à instruire*. (288)

23. Il arriva jusqu'à la ville, *en ravageant* les campagnes. (286)

ADJECTIFS QUI VEULE

Règles : Præditus *virtute*. (290) — Erat tùm dignus *amari*. (291) — Mirabile *visu*. (292) — Difficile est *studere* meæ lectioni. (293) — Id illis facile est. — Puer cui id *utile* est. (294) — Ubique est invidia, *ei* etiam *obnoxia* virtus. (295)

1. Qui eamdem culpam sæpè committit est indignus *venia*. (Cic.)
2. Gere animum dignum *laudi*. (Cic.)
3. Atria regnum *homines* plena sunt, *ex amicos* vacua. (Sen.)
4. Virtus difficilis *invenire* est. (Sen.)
5. *Tua bona* contentus, ne concupiscas aliena. (Phæd.)
6. Pleraque *dicere* quàm re, sunt faciliora. (T. Liv.)
7. Immunis *militiæ*. (T. Liv.)
8. Nemo vivit *suæ sortis* contentus. (Hor.)
9. Quod optimum *facere* videbitur facies. (Cic.)
10. Ratio proprium hominis bonum ; cætera *ille* cum animalibus communia sunt. (Sen.)
11. Mens est prædita *motûs sempiterni*. (Cic.)
12. Vir *patris*, *avi*, dignissimus. (Cic.)
13. Quid est tàm jucundum *cognoscere* atque *audire* quàm sapientibus sententiis gravibusque verbis ornata oratio ? (Cic.)
14. Ira, *quæ* non potens erat Alexander, amicis exitialis fuit. (Q. Curt.)
15. *Ei* magis opportunus nemo est. (Ter.)
16. Urbs nuda *præsidii*. (Cic.)
17. Nihil *magni* et *præclari viri* dignius placabilitate atque clementiâ. (Cic.)
18. Nefas est *dicere* quod est inhonestum *facere*. (Cic.)

CHAPITRE VII. — SYNTAXE

Règles : Doctior, *Petro*. (296) — Paulus est doctior *quàm* Petrus. (297) — Felicior *quàm* prudentior. — Feliciùs *quàm* prudentiùs. (298) — Magis pius est *quàm* tu. (299) — *Majori virtute* præditus. (300) — Doctior est *quàm* putas. (301) — Superlatif : Altissima

COMPLÉMENT DES ADJECTIFS.

ER COMPLÉMENT A L'ABLATIF.

1. Celui qui commet souvent la même faute est *indigne de pardon*. (290)
2. Montrez un caractère *digne de louange*. (290)
3. Les palais des rois sont pleins d'hommes et *vides d'amis*. (290 et rem.)
4. La vertu est *difficile à trouver*. (292)
5. *Content de tes biens*, ne désire point ceux d'autrui. (290)
6. La plupart des choses sont plus faciles *à dire* qu'à faire. (292)
7. Exempt *du service militaire*. (290)
8. Personne ne vit *content de son sort*. (290)
9. Tu feras ce qui te paraîtra le meilleur *à faire*. (292)
10. La raison est le bien propre de l'homme; le reste *lui* est commun avec les animaux. (294)
11. L'âme est douée *d'un mouvement sans fin*. (290)
12. Homme très-digne *de son père, de son aïeul*. (290)
13. Qu'y a-t-il d'aussi agréable à *connaître* et à *entendre* qu'un discours orné de pensées sages et d'expressions pleines de gravité? (292)
14. La colère, *dont* Alexandre *ne* fut *pas* maître, a été fatale à ses amis. (294, 278)
15. Personne *n'y* est plus propre (295, 287, avec *acc.* neut.)
16. Ville dépourvue de *garnison* (290)
17. Rien n'est plus digne *d'un homme grand et illustre* que l'indulgence et la clémence. (290)
18. Il est défendu de *dire* ce qu'il est déshonnête de *faire*. (292)

MPARATIFS ET DES SUPERLATIFS. (64 à 74.)

1. Aucun lieu ne nous est *plus doux que la patrie*. (296)
2. L'ignorance des maux à venir est *plus avantageuse que leur connaissance*. (297, 1ᵉʳ ex.)
3. Alexandre fut plus *avide* que *patient*. (298)

arborum ou *ex arboribus*, ou *inter arbores*. (302) — **Ditissimus** urbis. (303) — Unus *militum*, ou *ex militibus*, ou *inter milites*. (304) — Maximè omnium conspicuus. (305) — Optimus *quisque*. (306) — *Validior* manuum. (307)

---

1. Nullus locus nobis dulcior est *quàm patria*. (Cic.)
2. Ignoratio futurorum malorum utilior est *scientiâ*. (Cic.)
3. Alexander fuit avidior quàm *patiens*. (Q. Curt.)
4. *Majus* est regnum fastidire *ut* accipere. (Q. Curt.)
5. Amicum perdere est *damnis* maximum. (Publ. Syr.)
6. Trajanus, solus *omnibus*, intrà urbem sepultus est. (Eut.)
7. *Optimi homines* maximè posteritati *serviunt*. (Cic.)
8. Pœni *minimam* Balearium insulam trajecerunt. (T. Liv.)
9. Ego *callidior* vidi neminem *Phormionem*. (Ter.)
10. Melior es *ut* ego *non* sum. (Ter.)
11. O fortissime *è gente!* (Virg.)
12. Nemo *mortalibus* omnibus horis sapit. (Plin.)
13. Maximis... beneficiis plurimùm debetur. (Cic.)
14. Deus dedit homini nihil præstabilius *quàm mens*. (Cic.)
15. Dionysius, non contemptior, omnibus, quàm *invisus* fuit. (Just.)
16. Indus est *omnibus fluminibus* maximus. (Cic.)
17. Nobilissimi *ex totâ Britanniâ*. (Tac.)
18. *Maximis vitiis* nullum est frequentius quàm ingrati animi. (Sen.)
19. Credulitas in *optimorum*... mentem facillimè irrepit. (Cic.)
20. Lacedæmonii totius Asiæ imperium affectare cœperunt; sed *maxima* pars sub regno Persarum erat. (Just.)
21. Nihil est amabilius *quàm virtus*. (Cic.)
22. Homini non gratiosiori quàm *Calidio*... argentum reddidisti. (Cic.)
23. Piè *plus* quàm magnificè Deum cole. (Cic.)
24. Romulus visus est augustiore formâ *ut non* fuisset. (T. Liv.)

SYNTAXE DES COMPARATIFS ET DES SUPERLATIFS. 87

4. Il est *plus grand* de dédaigner la royauté *que* de la recevoir. (301)

5. Perdre un ami est la *plus grande des pertes*. (302, avec le *gén.*)

6. Trajan, *seul de tous*, fut inhumé dans la ville. (304, avec le *gén.*)

7. *Les hommes les plus éminents* dépendent le plus de la postérité. (306)

8. Les Carthaginois passèrent dans la *plus petite* des deux îles Baléares. (307)

9. Je n'ai vu personne *plus rusé que Phormion*. (297, 2ᵉ ex.)

10. Vous *êtes meilleur* que je *ne* suis. (301)

11. *O le plus vaillant de la nation!* (303)

12. *Aucun des mortels* n'est sage dans tous les moments. (304, avec le *gén.*)

13. *C'est aux plus grands bienfaits* qu'on doit le plus de reconnaissance. (306)

14. Dieu n'a rien donné à l'homme de *plus noble que la pensée*. (296)

15. Denys n'était pas généralement plus méprisé *que haï*. (298)

16. L'Indus est le plus grand de tous les *fleuves*. (302, avec le *gén.*)

17. Les plus nobles *de toute la Bretagne*. (303)

18. Parmi *les plus grands vices aucun* n'est plus commun que celui d'ingratitude. (304, avec *inter.*)

19. La crédulité se glisse très-facilement dans l'esprit *des plus honnêtes gens*. (306)

20. Les Lacédémoniens commencèrent à prétendre à l'empire de toute l'Asie, mais *la plus grande* partie était sous la domination des Perses. (307)

21. Rien n'est plus aimable *que la vertu*. (296)

22. Vous avez restitué l'argenterie à un homme qui n'est pas plus en crédit *que Calidius*. (297, renvoi *.)

23. Honorez Dieu *plus pieusement* que magnifiquement. (299)

24. Romulus apparut sous une forme *plus auguste qu'il n'avait été*. (301)

25. Solon fut et *le plus sage des sept*, et *le seul* législateur *des sept*. (302, avec la *prép. ex.*)

25. Solon est sapientissimus *septem*, et legum scriptor solus *septem*. (Cic.)

26. Gallus quidam provocat unum *Romanis* qui secum ferro decernat. (T. Liv.)

27. Neminem *quàm Lycurgum* majorem virum Lacedæmon genuit. (Val.-Max.)

28. Hæc sunt verba Varronis, quàm... *Claudii*, doctioris. (Aul. Gell.)

29. Consilium utilius quàm *gratum*. (Q. Curt.)

30. Velocissimum *animalibus* est delphinus. (Plin.)

31. Totâ Græciâ doctissimus. (Cic.)

22. Amicitiam cole, *quàm quæ* nihil melius habemus. (Cic.)

33. Decet cariorem esse patriam nobis, *nobismetipsis*. (Cic.)

34. Verba magnificentiùs jactata quàm *verè*. (Q. Curt.)

35. Elephanto *belluis* nulla est prudentior. (Cic.)

36. Ille mihi melior... sibi semper fuit. (Plaut.)

37. Romani bella quædam fortiùs quàm *feliciter* gesserunt. (T. Liv.)

38. Honestissimus *suis* numerabatur. (Cic.)

39. Diogenem miraris et Dædalum : uter *his* sapiens tibi videtur ? (Sen.)

40. Alexander hostes prudentiùs quàm *avidè* persecutus est. (Q. Curt.)

41. Morbi perniciosiores sunt animi, corporis *morbis*. (Cic.)

42. Incertum est quàm longa *nos* cujusque vita futura sit. (Cic.)

43. Sol multis partibus amplior est *terrâ universâ*. (Cic.)

CHAPITRE VIII.

RÈGLES : Est *mihi* liber. (309) — Hoc erit *tibi dolori*. (310) — Est *adolescentis*. (311) — Est *meum, tuum*, etc. (312) — Est *meus, tuus*, etc. (313) — Mihi opus est *amico*. (314)

1. Erat *Seneca* amœnum ingenium. (Tac.)
2. Secundæ res mirè sunt *vitia obtentus (ûs)*. (Sall.)

26. Un Gaulois appelle *un des Romains* à un combat singulier. (304, *ablat.* avec *ex.*)
27. Lacédémone n'a pas produit de *plus grand homme que Lycurgue*. (296)
28. Ce sont les paroles de Varron, homme plus savant *que Claudius*. (297, renvoi *.)
29. Un conseil plus utile *qu'agréable*. (298)
30. Le dauphin est le *plus rapide des animaux*. (302, avec le *gén.*)
31. Le plus savant *de toute la Grèce*. (303)
32. Cultive l'amitié; nous n'avons rien de *plus précieux qu'elle*. (296)
33. Il convient que la patrie nous soit *plus chère que nous-mêmes*. (297)
34. Des paroles dites *avec plus de jactance que de vérité*. (298)
35. *Parmi les bêtes* aucune n'est plus intelligente que l'éléphant. (304, avec le *gén.*)
36. Il a toujours été *meilleur* pour moi *que* pour lui-même. (297)
37. Les Romains firent quelques guerres avec plus de courage *que de bonheur*. (298)
38. Il était regardé comme *le plus considéré parmi les siens*. (302, avec l'*acc.*)
39. Vous admirez Diogène et Dédale : *lequel d'eux* vous paraît sage ? (304, avec *ex.*)
40. Alexandre poursuivit ses ennemis avec plus de prudence *que d'ardeur*. (298)
41. Les maladies de l'âme sont *plus funestes que celles du corps*. (297)
42. Il est incertain combien la vie de *chacun de nous* doit durer. (304, avec le *gén.*)
43. Le soleil est bien des fois *plus grand que toute la terre*. (297)

RÉGIME DES VERBES.

1. *Sénèque avait* un esprit agréable. (309)
2. La prospérité *jette un voile* merveilleux *sur les vices* (310)
3. *Il est d'un esprit ferme et courageux* de n'être point troublé dans les circonstances difficiles. (311)

3. *Fortem* et *constantem animus* est non perturbari in rebus asperis. (Cic.)

4. *Tuus* est videre quid agatur. (Cic.)

5. Quod *tuus* est *meus est*, *omnis meus* est item *tuus*. (Plaut.)

6. Quid *tu divitiæ* opus est? (Q. Curt.)

7. *Habemus* mitia poma. (Virg.)

8. In scenam prodire *Romani* erat *turpitudo*. (C. Nep.)

9. *Fortis vir* est magis mortem contemnere quàm odisse vitam. (Q. Curt.)

10. *Ego veniâ* opus fuit. (Tac.)

11. *Syracusani fontis* nomen Arethusa est. (Cic.)

12. *Vester* est discernere quod optimum vobis sit. (Tit. Liv.)

13. *Orator clamor plaususque* opus est. (Tac.)

14. Vita rustica *ejus probrum* et *crimen* est. (Cic.)

15. *Imbecillo animo* est superstitio. (Cic.)

16. *Bonus pastor* est tondere pecus, non deglubere. (Suet.)

17. *Facti* magis quàm *consulti* opus est. (Cic.)

18. Ampla domus *dedecoris domini* sæpè fit. (Cic.)

19. Asia *populo Romano* facta est. (Cic.)

20. Virtutes *hominum decus, gloriaque* sunt. (Sen.)

21. *Quanti* est *omnium odii* crudelitatis, et *quanti amoris* clementia! (Cic.)

CHAPITRE IX.

Règles : Amo *Deum*. (315) — Imitor patrem. (316) — Musica *me* juvat *ou* delectat. (317)

1. Ægyptii *canis* et *felis* ut *dii* colebant. (Cic.)

2. *Absens* lædit cum ebrio qui litigat. (Publ. Syr.)

3. Epaminondas semianimus osculatus est *clypeus* velut *socius* gloriæ. (Just.)

4. Agricultura juvabat *Cato*. (Cic.)

COMPLÉMENTS DES VERBES.

4. *C'est à vous* de voir de quoi il s'agit. (312)
5. Tout ce qui est *à vous* est *à moi*, et tout ce qui est *à moi* est de même *à vous*. (313)
6. Quel *besoin as-tu des richesses?* (314)
7. *Nous avons* des fruits mûrs. (309)
8. *Il y avait de la honte pour les Romains* à monter sur la scène. (310)
9. *Le devoir des hommes courageux* est plutôt de mépriser la mort que de haïr la vie. (311)
10. *J'ai eu besoin d'indulgence.* (314)
11. *Une fontaine de Syracuse* porte le nom d'Aréthuse (309)
12. *C'est à vous* de distinguer ce qui vous est le plus avantageux. (312)
13. *L'orateur a besoin d'acclamation et d'applaudissement.* (314)
14. La vie champêtre *lui* attire *l'opprobre* et *l'accusation.* (310)
15. La superstition *est le propre d'un esprit faible.* (311)
16. *Il est d'un bon pasteur* de tondre et non d'écorcher son troupeau. (311)
17. *On a* plutôt *besoin d'action* que de *délibération,* c.-à-d. il faut plutôt agir que délibérer. (314)
18. Une grande maison *cause* souvent de *l'humiliation à son maître.* (310)
19. L'Asie *devint* la possession du *peuple romain.* (311)
20. Les vertus procurent de *l'honneur* et de la *gloire aux hommes.* (310)
21. *Quelle haine tout le monde a* pour la cruauté, et *quel amour* pour la clémence! (310)

RÉGIME DIRECT DES VERBES (238 et 239.)

1. Les Egyptiens honoraient *le chien* et *le chat* comme *des Dieux.* (315)
2. Celui qui dispute avec un homme ivre *attaque un absent.* (315)
3. Epaminondas mourant *embrassa son bouclier* comme *le compagnon* de sa gloire. (316)
4. L'agriculture *plaisait à Caton.* (317)

5. Persæ luxerunt *Alexander* non ut *hostis*, sed ut *parens*. (Just.)
6. *Piscis* Syri venerantur. (Cic.)
7. *Calumniator* sua pœna manet. (Phæd.)
8. Accipias præstat quàm inferas *injuriâ*. (Publ. Syr.)
9. *Omnibus honestis* negligunt, dummodò *potentiæ* consequantur. (Cic.)
10. *Nemo* magis quàm *rex* aut *princeps* decet clementia. (Sen.)
11. Virtus extollit *homo*. (Sen.)
12. Nulla ars imitari *solertiæ* naturæ potest. (Cic.)
13. Discite non temnere *Divi*. (Virg.)
14. Manet ea cura *nepotibus*. (Virg.)
15. *Natura turpis* nulla fortuna obtegit. (Ovid.)
16. Gloria *virtuti* tanquàm umbra sequitur. (Cic.)
17. Deus *mundus* regit. (Cic.)
18. Non latuêre doli *fratri*. (Virg.)
19. Nulla est gloria præterire *aselli*. (Mart.)
20. Propositum nobis esse debet Dei *exemplo* sequi. (Sen.)
21. Tu verò, *virtus* præfer divitiis. (Cic.)
22. Ea res *mihi* fallit. (Cic.)
23. *Beneficio* accipere, *libertati* vendere est. (P. Syr.)
24. Omnia *mihi* prætereunt. (Cic.)
25. Trucidatis tot insignibus viris, ad postremum Nero *virtus ipsa* exscindere concupivit. (Tac.)
26. *Mesopotamiæ fertilis* efficit Euphrates. (Cic.)
27. Id *mihi* non fugit. (Cic.)
28. *Hominum cæcorum* reddit cupiditas. (Cic.)
29. *Regibus suis* Romani *Cæsaribus Augustisque* cognominavêre. (Just.)
30. Fugerat *mihi* rescribere. (Cic.)
31. *Tibi* non præterit quàm sit difficile. (Cic.)
32. *Ciceroni* universus populus *consuli* declaravit. (Cic.)
33. Nihil ejusmodi esse, *tibi* non fallit. (Cic.)
34. Cato *Valerio Flacco* in consulatu habuit *collegæ*. (C. Nep.)
35. *Mors* ut *finis* miseriarum exspectare. (Tac.)
36. Juvit *mihi* hoc tibi profuisse. (Cic.)
37. Religio *Deo* colit, superstitio violat. (Sen.)
38. Scipio *nominis* Africani meruit accepitque. (Cic.)
39. *Multis* bella juvant. (Hor.)

5. Les Perses *pleurèrent Alexandre* non comme *un ennemi*, mais comme *un père*. (315)
6. Les Syriens adorent *un poisson*. (316)
7. Son châtiment *est réservé au calomniateur*. (317)
8. Il vaut mieux *recevoir une injure* que de *la faire* (315)
9. Ils négligent *l'honneur*, pourvu qu'ils *obtiennent* le *pouvoir*. (315, 266, 316)
10. La clémence *ne convient à personne* plus qu'à *un roi* ou *à un prince*. (317)
11. La vertu *élève l'homme*. (315)
12. Jamais l'art ne peut imiter *l'adresse* de la nature. (316)
13. Apprenez à ne point *mépriser les Dieux*. (315)
14. Ce souci *est réservé à mes descendants*. (317)
15. Aucune fortune ne *couvre un naturel dépravé*. (315)
16. La gloire suit la *vertu* comme l'ombre. (316)
17. Dieu *régit le monde*. (315)
18. Ses ruses n'échappèrent point à son *frère*. (317)
19. Il n'y a aucune gloire à *surpasser des ignorants*. (315)
20. Nous devons avoir pour but de suivre l'*exemple* de la divinité. (316)
21. Pour toi, *préfère* la vertu aux richesses. (315)
22. *J'ignore* cette chose. (317)
23. Accepter *un bienfait*, c'est vendre *sa liberté*. (315)
24. *J'ignore* tout. (317)
25. Après avoir immolé tant d'hommes illustres, enfin Néron brûla d'anéantir *la vertu elle-même*. (315)
26. L'Euphrate *rend la Mésopotamie fertile*. (315, 247)
27. *Je n'ignore* pas cela. (317)
28. La passion rend *les hommes aveugles*. (315, 247)
29. Les Romains donnèrent *à leurs rois* les surnoms de *Césars* et *d'Augustes*. (315)
30. *J'avais oublié* de répondre. (317)
31. *Vous savez* combien il est difficile. (317)
32. Le peuple tout entier proclama *Cicéron consul*. (315)
33. *Vous savez* bien qu'il n'existe rien de semblable. (317)
34. Caton eut *Valérius Flaccus* pour *collègue* dans le consulat. (315, 247)
35. Attendre *la mort* comme *la fin des misères*. (315)
36. *J'ai été charmé* que cela vous eût servi. (317)
37. La religion honore *Dieu*, la superstition l'outrage. (315)
38. Scipion mérita et reçut le surnom d'*Africain*. (315)
39. Les guerres plaisent à *beaucoup de gens*. (317)

40. Oh ! mihi *præteriti* referat si Jupiter *anni!* (Virg.)
41. Nec *mihi* vita juvaret. (T. Liv.)
42. Proba merx facilè *emptor* reperit. (Plaut.)
43. Fabellæ *tibi* non juvant. (Phæd.)
44. Condiunt Ægyptii *mortui* et *ei* servant domi. (Cic.)
45. *Mihi* status hic reipublicæ delectat. (Cic.)

CHAPITRE X.

Règles : Do vestem *pauperi*. (319) — *Crimini* dedit *mihi* meam fidem. (320) — Minari *mortem alicui*. (321) — Scribo *ad te* ou *tibi* epistolam. (322) — Hæc via ducit *ad virtutem*. (323) — Illudere *aliquem* ou *alicui*. (324) — Pater et mater *quos* amo. (325) —Dices *ei*, (325) — Res est gravissima, *huic* operam dabo. (325) — Mitte *quem voles*. (326) — Quem *vocas?* quid *agis?* (327) — Doceo *pueros grammaticam*. (328) — Accepi litteras à *patre meo*. (329) — Accepi magnam voluptatem *ex tuis litteris*. (330)—Id audivi *ex amico* ou *ab amico meo*. (331) — Christus redemit hominem *à morte*. — (332) — Admonui eum *periculi* ou *de periculo*. (333) — *Hoc eos* moneo. (334) — Implere dolium *vino*. (335) — Insimulare aliquem *furti* ou *furto*. (336) — Damnare aliquem *ad triremes*. (337) — Interdico tibi *domo meâ*. (338) — *Arguitur* prodidisse rempublicam. (339)

1. Da dextram *miser*. (Virg.)
2. Qui alteri suam ob causam commodat, injuriâ postulat id *gratia* opponi *sui*. (Phæd.)
3. Brutus *Ciceronem recuperatæ libertatis* est gratulatus. (Cic.)
4. Librum de Senectute *te* misimus. (Cic.)
5. Successus *pernicies* multos devocat. (Phæd.)
6. Asia tàm opima est, ut *multitudo* carum rerum quæ exportantur facilè *omnes terræ* antecellat. (Cic.)
7. Urbem *quæ* statuo vestra est. (Virg.)
8. *Qui* miseret improborum?

COMPLÉMENTS DES VERBES. 95

40. Oh! si Jupiter me rendait *mes années écoulées!* (315)
41. *Je n'aimerais* plus la vie. (317)
42. Une bonne marchandise trouve facilement un *acheteur*. (315)
43. Les fables ne *vous* plaisent pas. (317)
44. Les Egyptiens embaument *les morts* et les conservent chez eux. (315, 325)
45. Cette situation de la république ne *me fait* pas *plaisir*. (317)

RÉGIME INDIRECT DES VERBES. (240 et 241.)

1. *Donnez* la main *au malheureux*. (319)
2. Celui qui oblige autrui pour son propre intérêt, demande injustement qu'on *lui en sache gré*. (320)
3. Brutus félicita *Cicéron d'avoir reconquis* la *liberté*. (321)
4. Nous *vous* avons adressé le Traité de la Vieillesse. (321, avec le *datif* ou l'*acc*.)
5. Un succès *conduit* beaucoup d'hommes à *leur perte*. (323)
6. L'Asie est si riche, qu'elle *surpasse* toutes les *autres contrées par la multitude* des productions qu'elle exporte. (324, avec le *datif* pour le *rég. direct*.)
7. *La ville que* je fonde est à vous. (325)
8. *Qui a* pitié des méchants? (327, 427.)
9. Pour prix des services signalés que les citoyens rendent à l'Etat, on *leur* décerne les honneurs. (319)
10. La volupté est une amorce; des hommes *y sont pris* comme les poissons à l'hameçon. (325, 341)
11. Demandez à *Dieu un bon esprit*. (328)
12. *Attendez d'autrui* ce que vous lui avez fait. (329)
13. Le droit ne *dépend* point *des paroles*. (330)
14. Je demandais à *Velléius* l'opinion d'Epicure. (331)
15. Démosthène *s'affranchit de la captivité* par une mort volontaire. (332)
16. Je voudrais que vous *informassiez* nos amis de cela. (333, avec *de*.)
17. Nous vous avons averti *de cette seule chose*. (334)
18. Sylla combla tous les siens *de richesses*. (335)
19. Je te condamnerai *à la meule*. (337)
20. Les Parthes interdisaient aux femmes *la vue* des hommes. (338)

9. Pro magnis civium in rempublicam meritis, honores *ei* habentur. (Cic.)
10. Voluptas est esca, *quæ* homines capiuntur ut hamo piscis. (Cic.)
11. *Deus* roga *bona mens.* (Sen.)
12. *Ab alius* expectes alteri quod feceris. (Pub. Syr.)
13. Non *verba* pendet jus. (Cic.)
14. Epicuri *Velleii* sciscitabar sententiam. (Cic.)
15. Demosthenes se vindicavit *captivitas* morte voluntariâ. (Just.)
16. *Hâc re* vellem ut nostros certiores faceretis. (Cic.)
17. *Uno illo* te monuimus. (Cic.)
18. Sylla omnes suos *divitiæ* implevit. (Sall.)
19. Te *molæ* damnabo. (Plaut.)
20. Parthi feminis *conspectum* virorum interdicebant. (Just.)
21. Pecunias prætorem cepisse *accusant.* (Cic.)
22. Omnem aditum *mali* præcludito. (Phæd.)
23. Iste *sui questum prædamque* habuit bona aratorum. (Cic.)
24. Catilina *urbem* ferrum flammamque minitabatur. (Cic.)
25. Macedones *imperio* Græciæ adjunxerunt Asiam. (Cic.)
26. Hominis natura *omnium* anteit animantium. (Cic.)
27. Multas ad res perutiles Xenophontis libri sunt; *qui* legite, quæso, studiosè. (Cic.)
28. Vir bonus prodest *qui* potest, et nocet nemini. (Cic.)
29. *Qui* fugis? (Virg.)
30. Quantùm valerent inter homines litteræ dixi; quantus nunc *illæ* honos à Superis sit tributus, tradam memoriæ. (Phæd.)
31. Athenienses auxilium *Lacedæmoniis* petiverunt. (C. Nep.)
32. Magnum dolorem accepimus *mortis* Trebonii. (Cic.)
33. Annalium *monumentis* reipublicæ disciplinam cognoscimus. (Cic.)
34. Assuescamus *nos* removere pompam. (Sen.)
35. *Veterem tibi amicitiam* commonefacio. (Cic.)
36. Apes *dulce* distendunt *nectar* cellas. (Virg.)
37. *Crimina falsa* insimulare virum. (Ovid.)
38. Ariovistus *omnis Gallia Romani* interdixit. (Cæs.)
39. Roscius occidisse patrem *accusatur.* (Cic.)

COMPLÉMENTS DES VERBES. 97

21. On *accuse* le préteur d'avoir pris des sommes d'argent. (339)
22. *Fermez* tout accès *aux méchants*. (319)
23. Cet homme a fait son *butin et sa proie* des biens des laboureurs. (320)
24. Catilina menaçait *Rome* du fer et de la flamme. (321)
25. Les Macédoniens joignirent l'Asie *à l'empire* de la Grèce. (323)
26. La nature de l'homme est au-dessus *de tous les êtres animés*. (324, avec l'*acc. masc.*)
27. Les ouvrages de Xénophon contiennent beaucoup d'utiles enseignements; lisez-*les* attentivement, je vous prie. (325)
28. L'homme de bien sert ceux *qu'il* peut, et ne nuit à personne. (326, 352)
29. *Qui fuis-tu?* (327)
30. J'ai dit de quel crédit jouissent les lettres parmi les hommes; je vais montrer à présent quel hommage *leur* a été rendu par les Dieux. (325)
31. Les Athéniens demandèrent du secours aux *Lacédémoniens*. (329)
32. Nous avons ressenti une grande douleur *de la mort* de Trébonius. (330)
33. Nous connaissons le système de la république *par les monuments* des annales. (331)
34. Accoutumons-nous à *éloigner de nous* le luxe. (332)
35. Je *vous* rappelle *votre ancienne amitié*. (333, *gén.*)
36. Les abeilles remplissent leurs cellules *d'un doux nectar*. (335)
37. *Accuser* un homme de *faux crimes*. (336, avec l'*ablat.*)
38. Arioviste interdit *toute la Gaule aux Romains*. (338)
39. Roscius est *accusé* d'avoir tué son père. (339)
40. Nous *devons* du respect à *nos parents*. (319)
41. A Rome les hommes n'enviaient point aux *femmes* leur gloire. (319)
42. Celui qui porte du secours *aux méchants* s'en repent dans la suite. (322, avec le *datif.*)
43. Ceux-là sont jugés citoyens dangereux qui *excitent* le peuple *à la sédition*. (323)
44. Annibal l'emporta *sur tous les autres généraux*. (323, avec l'*acc.*)

40. Reverentiam *nostri parentes* debemus. (Sen.)
41. Non inviderunt laudes suas *mulierum* viri Romani. (T. Liv.)
42. Qui fert *mali* auxilium, post tempus dolet. (Phæd.)
43. Hi perniciosi cives putantur qui incitant populum *seditio*. (Cic.)
44. Annibal prestitit *cæterorum imperatorum*. (T. Liv.)
45. Obsistere Agesilao conati sunt Athenienses et Bæotii cæterique eorum socii, *qui* omnes prælio vicit. (C. Nep.)
46. Græci *juvenibus* docebant *musica* et *saltatio*. (C. N.)
47. Beneficiorum maxima *parentes* accipimus. (Sen.)
48. *Vaginæ* gladium eripere. (Cic.)
49. Monent nos dii optimatum *discordiarum*. (Cic.)
50. Tu sequere eam philosophiam quæ spoliat nos *judicium*, orbat *sensus*. (Cic.)
51. Absolutus *caput* (*). (C. Nep.)
52. *Metellus aqua* et *ignis* interdictum est. (Tac.)
53. *Accusant* Ulyssem tragœdiæ militiam subterfugere voluisse. (Cic.)
54. Lutatius finem imposuit *secundum bellum Punicum*. (T. Liv.)
55. *Aliquis* calamitatem *crimen* dare. (Cic.)
56. Ne res turpes *amicus* rogemus. (Sen.)
57. Perjurus *dii* pœnam, *homines* dedecus expectet. (Cic.)
58. Patriam *obsidio* liberare. (C. Nep.)
59. Demosthenes et Cicero *qui* miramur.
60. Populo ut placerent *quæ* fecisset *fabulæ*. (Ter.)
61. *Sacrilegium* (**) accusatus. (C. Nep.)
62. Urbem *incendia*, *cædis* cives, Italiam *bellum* liberavi. (Cic.)
63. Donare aliquem *præmiorum*. (Cic.)
64. Muros ex suâ re familiari reficere *damnatus est*. (C. Nep.)
65. Dextram tendere *alicujus* et præsidium *illius* polliceri. (Cic.)
66. Dii prohibeant *nos* impias mentes. (Q. Curt.)

---

* Sous-entendu *crimen*, qu'il faut mettre au cas qu'exige le verbe (336). Ne mettez donc pas *capite* dans la correction.
** Sous-entendu *crimen* que l'on mettrait au cas qu'exige la règle (336). Ne mettez donc pas *sacrilegio*.

COMPLÉMENTS DES VERBES.

45. Les Athéniens, les Béotiens et tous leurs autres alliés entreprirent de résister à Agésilas, mais il *les* vainquit tous. (325)
46. Les Grecs enseignaient *aux jeunes gens la musique* et la *danse*. (328)
47. *Nous recevons* les plus grands bienfaits de *nos parents*. (329)
48. Tirer le glaive du *fourreau*. (332, sans *prép.*)
49. Les Dieux nous avertissent *des querelles* des grands. (333 avec *de.*)
50. Vous suivez cette philosophie qui nous dépouille de *notre jugement* et nous *prive de nos sens*. (335)
51. *Absous d'un crime capital*. (336)
52. *On interdit à Métellus* le *feu* et *l'eau* (c'est-à-dire *il fut exilé*. (338)
53. Les tragédies *accusent* Ulysse d'avoir voulu se soustraire à la guerre. (339, avec *insimulare.*)
54. Lutatius *mit fin à la seconde guerre punique*. (319)
55. Faire à *quelqu'un un crime* de son malheur. (320)
56. Ne demandons point *des choses honteuses à un ami*. (328)
57. Que le parjure attende son châtiment *des Dieux*, et la honte de la *part des hommes*. (329)
58. Délivrer sa patrie *d'un siège*. (332)
59. Démosthène et Cicéron *que nous admirons*. (325)
60. Afin que *les comédies qu'il avait faites plussent au peuple*. (325 et 433)
61. *Accusé de sacrilége*. (336)
62. *J'ai sauvé* Rome de *l'incendie*, les citoyens du *carnage*, l'Italie de la *guerre*. (332 *sans préposition.*)
63. Gratifier un citoyen de *récompenses*. (335)
64. *Il fut condamné* à reconstruire à ses frais les murs de la ville. (339)
65. Tendre la main *à quelqu'un* et *lui* promettre du secours. (319)
66. Que les Dieux *éloignent de nous* des sentiments impies. (332)
67. La victoire prive l'état *de braves citoyens*. (335)
68. Dieu a donné la raison *aux hommes*. (319)
69. Faire grâce *de la vie à quelqu'un*. (320)
70. Arrachez-nous à *ces malheurs*. (332, *ablat.* avec *ex.*)
71. Le plus grand respect est dû *aux enfants*. (319)

67. Victoria *fortium civium* rempublicam orbat. (Cic.)
68. Rationem *hominum* Deus dedit. (Cic.)
69. Vitam *alicujus* parcere. (A. Gell.)
70. Eripite nos *miseriis*. (Cic.)
71. Maxima debetur *puer* reverentia. (Juv.)
72. *Pacis tibi* poscimus. (Virg.)
73. Cumulare aliquem *laudum*. (Cic.)
74. Comdemnamus aruspices aut *stultitia* aut *vanitas*. (Cic.)
75. Virtutes animi *bona* corporis anteponimus. (Cic.)
76. Laudem *Roscius vitium* et *culpa* vertisti. (Cic.)
77. Attendere *sermones maligni*. (Plin. J.)
78. *Laqueis* se exuere. (Cic.)
79. Manlius posthabuit filii caritatum *publica utilitas*. (T. Liv.)
80. Improbi secernant *bonorum*. (Cic.)
81. Deus *bonorum omnium* explevit mundum. (Cic.)
82. *Nomen* sceleris et conjurationis damnati sunt multi. (Cic.)
83. Juris scientiam *eloquentia* adjunget orator. (Cic.)
84. Pudor eum *turpitudinis* revocavit. (Cic.)
85. Epicurus nihil *dividere* ac *partiri* docet. (Cic.)
86. Antoninus Pius *Numam Pompilium* confertur. (Eut.)
87. Aristotelem non deterruit *scribere* Platonis amplitudo. (Cic.)
88. Eripere *alicujus* regnum. (Cic.)
89. Aristotelem non deterruit *scribere* de philosophiâ *libros* Platonis amplitudo. (Cic.)
90. Tradere se *disciplinâ* alicujus. (Cic.)
91. Te dominus *sedium illarum* arcebit. (Cic.)
92. Antevolant sonitumque ferunt *littora* venti. (Virg.)
93. Pueri parentes diligunt et *eorum* diliguntur. (Cic.)
94. *Animo* metum tollite. (Cic.)
95. *Famis* vindicatus exercitus. (Q. Curt.)
96. Pericles agros suos dono *respublica* dedit. (Just.)
97. Carpere flores *arbori*. (Ovid.)
98. *Alienis* mentes, oculos, manus abstinere debemus. (Cic.)
99. Themistocles *domini* navis multa pollicitus est, si se conservâsset. (C. Nep.)
100. Honestum *virtutum* oritur. (Cic.)

COMPLÉMENTS DES VERBES.

72. Nous vous demandons *la paix*. (328)
73. Combler quelqu'un *d'éloges*. (335)
74. Nous trouvons les aruspices coupables ou de *folie* ou d'*imposture*. (336, avec le *génit.*)
75. Nous préférons les qualités de l'âme *aux avantages du corps*. (319)
76. Vous avez fait à *Roscius* un *reproche et un tort* de *sa gloire*. (320)
77. Faire attention *aux propos malveillants*. (324, *dat.*)
78. Se dégager *des piéges*. (332, avec *ex.*)
79. Manlius sacrifia son amour pour son fils à *l'intérêt public*. (319)
80. Que les méchants se séparent *des gens de bien*. (332, avec *à.*)
81. Dieu a rempli le monde de *toutes sortes de biens*. (335)
82. Plusieurs furent condamnés *sur le chef* d'attentat et de conjuration. (336, avec *ablat.*)
83. L'orateur joindra *à l'éloquence* la science du droit. (319)
84. La honte l'a tiré de *l'infamie*. (332, avec *à.*)
85. Epicure ne nous donne aucun précepte *sur la manière de diviser* et de *distribuer*. (333, avec *de* et le *gér.*)
86. Antonin le Pieux est comparé à *Numa Pompilius*. (319)
87. La magnificence de Platon ne détourna point Aristote *d'écrire*. (332, avec *à* et le *gérond.*)
88. Arracher l'empire *à quelqu'un*. (319)
89. La magnificence de Platon ne détourna point Aristote *d'écrire des traités* de philosophie. (332 et 370)
90. S'abandonner *aux leçons* de quelqu'un. (319)
91. Le maître t'éloignera *de ce séjour*. (332, sans *prép.*)
92. Les vents le devancent (l'orage) et emportent le bruit *jusqu'au rivage*. (322, avec *ad.*)
93. Les enfants aiment leurs parents et *en* sont aimés. (325 et 340)
94. Otez la crainte *de votre cœur*. (332, avec *ex.*)
95. Une armée délivrée *de la famine*. (332, sans *prép.*)
96. Périclès donna ses terres en présent *à l'Etat*. (319)
97. Cueillir des fleurs *à un arbre*. (332, avec *ab.*)
98. Nous devons détourner *du bien d'autrui* nos pensées, nos regards, nos mains. (332, avec *ab.*)

101. Augustus rectorem solitus est apponere *reges* ætate *parvi*, donec adolescerent. (Suet.)

102. *Amici* honesta petamus. (Cic.)

103. Te convinco non *inhumanitas* solùm, sed etiam *amentia*. (Cic.)

104. Injusti sunt, qui *aliis* si possint, non propulsant injuriam. (Cic.)

105. Lupus arguebat vulpem *furtum crimen*. (Phæd.)

106. *Nos* Deus dedit animum. (Cic.)

107. Hoc ipsum *sui* oritur. (Cic.)

108. Non *ego* vincet Linus. (Virg.)

109. Gloria *vobis* acuat. (Ovid.)

110. *Ille* vitâ spoliavit Achilles. (Virg.)

CHAPITRE XI.

RÈGLES : Amor *à Deo*. (340) — *Mærore* conficior. (341) — Hæc sententia neque *nobis* neque *illi* probatur. (342)

1. *Deo* omnia facta et constituta sunt. (Cic.)
2. Terra vestita est *florum, herbarum, arborum, frugum*. (Cic.)
3. *Ego* videtur. (Cic.)
4. Phocion *servi* sepultus est (C. Nep.)
5. Bellum tantum, *quod bellum* omnes gentes premebantur, Pompeius confecit. (Cic.)
6. Honesta *à bonis viris* quæruntur. (Cic.)
7. Tria videnda sunt *ab oratore*. (Cic.)
8. Suo *à quoque* utendum judicio. (Cic.)
9. Non intelligor *ab ullo*. (Ovid.)

CHAPITRE XII.

RÈGLES : Miserere *pauperum*. (343) — *Vivorum* memini, nec possum *mortuos* oblivisci. (344) — Homo irascitur

COMPLÉMENT DES VERBES.

99. Thémistocle promit *beaucoup* au *patron* de la barque, s'il le sauvait. (219, 266)
100. L'honneur naît *des vertus*. (332, avec *ex*.)
101. Auguste avait coutume de donner un tuteur *aux rois enfants*, jusqu'à ce qu'ils eussent atteint l'âge de raison. (319)
102. Demandons des choses honnêtes *à nos amis*. (329)
103. Je vous convaincs non-seulement d'*inhumanité*, mais encore *de folie*. (336, avec *gén*.)
104. Ils sont injustes ceux qui ne garantissent pas *les autres* de l'injustice, s'ils le peuvent. (332, avec l'*ab*.)
105. Le loup *accusait* le renard *de larcin*. (336, avec l'*abl*. pour le dernier mot.)
106. Dieu *nous a donné* la raison. (319)
107. Cela naît de *soi-même*. (332, avec *à*.)
108. Linus *ne me vaincra* pas. (325)
109. Que la gloire *vous anime*. (325)
110. Achille *le priva* de la vie. (325)

RÉGIME DES VERBES PASSIFS.

1. Tout a été fait et organisé *par Dieu*. (340)
2. La terre est revêtue de *fleurs*, d'*herbes*, d'*arbres* et de *fruits*. (341)
3. *Il me semble*. (342)
4. Phocion *fut enseveli par des esclaves*. (340)
5. Pompée a terminé cette grande guerre par *laquelle* (*guerre*) toutes les nations étaient accablées. (341)
6. Les choses honorables sont recherchées *par les gens de bien*. (342)
7. Trois choses doivent être observées *par l'orateur*. (342, 266)
8. *Chacun* doit faire usage de son jugement. (342)
9. Je ne suis compris de *personne*. (342)

RÉGIME DES VERBES DÉPONENTS.

1. Héraclite s'apitoyait sur le sort de *tout le monde*. (343)
2. Le propre de la sottise est de voir les défauts des autres et d'*oublier les siens*. (344)

mihi. (345) — Fruor *otio*. (346, 347) — *Illum* omnes admirantur. (348, 349)

---

1. Heraclitus miserebatur *omnibus*. (Sen.)
2. Proprium est stultitiæ aliorum vitia cernere, oblivisci *suis*. (Cic.)
3. Nefas est irasci *patria*. (Sen.)
4. *Omnis* Macedonum *gaza* potitus est Paulus. (Cic.)
5. Vellem *ejudem* gloriari, *cujus* Cyrus. (Cic.)
6. *Admiror* eum qui non pecuniâ movetur. (Cic.)
7. Heraclitus miserebatur *omnibus* qui sibi læti occurrebant. (Sen.)
8. *Omnibus* quæ curant senes meminerunt. (Cic.)
9. *Multi* minatur qui uni facit injuriam. (P. Cyr.)
10. *Divitiarum, nobilitatis, virium* multa malè utuntur. (Sen.)
11. Cimon *amicos* opitulabatur et re et consilio. (C. Nep.)
12. Scythæ *lac* et *mel* vescuntur. (Just.)
13. *Bonis* ad virtutem *hortor* homines *exemplis*. (Sen.)
14. Homo improbus aliquandò cum dolore *flagitia sua* recordabitur. (Cic.)
15. Suaviter blanditur *sensus nostri* voluptas. (Cic.)
16. Vespasianus nunquàm *cædes* cujusquam lætatus est. (Suet.)
17. *Natusque paterque* miserere. (Virg.)
18. *Beneficiis* meminisse debet is in quem collata sunt, non commemorare qui contulit. (Cic.)
19. Irascor *amicos*, cur me properent arcere veterno. (Hor.)
20. Functus est *maximi muneris*. (Cic.)
21. Infans blandiens *matrem*. (Plin.)
22. *Iis* misereri oportet qui propter fortunam, non propter malitiam, in miseriis sunt. (Cic.)
23. Vehementiùs minari *aliquem*. (Cic.)
24. Militares viri gloriantur *vulnerum*. (Sen.)
25. *Utriusque* lætor. (Cic.)
26. *Amicos* irasci non soleo. (Cic.)

COMPLÉMENTS DES VERBES.

3. Il n'est pas permis *de s'irriter contre la patrie*. (345)
4. Paul-Emile *se rendit maître de tout le trésor* des Macédoniens. (346)
5. Je voudrais me glorifier *du même avantage que* Cyrus. (347, avec l'*acc.* neutre.)
6. Celui qui n'est point touché des richesses est *admiré*. (349)
7. Héraclite avait pitié *de tous ceux* à qui il voyait un visage gai. (343)
8. Les vieillards se *souviennent de toutes les choses* dont ils prennent soin. (344)
9. Celui qui fait injure à un seul en menace *plusieurs*. (345)
10. Beaucoup de gens abusent *des richesses, de la noblesse, de la force*. (346)
11. Cimon *aidait ses amis* de sa fortune et de ses conseils. (345)
12. Les Scythes se *nourrissent de lait et de miel*. (346)
13. Les hommes sont *exhortés* à la vertu *par les bons exemples*. (348)
14. Un jour le méchant se rappellera *ses crimes* avec douleur. (344, avec le *gén.*)
15. Le plaisir *flatte* agréablement *nos sens*. (345)
16. Vespasien ne se *réjouit* jamais *du meurtre* de personne. (346)
17. *Ayez pitié du père* et *du fils*. (343)
18. Celui qui reçoit le *bienfait* doit *s'en souvenir*, et le bienfaiteur doit l'oublier. (344, avec l'*acc.*)
19. *J'en veux à mes amis* de vouloir me guérir de ma langueur. (345)
20. Il s'est acquitté *de la plus haute fonction*. (346)
21. Un enfant qui caresse *sa mère*. (345)
22. Il faut avoir pitié *de ceux* que la fortune, plutôt que leur faute, a précipités dans la misère. (343)
23. Faire de violentes menaces *à quelqu'un*. (345)
24. Les militaires se font gloire de *leurs blessures*. (346)
25. Je me réjouis *de ces deux choses*. (347, avec l'*acc.* neut.)
26. Je n'ai pas coutume de me fâcher contre *mes amis*. (345)

CHAPITRE XIII.

RÈGLES : Studeo *grammaticæ*. (350) — *Mihi* favet *fortuna*. (351) — Defuit *officio*. (352) — Abes *à foro*. (353) — Magna calamitas *tibi* imminet, impendet, instat. (354) — Id *mihi* accidit, evenit, contingit. (355) — *Hoc ad me* pertinet. (356) — Abundat *divitiis*, nullâ re caret. (357) — Deus amat virum bonum *illi*que *favet*. (358)

1. *Miseri* succurrere disco. (Virg.)
2. Fortuna sæpè *indigni faveo*. (Phæd.)
3. Timoleon cæcus *privatæ publicæ*que res intererat. (C. Nep.)
4. Nullus honor *hic* defuit. (C. Nep.)
5. Procella *rempublicam* impendet. (Cic.)
6. Hoc *nos* primùm accidit, nec *aliquis* unquàm usuvenit. (Cic.)
7. Spectat res *vi*. (T. Liv.)
8. Abundat Gallia *rivorum* et *fluminum*. (Sen.)
9. *Tuam dignitatem* favemus, *ei*que amplificamus. (Cic.)
10. Non parebo *dolor meus*, non *iracundia* serviam. (Cic.)
11. Si potes, *ignoti* etiam prodesse memento. (Catul.)
12. *Boni* nocet quisquis pepercerit *malos*. (Publ. Syr.)
13. Qui mentiri solet non longè abest *perjurium*. (Cic.)
14. Dignitas *homines* pertinet. (Sall.)
15. Phocion sæpè *pecunia* carebat. (C. Nep.)
16. Servire *cupiditates* gravissima servitus est. (Sen.)
17. Quanquàm abest *culpa*, suspicione tamen non caret. (Cic.)
18. Qui ad gloriam virtutis viâ grassatur neque *fortuna* eget. (Sall.)
19. Præstat *neminem* imperare quàm *aliquis* servire. (Cic.)
20. Omnes artes *humanitas* pertinent. (Cic.)
21. Nihil gloriosum esse potest quod *justitia* caret. (Cic.)
22. Populus *Alcides* gratissima, vitis *Bacchus*. (Virg.)
23. *Verorum* falsa non distant. (Cic.)

RÉGIME DES VERBES NEUTRES.

1. J'apprends à *secourir les malheureux.* (350)
2. *Des hommes indignes sont* souvent *favorisés* de la fortune. (351)
3. Timoléon aveugle assistait *aux affaires publiques et particulières.* (352)
4. Il ne *lui manqua* aucun honneur. (352)
5. Une tempête menace *l'Etat.* (354)
6. Cela *nous* arrive pour la première fois, et n'est jamais arrivé à *personne.* (355)
7. L'affaire tend *à la violence.* (356)
8. La Gaule abonde en *ruisseaux* et en *fleuves.* (357)
9. Nous favorisons *votre crédit* et nous *l'*augmentons. (358)
10. Je *n'obéirai* point à *mon ressentiment*, je ne *serai* point *esclave de la colère.* (350)
11. Si tu le peux, souviens-toi *d'être utile* même *à des inconnus.* (352)
12. Quiconque *épargne les méchants nuit aux bons.* (350)
13. Celui qui a coutume de mentir *n'est* pas très-*éloigné* du *parjure.* (353)
14. La dignité *appartient* aux *hommes.* (356)
15. Phocion *manquait* souvent *d'argent.* (357)
16. *Servir ses passions* est la plus cruelle servitude. (350)
17. Quoiqu'il soit *innocent*, il n'est cependant pas exempt de soupçon. (353)
18. Celui qui marche à la gloire par le chemin de l'honneur n'*a* pas *besoin de la fortune.* (357)
19. Il vaut mieux ne *commander à personne* que *d'être esclave de quelqu'un.* (350)
20. Tous les arts *regardent la civilisation.* (356)
21. Ce qui *manque de justice* ne peut être glorieux. (357)
22. Le peuplier *plaît* beaucoup à *Hercule*, et la vigne à *Bacchus.* (350)
23. Le faux *n'est* pas *loin* du vrai. (353)

24. Nihil *Cæsarem* minùs expedit ad diuturnitatem dominationis. (Cic.)
25. Nunc dicis aliquid, quod *rei* pertineat. (Cic.)
26. Antiochia *eruditissimorum hominum* affluebat. (Cic.)
27. Satisfacere *officium suum*. (Cic.)
28. Mors *senectutis* non longè abest. (Cic.)
29. Pelopidas *omnia pericula* adfuit. (C. Nep.)
30. Studere *res novas*. (Cic.)
31. *Optimas disciplinas* atque *artes* stude. (Cic.)
32. *Patriam* subvenire opitularique potest. (Cic.)
33. Monitio *acerbitatis* carere debet. (Cic.)
34. Gaude *istius tui* tàm excellentis *boni*. (Cic.)
35. Animi præstantia *omnia bona* corporis anteit. (Cic.)
36. Egemus *consilium*. (Cic.)
37. Socrates *omnes* præstitit *philosophos*. (Cic.)
38. Egere *alteri*. (Cic.)
39. Consulere *omnium*. (Cic.)

40. Miltiades erat inter suos dignitate regiâ, quamvis carebat *nominis*. (C. Nep.)

41. Nuntius *regis* venit. (T. Liv.)

42. Plerique *cujus* plurimùm sperant, etiamsi ille *horum* non eget, tamen *illum* potissimùm inserviunt. (Cic.)

43. Aristides interfuit *pugnam navalem* apud Salaminam. (C. Nep.)

CHAPITRE XIV.

Règles : *Me* pœnitet *culpæ meæ*. (359) — Incipit *me* pœnitere *culpæ meæ*. (360) — Refert, interest *reipublicæ*. (361) — Refert, interest *meâ, tuâ, nostrâ*, etc. (362) — Interest *tuâ unius*. (363) — Utriusque *nostrûm vestrûm, illorum* interest. (364) — Ad honorem *nostrum* interest. (365)

1. *Qui* pœnitet peccâsse penè est innocens. (Sen.)
2. Malo *ego fortuna* pœniteat quàm pudeat *victoria*. (Q. Curt.)

24. Rien n'est moins avantageux *à César* pour la durée de son empire. (355)

25. Vous dites maintenant quelque chose qui *a trait à la cause.* (356)

26. Antioche affluait des *hommes les plus savants.* (357)

27. *Satisfaire à son devoir.* (350)

28. La mort n'est pas bien éloignée de la *vieillesse.* (353)

29. Pélopidas fut présent *à tous les dangers.* (352)

30. *S'appliquer aux nouveautés.* (350)

31. Etudiez *les belles lettres* et *les arts.* (350)

32. Il peut secourir et aider *la patrie.* (350)

33. L'avertissement ne doit point avoir *d'amertume.* (357)

34. Réjouissez-vous *d'un* si *précieux avantage.* (357)

35. Les perfections de l'âme surpassent *tous les avantages* du corps. (350)

36. Nous avons besoin de *prudence.* (357, avec l'*abl.*)

37. Socrate l'emporta *sur tous les philosophes.* (350)

38. Avoir besoin *d'un autre.* (357, *dern. ex.*)

39. Veiller *aux intérêts de tous.* (350)

40. Miltiade avait le rang d'un roi parmi les siens, quoiqu'il manquât *du nom.* (357)

41. La nouvelle vint *au roi.* (350)

42. La plupart des hommes sont très-empressés *pour celui* dont ils attendent beaucoup, bien qu'il n'ait pas besoin *d'eux.* (350, 357, avec l'*abl.*)

43. Aristide fut présent *au combat naval* de Salamine. (352)

RÉGIMES DES VERBES IMPERSONNELS.

1. Celui *qui se repent* d'avoir mal fait est presque innocent. (359)

2. J'aime mieux avoir à *me repentir* de ma *fortune* que de rougir de ma victoire. (360)

3. Il est de l'intérêt de *tout le monde* de bien faire. (361)

4. *Il m'importe* plus qu'à *vous.* (362)

5. *Il nous importe beaucoup à tous les deux* que je te voie avant ton départ. (364, 498)

6. *Il importait* beaucoup *à la discipline* militaire d'accoutumer nos soldats à supporter l'ennui. (365)

3. Interest *omnes* benè facere. (Cic.)
4. Plus *meâ* quàm *tuâ* refert. (Cic.)
5. *Duobus nobis* magni interest ut te videam antequàm discedas. (Cic.)
6. *Disciplinæ* militiæ plurimùm intererat insuescere militem nostrum pati tædium. (T. Liv.)
7. *Regulus* non puduit *paupertas*.
8. Solet *is*, quùm aliquid furiosè fecit, pœnitere. (Cic.)
9. Nihil *illi* interest, quod in senatum non venias. (Cic.)
10. Quis in adolescentiâ pudorem, etiamsi *sua* nihil intersit, non tamen diligat? (Cic.)
11. *Cujus rei* istud refert? (Plaut.)
12. Nec *tu* miseret *nata*, nec *mater* miseret. (Virg.)
13. Dicebat Cæsar non tàm *sibi*, quàm *rempublicam* interesse, uti salvus esset. (Suet.)
14. Id *mihi* minimè refert, qui sum natu maximus. (Ter.)
15. Nunquàm *primum consiliium Deus* pœnitet. (Sen.)
16. *Tua* quo nihil refert ne cures. (Plaut.)
17. Nihil *mihi*, nihil *nobis* refert. (Cic.)
18. *Vobis*, qui summâ integritate vixistis, hoc maximè interest. (Cic.)

CHAPITRE XV.

REGLES : Amat *ludere*. (366) — Eo *lusum*. (367) — Venio *ad studendum* ou *ut studeam*. (368) — Redeo *ab ambulando*. (369) — Redibam *ab agris invisendis*. (370) — Vidi eum *ingredientem*. (371) — Vidi Mœrim *fieri lupum*. *Mihi* non licet esse *pigro*. (372) — Refert *adolescentis* esse *impigrum*. (373) — Te hortor *ad legendum*. (374) — Te hortor *ad legendam historiam*. (375) — Consumit tempus *legendo*. (376) — Dedit mihi *libros legendos*. (377) — Dedit mihi lectiones *ut eis studeam*. (378)

---

1. Discamus *ad componendum* vitam ad bona exempla. (Sen.)
2. Dives quod donat citò *rapere* venit. (Publ. Syr.)
3. Persæ ibant *studere* virtuti.

7. Régulus *n'eut* point *honte* de sa *pauvreté*. (359)
8. Lorsqu'il a eu un accès de fureur, il a coutume de *s'en* repentir. (360)
9. Il n'est d'aucun intérêt *pour lui* que vous ne veniez point au sénat. (361)
10. Quelle personne, quoique cela *ne lui importe* en rien, n'aime pas cependant la pudeur dans la jeunesse? (362)
11. *A quoi* cela importe-t-il? (365, avec *ad* entre les deux mots.)
12. *Tu n'as pitié ni de la fille ni de la mère.* (359)
13. César prétendait qu'il importait moins *à lui* qu'à *la république* qu'il fût sauvé. (362, 361.)
14. Cela ne *m'*importe pas à *moi* qui suis très-âgé. (362)
15. *Dieu* ne se repent jamais *de sa première résolution*. (359)
16. Ne vous occupez point de ce qui ne *vous importe* pas. (362)
17. Il ne *m'*importe pas, il ne *nous* importe nullement. (362)
18. Cela *vous* intéresse beaucoup, *vous* qui avez toujours été d'une parfaite intégrité. (362)

VERBE COMPLÉMENT D'UN AUTRE VERBE.

1. *Apprenons à régler* notre vie sur les bons exemples. (366)
2. Le riche *vient reprendre* bientôt ce qu'il donne. (367)
3. Les Perses *allaient étudier* la vertu. (368)
4. Mon esprit est loin d'être disposé *à écrire*. (369)
5. La vieillesse *détourne d'administrer* les affaires. (370)
6. Lorsque *j'entendais Attale discourir* sur les maux de la vie, j'avais pitié du genre humain. (371)
7. Il ne vous est pas permis d'être *oisif*. (372)
8. Il montre beaucoup d'esprit *à inventer*. (374)
9. Alcibiade *était porté à délivrer sa patrie*. (375)
10. L'occasion se perd souvent *à délibérer*. (376)
11. Nous donnons aux enfants des maximes *à apprendre*. (377)
12. J'avais résolu *de vivre* avec lui dans la plus grande intimité. (366)

4. *Scribere* abhorret animus. (Cic.)
5. Senectus res gerere abstrahit. (Cic.)
6. Cùm *Attalus* audirem in mala vitæ *perorare*, **misertus sum generis humani.** (Sen.)
7. Tibi non licet esse *otiosus*. (Cic.)
8. Multùm habet ingenii *fingere*. (Cic.)
9. Alcibiades *patria liberare* ferebatur. (Nep.)
10. *Deliberare* sæpè perit occasio. (P. Syr.)
11. Pueris sententias *ediscere* damus. (Sen.)
12. Decreveram cum illo valdè familiariter *vivendi*. (Cic.)
13. *Scitare* oracula Phœbi mittimus. (Virg.)
14. Aristotelem in philosophiâ non deterruit *scribere* amplitudo Platonis. (Cic.)
15. *Augere* hominum *utilitates* recessit. (Cic.)
16. Timoleon lumina oculorum amisit, neque *is queri* quisquam audivit. (C. Nep.)
17. Annibali non licuit *incolumis* cedere ex hostium terrâ. (T. Liv.)
18. Utilitas homines impellit *discere*. (Cic.)
19. Homo multa habet instrumenta *adipisci scientia*. (Cic.)
20. Themistocles neque minùs *res gerere* promptus quàm *excogitare* erat. (C. Nep.)
21. Cyrus infans datur *occidi* Harpago. (Just.)
22. *Ferendo* laborem consuetudo docet. (Cic.)
23. Galli gallinacei cum sole eunt *cubare*. (Plin.)
24. Quocumquè te flexeris, ibi *Deus* videbis *occurere* tibi. (Sen.)
25. Multitudo pecudum partìm *vesci*, partìm ad cultus agrorum, partìm *vehere*, partìm *corpora vestire* facta est. (Cic.)
26. Noli, Cæsar, *conservare boni viri* te fatigari. (Cic.)
27. *Vincendi* scis, Annibal; *victoriæ utendi* nescis. (T. Liv.)
28. Ne bonos omnes *perdere* eant. (Sall., 367)
29. Utilitatis magnitudo debet homines *suscipere* discendi *labor* impellere. (Cic.)
30. Convenit quùm *dare* munificum esse, tùm *exigere* non acerbum. (Cic.)
31. Lacedæmonii Agesilaum *bellare* miserunt in Asiam. (C. Nep.)

13. Nous *envoyons consulter* l'oracle de Phébus. (367)
14. L'étendue de la philosophie de Platon n'effraya point Aristote quand il voulut *écrire* la sienne. (369)
15. Il a renoncé *à augmenter les ressources* de ses semblables. (370)
16. Timoléon perdit la vue, et personne ne *l'entendit se plaindre*. (371)
17. Il ne fut pas possible à Annibal de se retirer *sain et sauf* du territoire ennemi. (372)
18. L'intérêt engage les hommes *à apprendre*. (374)
19. L'homme a beaucoup de moyens *d'acquérir* de la science. (375)
20. Thémistocle n'était pas moins prompt *à exécuter des projets* qu'à les *imaginer*. (376)
21. Cyrus enfant est remis à Harpagus *pour être tué*. (377)
22. L'habitude apprend à *supporter* le travail. (366)
23. Les coqs vont *se coucher* avec le soleil. (367)
24. De quelque côté que vous vous tourniez, là vous verrez *Dieu se présenter* à vous. (371)
25. La multitude des animaux a été créée en partie *pour* nous *nourrir*, en partie pour la culture des terres, en partie *pour porter des fardeaux* (374), en partie *pour vêtir nos corps*. (375)
26. Ne vous lassez point, César, *de sauver des hommes vertueux*. (376)
27. Tu sais *vaincre*, Annibal; mais tu ne sais pas *profiter de la victoire*. (366, 346)
28. Qu'ils *n'aillent* point *perdre* tous les gens de bien.
29. Les grands avantages de l'étude doivent engager les hommes *à y appliquer leur travail*. (375)
30. Il convient autant de se montrer noble en *donnant*, qu'humain *en exigeant*. (376)
31. Les Lacédémoniens envoyèrent Agésilas *faire la guerre* en Asie. (367)
32. Nous ne pouvons *changer* le passé. (366)
33. Mon frère et moi avons eu l'avantage d'être désignés *préteurs*. (372)
34. Il faut mettre son attention *à remplir ses devoirs*. (376, avec *in* dernier ex.)

32. Præterita *mutendi* non possumus. (Cic.)
33. Mihi fratrique contigit *prætores* destinari. (Vell.)
34. *Officia persequi* animi est adhibenda contentio. (Cic.)
35. Qui *mentiendi* solet, *perjurando* consuevit. (Cic.)
36. Annibal patriam *defendere* revocatus est. (C. Nep.)
37. Animi contentionem adhibere *legere*. (Cic.)
38. Sapiens non dubitat, si ità melius sit, è vitâ *migrandi*. (Cic.)

CHAPITRE XVI. — RÈGLES PARTICULIÈRES

Règles : Pater amat *suos* liberos, at *eorum* vitia odit. (380) — *Sua* eum commendat modestia. (380) — *Sua* hominem perdet ambitio. (380) — *Suum* Cæsari gladium restitui. (380) — *Ejus* indoles est optima. (382)

1. Romani domos *illorum* gloriâ decorabant. (Sall.)
2. Metapontes Pythagoram ità admirati sunt ut ex domo *suâ* templum facerent. (Just.)
3. Illum ulciscentur mores *ejus*. (Cic.)
4. Trahit *ejus* quemque voluptas. (Virg.)
5. Qui totos dies immolabant, ut sibi *eorum* liberi superstites essent, superstitiosi sunt appellati. (Cic.)
6. Cato semper fortunam in *illius* potestate habuit. (Vell. Paterc.)
7. *Suus* amicus me convenit. (Bist.)
8. Ab eâ pœnas liberi *ejus* petere debuerunt. (Cic.)
9. *Ejus* cuique virtuti laus debetur. (Cic.)
10. Nihil magnificum suscipere possunt qui *illorum* omnes cogitationes abjecerunt in voluptatem. (Cic.)
11. Annibalem *ejus* cives è civitate ejecerunt. (Cic.)
12. Vespasianus inimicitias obliviscebatur, adeò ut Vitellii hostis *ejus* filiam locupletissimè dotaverit. (A. Vict.)
13. Ibant inter quas Ochi filiæ, sed tùm sortem *suam* crudeliùs aggravante fortunâ. (Q. Curt.)
14. Narbazenes et Bessus Artabazum orabant, ut causam *suam* tueretur. (Q. Curt.)
15. Æquis judex *illius* cuique jus tribuit. (Bist.)

RÈGLES PART. SUR QUELQ. ADJECT. ET QUELQ. PRON. 115

35. Celui qui a coutume *de mentir* s'habitue *à se parjurer*. (366)

36. Annibal fut rappelé *pour défendre* sa patrie. (367)

37. Appliquer l'attention de son esprit *à lire*. (376)

38. Le sage n'hésite pas *à quitter* la vie, s'il y a avantage à le faire. (366)

QUELQUES ADJECTIFS ET QUELQUES PRONOMS.

1. Les Romains décoraient *leurs* maisons par leur gloire. (380)
2. Les Métapontins admirèrent tellement Pythagore qu'ils firent un temple de *sa* maison. (382)
3. *Ses* mœurs *le* vengeront. (380)
4. Le penchant *de chacun l'*entraîne. (380)
5. On appela superstitieux les gens qui passaient des journées entières à faire des sacrifices pour que *leurs* enfants leur survécussent. (381)
6. Caton eut toujours la fortune en *sa* puissance. (380)
7. *Son* ami est venu me trouver. (382)
8. *Ses* enfants ont dû *la* punir. (380)
9. A chaque mérite revient *sa* gloire. (380)
10. Ils ne peuvent concevoir rien de grand, ces hommes qui ont sacrifié toutes *leurs* pensées à la volupté. (380)
11. Les concitoyens d'*Annibal le* bannirent. (380)
12. Vespasien oubliait tellement les inimitiés, qu'il dota très-richement la fille de Vitellius *son* ennemi. (380)
13. Parmi elles marchaient les filles d'Ochus, mais la fortune alors aggravait trop cruellement *leur* sort. (382)
14. Narbazane et Bessus priaient Artabaze de défendre *leur* cause. (383)
15. Le juge équitable donne à chacun *son* droit. (380)
16. La flotte d'Othon fit mourir la mère d'Agricola dans *ses* terres. (380)
17. Je ne m'approprierai point la gloire de *leur* travail. (382)

Exerc. Lat. Aug. Br.

16. Classis Othoniana matrem Agricolæ in prædiis *ejus* interfecit. (Tac.)
17. Neque gloriam meam laborem *suum* faciam. (Sall.)
18. Dignus erat Hortensius majoribus *ejus*. (Cic.)
19. Græciam redigere in *ejus* potestatem voluerat. (C. Nep.)
20. Homerum Colophonii civem esse dicunt *eorum*; Smyrnæi verò *eorum* esse confirmant. (Cic.)
21. Orator pervestigat quid *ejus* cives cogitent. (Cic.)
22. Quùm Metellus Tusculanum peteret, corvi duo in os *suum* adversum advolaverunt. (Val. Max.)

TEL QUE.

RÈGLES : Non *is* sum qui *tu*. (385) — *Is* ou *talis* fuit pater meus. (386) — *Quidam* hodiè rident *qui* cras flebunt. (387) — *Qui* pater est, *is* est filius. (388) — *Ea* esse debet liberalitas, *ut* nemini noceat. (389) — *Quis hujusmodi* puerulos non amet. (390)

1. *Tales* simus qui haberi volumus. (Cic.)
2. Talis erat Dido, *quam* se læta ferebat. (Virg.)
3. *Talis* vita, talis hominibus oratio fuit. (Sen.)
4. Ea charitas patriæ esse debet, *quæ* eam morte nostrâ *servamus*. (T. Liv.)
5. Nomen legati *talis* esse debet, quod non modò inter sociorum jura, sed etiam inter hostium tela incolume versetur. (Cic.)
6. Moveor tali amico orbatus, *qui* nemo unquàm erit. (Cic.)
7. *Quem* nosti, is talis est. (Cic.)
8. *Quàm* sumus, tales esse videamur. (Cic.)
9. *Talis* perturbatio est omnium rerum, *quàm* suæ quemque fortunæ maximè pœniteat. (Cic.)
10. *Tales* res parvi facio. (Cic.)
11. *Talis* haberi vis, is esse debes. (Cic.)

DE MÊME QUE.

RÈGLES : Non *idem es* ergà me *qui* fuisti olim. (391) — Homo *ipse*. (392) — Avarus sibi *ipse* nocet. (393) —

18. Hortensius était digne de *ses* ancêtres. (380)

19. Il avait voulu soumettre la Grèce en *sa* puisssance. (380)

20. Les habitants de Colophon prétendent qu'Homère est *leur* compatriote, et ceux de Smyrne soutiennent qu'il est *le leur*. (380)

21. L'orateur cherche à deviner ce que pensent *ses* concitoyens. (380)

22. Comme Métellus se rendait à sa maison de Tusculum, deux corbeaux se jetèrent en volant sur *sa* figure. (380)

TELLE QUE.

1. Soyons *tels que* nous voulons paraître. (385)
2. *Telle* était Didon, *telle* elle se présentait avec joie. (386)
3. *Telle* fut la vie des hommes, tel fut leur langage. (388)
4. L'amour pour la patrie doit être *tel que* nous *périssions* pour la sauver. (389)
5. Le nom d'un député doit être *tel* qu'il demeure intact, non-seulement au milieu des droits sacrés de l'alliance, mais même au milieu des traits des ennemis. (390, avec *ejusmodi*.)
6. Je m'afflige d'être privé d'un ami *tel* qu'il n'y en aura jamais. (385, 2ᵉ *ex.*)
7. Cet homme est *tel que* vous le connaissez. (385)
8. Montrons-nous *tels que* nous sommes. (385, 2ᵉ *ex.*)
9. *Tel* est le bouleversement de toutes les idées, *que* chacun trouve son sort le plus malheureux. (389)
10. J'estime peu *de telles choses*. (390, 2ᵉ *ex.*)
11. *Tel* vous voulez paraître, *tel* vous devez être. (388, 1ᵉʳ *ex.*)

LE MÊME QUE.

1. Un esclave est de la même nature *que* toi. (391)
2. La terreur de Carthage, *Scipion lui-même*, labourait son champ. (392)

Vetustas ferrum *ipsum* exedit. (394) — Eum *ne* vidi quidem. (395) — Illum *perindè* amo *ac si* esset frater meus. (396) — Non *item* de Romanis. (397) — Imperium sine fine dedi, *quin* aspera Juno consilia in melius referet. (398)

1. Servus ejusdem naturæ est *quàm* tu. (Sen.)
2. Carthaginis horror, Scipio, terram *idem* subigebat. (Sen.)
3. Virtus est per se *ipsam* laudabilis. (Cic.)
4. Fac ut diligentissimè te *ipse* custodias. (Cic.)
5. Neque contrà rempublicam, neque contrà jusjurandum ac fidem, amici causâ, vir bonus faciet, ne si judex *etiam* erit de ipso amico. (Cic.)
6. *Sicut* absentes quàm præsentes amici Attico erant curæ. (C. Nep.)
7. Rubigo ferrum consumit, *sicut* homines inertia. (Aul. Gell.)
8. Famæ fuit Sabrium destinavisse imperium Senecæ, *item* et verba vulgabantur. (Tac.)
9. Cimon Miltiadis filius, incidit in eamdem invidiam *ut* pater suus. (C. Nep.)
10. Qui mala magno animo fert, *easdem* miserias in gloriam vertit. (Sen.)
11. Non egeo medicinâ; me *ipsum* consolor. (Cic.)
12. *Ut* nihil pace deorum opus sit, omnes cæremonias polluimus. (T. Liv.)
13. Quædam *item* virtutes odio sunt. (Tac.)
14. Crassus, cùm Asiæ præesset, jus cuique reddebat eâdem linguâ *quàm* quisque postulâsset. (Quintil.)
15. Nihil commutantur animo, et iidem abeunt *quàm* venerant. (Cic.)
16. *Non etiam* inimicis irascendum est. (Sen.)
17. Toto die scribo, *et etiam* noctibus. (Cic.)

AUTRE, L'UN, L'AUTRE.

Règles : Non *alius* est *quàm* erat olim. (399) — *Alius* est pater, *alia* progenies. (400) — *Quivis alius* populus ac Romanus despondisset animum. (401) — *Longè alius* es *atque* eras. (402) — Quære *uter utri* insidias fecerit. (403) — *Alii* ludunt, cantant alii. (404) — *Alter* ou *unus* ait, negat *alter*. (405) — *Alii aliis* rebus delectantur.

3. La vertu est louable par *elle-même*. (393)

4. Faites en sorte *de vous garder* avec le plus grand soin. (394)

5. Un homme de bien ne fera rien, *pas même s'il était le juge de son ami*, ni contre l'Etat, ni contre le serment et la fidélité. (395)

6. Atticus s'intéressait à ses amis absents *de même que* présents. (396)

7. La rouille consume le fer, *de même* l'oisiveté consume les hommes. (397)

8. Le bruit se répandit que Sabrius avait destiné l'empire à Sénèque, *et même* ses propres paroles étaient divulguées. (398)

9. Cimon, fils de Miltiade, fut en butte à la même haine *que* son père. (391)

10. Celui qui supporte ses maux avec un grand courage, change en gloire *les peines elles-mêmes*. (392)

11. Je n'ai pas besoin de la médecine ; je trouve ma consolation *en moi-même*. (393)

12. *Comme si* nous n'avions pas besoin du secours des Dieux, nous profanons toutes leurs cérémonies. (396)

13. *Et même* quelques vertus sont exposées à la haine. (398)

14. Lorsque Crassus gouvernait l'Asie, il rendait la justice à chacun dans la même langue *qu*'on le lui avait demandé. (391)

15. Il ne s'opère en eux aucun changement, et ils s'en vont *les mêmes qu*'ils étaient venus. (391)

16. Il *ne* faut *pas même* s'irriter contre des ennemis. (395)

17. J'écris tout le jour *et même* la nuit. (398, avec *quin etiam*.)

AUTREMENT QUE.

1. Il y a dissimulation lorsqu'on parle *autrement qu*'on ne pense. (399, avec *ac*.)

2. On vit *autrement* avec un tyran *qu*'avec un ami. (400)

3. Les choses nous sont annoncées *tout autres* que tu ne nous avais écrit. (402)

4. Je ne sais *lequel des deux* a trompé *l'autre*. (403)

(406) — *Neuter alterum* amat. (407) — *Alterutrum* ad te mittam. (408) — Cœpit vesci *singulis*. (409) — *Prior* semper ridebat, *posterior* indesinenter flebat. (410) — *Hic* semper ridebat, *ille* indesinenter flebat. (411) — *Uter* demutaverit, pecuniâ mulctabitur. (412)

---

1. Dissimulatio est, quùm alia dicuntur *quàm* sentias. (Cic.)
2. Aliter cum tyranno *quàm* cum amico vivitur. (Cic.)
3. *Omnia* alia nobis ac tu scripseras nuntiantur. (Cic.)
4. Nescio *quis alterum* fefellerit. (Cic.)
5. Nunquàm *unum* natura, aliud sapientia dicit. (Just.)
6. Alexander duas in Italiâ urbes condidit, *aliam* Nicæam, *aliam* Bucephalem vocavit. (Just.)
7. Aliud *alteris* videtur optimum. (Cic.)
8. Eodem modo de Aristotele et Isocrate sentio, quorum *alius* contempsit *alium*. (Cic.)
9. Donec *unum aut alium* victoria coronet. (Hor.)
10. *Quorumque* abstinentia domestica publicum civitatis decus est. (Cic.)
11. Constamus animo et corpore; *primum* nobis commune est cum diis, *secundum* cum belluis. (Sall.)
12. Gloriam bonus, ignavus exoptant; *hic* verâ viâ nititur, *illi* bonæ artes desunt. (Sall.)
13. Quæritur ex duobus *quis* dignior, ex pluribus *quis* dignissimus. (Cic.)
14. Non alius essem *ut* nunc sum. (Cic.)
15. *Omne* aliter se habet ac... (Cic.)
16. In *alia* miseris perfugium erat, in *alio* malis pernicies. (Sall. *de Cæsare et Catone*.)
17. Aliud *alteris* annis magis convenit. (Quint.)
18. Cœpit *quosque* illicere lupus. (Phæd.)
19. Duas à te accepi epistolas; respondebo igitur *primæ* priùs. (Cic.)
20. *Illi* in armis sunt, *hi* domi remanent. (Cæs.)
21. Divitias *quidam* præponunt, bonam alii valetudinem. (Cic.)
22. *Primæ secunda* pars non jungitur. (Cic.)
23. Nec aliud Rhadamisto subsidium fuit *ut* pernicitas equorum. (Tac.)
24. Aliter accidit *quàm* homines arbitrati sunt. (Cic.)

5. La nature ne dit jamais *une chose* et la sagesse *une autre*. (404)

6. Alexandre fonda deux villes dans l'Inde; il nomma *l'une* Nicée, *l'autre* Bucéphale. (405, avec *unus* et *alter*.)

7. Les uns trouvent la perfection dans une chose, *les autres* dans *une autre*. (406)

8. Je juge de la même manière d'Aristote et d'Isocrate, qui se méprisèrent *l'un l'autre*. (407)

9. Jusqu'à ce que la victoire couronne *l'un ou l'autre*. (408)

10. La vertu domestique *de chacun* est l'honneur national de l'Etat. (409)

11. Nous sommes composés d'un esprit et d'un corps : *le premier* nous est commun avec les dieux; *le second* avec les animaux. (410)

12. L'homme d'honneur et le lâche désirent la gloire ; *celui-là* y tend par la véritable route, les moyens légitimes manquent à *celui-ci*. (411)

13. Sur deux sujets, on choisit *celui qui* est le plus digne ; sur un plus grand nombre, on en veut un très-digne. (412)

14. Je ne serais pas *autre que* je suis maintenant. (399)

15. Il se conduit tout *autrement que*... (402)

16. Salluste a dit de César et de Caton : dans *l'un* était l'asile des malheureux, dans *l'autre* le fléau des méchants. (305, avec *alter* répété.)

17. *Une chose plaît* dans un temps plus que dans un *autre*. (406)

18. Le loup commença à les attirer *l'un après l'autre*. (409)

19. J'ai reçu deux lettres; je répondrai donc d'abord *à la première*. (410)

20. *Ceux-ci* restent sous les armes, *ceux-là* restent à la maison. (411)

21. *Les uns* préfèrent les richesses, *les autres* la santé. (404)

22. La *première* partie ne tient pas *à la seconde*. (410)

23. Rhadamiste n'eut pas *d'autre* secours *que* la vitesse de ses chevaux. (399)

24. Il arrive *autrement que* l'on ne croyait. (399, avec *atque*.)

25. *Quævis* alia nobis *quàm* tu scripseras nuntiantur. (Cic.)
26. *Neque alter neque alterum* diligit. (Cic.)
27. *Qui duorum* fortiùs pugnabit, is vincet profectò. (Cic.)

PRONOM *SE*.

RÈGLES : Superbus *se* laudat, *sibi* blanditur. (413) — Vox illa *invenitur* apud Phædrum. (414) — *Si se* dederit occasio. (415) — Petrus et Joannes *se invicem* laudant. (416)

1. Bis vincit qui *sui* imperat et *sui* vincit in victoriâ. (Sen.)
2. Valetudo *se sustentat* continentiâ. (Cic.)
3. Justitia propter *illam* colenda est. (Cic.)
4. Stulti... laudare amant. (Sen.)
5. Graculus *eum* pavonum immiscuit gregi. (Phæd.)
6. Homo doctus divitias in *eo* habet. (Phæd.)
7. Memoria *se auget* curâ. (Quint.)
8. Scævolam *sui* prætulit. (Cic.)
9. Damon et Pythias fidelem.... amicitiam junxerant. (Valer.)
10. Diogenes jussit *sui* projici inhumatum. (Cic.)

QUEL, QUELLE.

RÈGLES : *Quæ* ou *quænam* mater liberos suos non amat? (417) — *Quota* hora est? *Septima.* (418) — *Quanta* nobis instat pernicies! (419) — *Quantacumque* sit ejus memoria, multa tamen obliviscitur. (420) — *Utracumque* pars vicerit, tamen perituri sumus. (421) — *Quodcumque* consilium capias. (422) — *Quotcumque* apud ingratum officia posueris, nunquàm satis multa contuleris. (423) — *Quantumvis* sit doctus, multa tamen ignorat. (424) — *Quantuscumque, quantuluscumque,* etc. (425)

1. Quis alienus *fidelis* invenies, si tuis hostis fueris? (Sall.)

25. On nous annonce des choses *tout autres que* ce que vous nous aviez écrit. (402, avec *ac.*)

26. Ils ne s'aiment *ni l'un ni l'autre*. (407)

27. *Celui des deux qui* combattra le plus vaillamment, remportera sûrement la victoire. (412)

PRONOM *SE*.

1. Il est deux fois vainqueur, celui qui *se* commande et *se possède* dans la victoire. (413, 315)

2. La santé *se conserve* par la tempérance. (414)

3. La justice *se* rend honorable par *elle-même*. (415, 1ᵉʳ exemple.)

4. Les sots aiment à *se* louer. (416, 1ᵉʳ ex.)

5. Le geai *se* mêla à la troupe des paons. (413, 315)

6. L'homme instruit porte en *lui* un trésor. (413)

7. La mémoire *s'augmente* par l'exercice. (414)

8. Il *s'*est préféré Scévola. (413, 319)

9. Damon et Pythias *s'étaient liés l'un à l'autre* d'une amitié fidèle. (416, 2ᵉ ex.)

10. Diogène ordonna qu'on *le* jetât sans sépulture. (413, 617)

QUELQUE, QUE.

1. *Quel* étranger trouverez-vous *fidèle*, si vous êtes l'ennemi de vos parents ? (417, avec *quis*.)

2. *Quelle* heure est-il ? *huit* heures. (418)

3. *Quelles* choses fit Alexandre avec un petit nombre d'hommes, *quels* peuples *il vainquit* ! (419, 325)

4. *Quel qu'*il soit, je me déclare son ennemi. (420, avec *quicumque*.)

5. Il n'y a aucune guerre civile où ne dût être quelque forme de république, *qui que ce fût* des deux partis *qui* eût eu le dessus. (421)

6. *Quel* âge vous parais-je avoir ? (417, dernier ex.)

7. *Quel que* soit Alexandre aux yeux des lâches, il n'est toujours qu'un homme. (420, avec *quantuscumque*, etc.)

2. Horæ *quæ* est? *octo.* (Hor.)

3. Alexander *quæ res* cum paucitate gessit, *quique populi* fudit! (Just.)

4. *Quis* is est, ei me profiteor inimicum. (Cic.)

5. Nullum bellum civile fuit, in quo bello non, *quæcumque* pars vicisset, tamen aliqua forma esset futura reipublicæ. (Cic.)

6. *Quod* ego tibi ætatis videor? (Plaut.)

7. Alexander *quicumque* ignavis videri potest, unum animal est. (Q. Curt.)

8. Ea bona, *quæcumque* erant, suis comitibus descripsit. (Cic.)

9. Sapiens eo semper est animo ut, *quemvis* casum fortuna invexerit, hunc aptè et quietè ferat. (Cic.)

10. *Quanticumque* prudens sis. (Cic.)

11. *Quæcumque* sit vita, sapienti sufficit. (Sen.)

12. Locupletare amicos *utrácumque* ratione. (Cic.)

13. *Quodcumque* facis, respice ad mortem. (Sen.)

14. *Quicumque* sit Alexander, unus homo est. (Q. Curt.)

15. *Quantùmvis* sit æstimanda doctrina, multò præstat virtus. (Sen.)

16. *Quodcumque* agas, age pro viribus. (Cic.)

17. *Quâcumque* re indigeas, præsto ero. (Cic.)

PRONOMS *CELUI, CEUX, CELLE, CELLES.*

RÈGLES : Animi dotes corporis *dotibus* longè præstant. (426) — Deus *qui* regnat est æternus. Adolescens *cujus* interest, libri *quibus* utor, etc. (427) — Romulus *à quo* Roma condita fuit. (428, 429) — *Is per quem* veniam impetravi. (430) — Pauperes *quos* amare et *quibus* opitulari debemus. (358) — Animal *quem* vocamus leonem. (431) — *Quas* scripsisti litteras, *eæ* mihi fuerunt jucundissimæ. (432)

---

1. Quæ melior natura quàm *illa* eorum qui se natos ad homines juvandos, tutandos, conservandos arbitrantur? (Cic.)

2. Commoda *quæ* utimur, lux *quæ* fruimur, spiritus *qui* ducimus à Deo nobis dantur. (Cic.)

3. Caïnus filium Enoch habuit, *per quem* prima civitas condita est. (Sulp. Sev.)

8. Il distribua ses biens à ses compagnons, *quelque grands* qu'ils fussent. (420)

9. Telle est l'âme du sage que, *quelque coup que* lui porte la fortune, il le supporte avec résignation. (421, 1er exemple.)

10. *Quelque* prudent que vous soyez. (424)

11. *Quelle que* soit la vie, elle suffit au sage. (425, 2e ex.)

12. Enrichir ses amis par *quelque* moyen que ce soit. (422, 1er ex.)

13. *Quoi que* vous fassiez, pensez à la mort. (422, avec *quidquid.*)

14. *Quel que* soit Alexandre, il n'est cependant qu'un homme. (422, 2e ex.)

15. *Quelque estimable* que soit la science, la vertu l'emporte de beaucoup. (424, 2e ex.)

16. *Quoi que* vous fassiez, agissez selon vos forces. (422, avec *quidquid.*)

17. De *quelque* chose *que* vous ayez besoin, je serai prêt. (422, avec *qualiscumque.*)

QUI, QUE, DONT.

1. Quel plus beau caractère que *celui* de ceux qui se croient nés pour secourir les hommes, pour les défendre, pour les conserver ! (426, Rem.)

2. Les avantages *dont nous nous servons*, la lumière *dont nous jouissons*, le souffle *que nous respirons*, nous viennent de Dieu. (427)

3. Caïn eut pour fils Enoch, *par qui* fut fondée la première ville. (428)

4. Les mêmes moyens *par lesquels* un empire a été acquis le conservent. (429)

5. Ils ont résolu de se venger *par vos mains.* (430)

6. Olynthe *que* Philippe attaqua (325), prit (346) et brûla.. (319, 358)

7. *L'animal que* nous appelons homme. (431)

8. Nous travaillerons surtout *aux choses* pour *lesquelles* nous aurons le plus d'aptitude. (432)

4. Iisdem artibus *per quas* partum est, retinetur imperium. (Cic.)
5. Statuerunt injurias *à vobis* ulcisci. (Cic.)
6. Olynthus *quæ* Philippus obsedit, *quæ* potitus est, et *quæ* faces subdidit. (Just.)
7. Animal *qui* vocamus hominem. (Cic.)
8. Ad *eas* res aptissimi erimus, in *quibus* potissimùm elaborabimus. (Cic.)
9. Meam fortunam quàm *illam* victoris maluisti sequi. (Q. Curt.)
10. Homines non requirunt rationes earum rerum *qui* semper vident. (Cic.)
11. Arbores serit agricola *qui* fructus aspiciet **nunquàm.** (Cic.)
12. Nullum est animal præter hominem, *qui* habeat notitiam aliquam Dei. (Cic.)
13. Pompeius *qui* imperii decus et ornamentum fuit. (Cic.)
14. Themistocles de servis suis *qui* habuit *fidelissimus* ad Xerxem misit. (C. Nep.)
15. Absurdè facis, *cujus* angas te animi. (Plaut.)
16. Solidissima pars ea corporis est, *quæ* frequens usus agitavit. (Sen.)
17. Major est animi voluptas quam *illa* corporis. (Cic.)
18. Satis longa vita est, *cui* benè collocatur. (Sen.)

PRONOM ON, L'ON.

RÈGLES : Virtus *amatur*. (434) — Adolescentibus **non** modò non *invidetur*, verùm etiàm *favetur*. (435) — *Amant* virtutem (436) — *Homines* pœnitet malè vixisse, etc. (437) — *Nemo* sine virtute *potest* esse beatus. (438) — *Qui* bonum alienum appetit, meritò amittit proprium. (439) — Si *quis* te interroget. (440) — *Videas homines* qui honores appetant. (441) — Pueri *docentur* grammaticam. (442)

1. *Maximam* senibus *debeo reverentiam*. (Sen.)
2. Mendaci, ne verum quidem dicenti, *credo*. (Phæd.)
3. Facilè cùm *valeo* recta consilia ægrotis *do*. (Ter.)
4. Otiosæ vitæ tædet... (Cic.)

9. Vous avez mieux aimé suivre ma fortune que *celle* du vainqueur. (426, Rem.)

10. Les hommes ne cherchent point à se rendre compte des *choses qu'*ils ont sans cesse sous les yeux. (427)

11. Le laboureur plante *des arbres dont* il ne verra jamais les fruits. (427, 277)

12. Il n'est point *d'animal*, excepté l'homme, *qui* ait quelque connaissance de Dieu. (427, 259)

13. Pompée *qui* fut *l'honneur et l'ornement* de la république. (434)

14. Thémistocle dépêcha vers Xerxès celui de ses serviteurs *qu'*il regardait comme *le plus fidèle*. (427)

15. Vous agissez sans raison, *vous qui* vous tourmentez l'esprit. (427)

16. La partie du corps la plus solide est celle *qu'*un fréquent usage a exercée. (427)

17. Le plaisir de l'âme est plus doux que *celui* du corps. (426, Rem.)

18. La vie *qui* est bien employée est assez longue. (427)

PRONOM *ON*, *L'ON*.

1. *On doit le plus grand respect* aux vieillards. (434)
2. *On ne croit* point le menteur, même quand il dit la vérité. (435)
3. Quand *on se porte bien on donne* facilement de bons conseils aux malades. (436) *
4. *On s'ennuie* d'une vie oisive. (437)
5. *On n'aime pas* fidèlement celui que *l'on* méprise. (438)
6. *Lorsqu'on* se loue soi-même, on trouve bientôt un railleur. (439)
7. *Si l'on* t'a offensé. (440)

---

* Dans la correction de ce numéro, employez les deux verbes à la première personne du pluriel.

5. *Non* fideliter diligit quem fastidit. (Q. Curt.)
6. Cùm se laudat, citò derisorem invenit. (Publ. Syr.)
7. *Si* te *lœdo*.
8. *Reperiunt* multos, quibus periculosa consilia quietis splendidiora *videntur*. (Cic.)
9. *Athenodorum* omnia *doceo*. (Plin.)
10. *Æmulationem excito* laude. (Quint.)
11. *Eo* in viscera terræ. (Ovid.)
12. Maximè *admiror* eum qui non pecuniâ movetur. (Cic.)
13. Amicitia non potest manere, si à virtute *deficio*. (Cic.) *
14. Demetrius Phalereus orator parùm vehemens, dulcis tamen, ut Theophrasti discipulum *possim* agnoscere. (Cic.)
15. Frustrà scientiam *docent nobis* si quidquid audimus præterfluit. (Sen.)
16. Propter virtutem jure *laudor*. (Cic.)
17. Uno momento *fleo rideoque*. (Cic.)
18. Verborum interpretationes etymologiam *appello*. (Cic.)
19. Ubi *aliquis* semel pejeraverit, ei non creditur posteà. (Cic.)
20. Nimis multos *vident* homines qui honores appetant. (Cic.)
21. *Si omnibus Diis hominibusque nostræ actiones celo*, nihil injustè esset faciendum. (Sen.)
22. Pravitates animi vitia *dico*. (Cic.)
23. Si *aliquis* anteà mirabatur, ex hoc tempore miretur potiùs. (Cic.)
24. *Existimor* adepti esse prudentiam. (Cic.)

QUI INTERROGATIF.

REGLES : Quis *vestrûm*, ou *ex vobis*, ou *inter vos* ? (443) — *Uter* est doctior, tu*ne*, *an* frater ? (444) — *Quis* te vocavit ? *Quem* vocas ? (445) — *Quis* te redemit ? *Jesus-Christus*. (446) — *Cujusnam* interest ? meâ. (447) —

* Tournez le verbe *deficio* par la seconde personne du *sing.* du *subj.* dans la correction.

8. *On trouve* beaucoup de gens aux yeux desquels les résolutions hasardeuses *ont* plus d'éclat que les résolutions calmes. (441)

9. *On instruit* Athénodore de tout. (442)

10. *On excite l'émulation* par la louange. (434)

11. *On est descendu* dans les entrailles de la terre. (435)

12. *On admire* surtout celui qui n'est point excité par l'amour de l'argent. (436)

13. L'amitié ne peut subsister *si l'on s'écarte* de la vertu. (440)

14. Démétrius de Phalère était un orateur peu véhément, mais plein de douceur, si bien qu'on *pouvait* reconnaître en lui le disciple de Théophraste. (441, 1ᵉʳ ex.)

15. C'est en vain que *l'on nous enseigne* les sciences, si tout ce que nous entendons s'échappe de notre souvenir. (442, premier ex.)

16. *On nous loue* justement pour notre vertu. (434)

17. *On rit* et *l'on pleure* dans un moment. (435)

18. *On appelle* étymologie l'interprétation des mots. (436)

19. Dès qu'on s'est une fois parjuré, on n'est plus cru dans la suite. (440, Rem.)

20. *On trouve* trop de gens qui aspirent aux honneurs. (441, premier ex.)

21. Quand même *on cacherait ses actions à tous les Dieux* et à *tous les hommes*, il ne faudrait rien faire d'injuste. (442-328)

22. *On appelle vices* les travers du cœur. (434)

23. *Si l'on* s'étonnait précédemment, que l'on s'étonne plutôt aujourd'hui. (440)

24. *On pense* que nous avons acquis de la prudence. (434)

QUI INTERROGATIF.

1. *Qui* n'admirerait pas l'éclat et la beauté de la vertu ? (443, 2ᵉ ex.)

2. *Est-ce* votre faute *ou* la nôtre ? c'est-à-dire à qui des deux côtés est la faute, *à vous ou* à nous ? (444)

3. *Quel homme* sage mettra sa confiance dans un bien fragile ? (445, 1ᵉʳ ex.)

Quid agis? (448) — *Cui rei* studes? (449) — *Quid* virtute pulchrius? Quid futurum est si... (450)

1. *Qui* non admiretur, splendorem pulchritudinemque virtutis? (Cic.)
2. Utrùm ea vestra *aut* nostra culpa est? (Cic.)
3. *Qui* sapiens bono confidat fragili? (Sen.)
4. Quem pœnitet suæ culpæ? — *Ille* qui suæ culpæ pœnas luit
5. *Quis* profuit vana philosophorum scientiâ? (S. Aug.)
6. Quid non imminuit dies? (Hor.)
7. *Quod* est ratione præstantius? (Cic.)
8. Utrùm tu parùm meministi, *aut* ego non satis intellexi? (Cic.)
9. *Quis* adscribit cognitorem Sthenio? cognatum aliquem? (Cic.)
10. Abiit Clitipho solus? *Solum.* (Ter.)
11. Est... frater intùs? — Non est. (Ter.)
12. Virtutes narras meas?. — *Tuæ.* (Ter.)

CHAPITRE XVII.

Règles : *Nùm* dormis? (451) — *Quùm* cœnaverat, abibat. (452) — *Nonne* vidisti fratrem meum? (453)

1. *Leges* nenias? (Phæd.)
2. Dic mihi, Damœta, cujum pecus? *Melibœi?* — Non. (Virg.)
3. *Potest* aliquis exsurgere supra fortunam, non adjutus à Deo? (Sen.)
4. Voluptas *meliorem* efficit aut laudabiliorem virum (Cic.)
5. Usque *adeò* mori miserum est? (Virg.)
6. ... Aliquem videret Cimon minùs benè vestitum, suum amiculum dedit. (C. Nep.)
7. Si videris hominem felicem inter adversa, *admiraberisne* eum?
8. *Est* ille Parmeno? Ipsus *ità?* (Ter.)
9. *Quid* processit novi? Etiam (Plaut.)
10. *Tu* hæc non credis? Minimè verò. (Ter.)
11. ...Poetæ post mortem nobilitari volunt? (Cic.)
12. *Das*... à Deo naturam regi? Do sanè. (Cic.)

4. Qui se repent de sa faute ? — *Celui* qui en subit le châtiment. (446)

5. A *qui* fut utile la vaine science des philosophes. (447, 452)

6. *Que* ne détruit point le temps ? (448)

7. *Quoi* de plus élevé que la raison ? (450)

8. *Est-ce* vous qui avez eu peu de mémoire, *ou* moi qui n'ai pas bien compris ? (444)

9. *Qui* donne-t-il pour défenseur à Sthénius ? un de ses parents ? (445, 2ᵉ ex.)

10. Clitiphon est-il sorti seul ? — *Oui*. (446)

11. Mon frère *est-il* à la maison ? — Non. (451, 2ᵉ ex.)

12. Parlez-vous de mes qualités ? — Oui. (446)

INTERROGATION DANS LES VERBES.

1. *Lisez-vous* des bagatelles ? (451, 2ᵉ ex.)

2. Dites-moi, Damète, à qui est ce troupeau ? *est-il à Mélibée ?* — Non. (451, avec *an.*)

3. Quelqu'un *peut-il* s'élever au-dessus de la fortune sans être aidé de Dieu ? (451, avec *an.*)

4. La volupté *rend-elle* l'homme meilleur ou plus louable ? (451, 2ᵉ ex.)

5. *Est-on si* malheureux de mourir ? (451, 2ᵉ ex.)

6. Cimon *voyait-il* quelqu'un mal vêtu, il lui donnait son manteau. (452)

7. Si vous voyez un homme heureux au milieu de l'adversité, ne *l'admirez-vous pas* ? (453, avec *nonne.*)

8. *Est-ce* là ce Parmenon ? — *Oui*. (451, 2ᵉ ex.)

9. *Est-il* arrivé quelque chose de nouveau ? — *Oui*. (451)

10. *Ne crois-tu pas* cela ? — Mais non. (451)

11. Les poètes *ne* veulent-*ils* pas être célébrés après leur mort ? (453, avec *an non.*)

12. *Accordez-vous* que la nature est gouvernée par un Dieu ? — Oui. (451, 2ᵉ ex.)

EMPLOI

Règles : Fili mihi, *audi* disciplinam patris tui. (454) — *Abeat* proditor ! (455) — *Ne insultes* ou *ne insulta* miseris. (456) — *Ne dicat.* (457)

1. *Incipio, parvus puer,* risu cognoscere matrem. (Virg.)
2. Suum quisque *nosco* ingenium. (Cic.)
3. *Nolo* affectare quod tibi non est datum. (Phæd.)
4. *Non* peccetur. (Sen.)
5. Potentioris societatem *fugio.* (Phæd.)
6. Qui dedit beneficium, *taceo, narro* qui accepit. (Sen.)
7. *Non* tentes quod effici non possit ? (Quint.)
8. *Non* major *sum* liberalitas quàm facultas. (Cic.)
9. Salus populi suprema lex *sum.* (Cic.)
10. *Non* agere confusè. (Cic.)
11. *Non* magnus tenuem *despicio.* (Phæd.)

SYNTAXE

Règles : *Gallus* escam *quærens* margaritam reperit. (459) *Urbem captam* hostis diripuit. (460) — *Partibus factis,* sic locutus est leo. (462) — *Quùm* Cicero *esset* consul, detecta fuit conjuratio. (463) — *Quùm* ou *postquàm* lectioni meæ *studuero,* illam recitabo. (464) — *Quùm* Deus ei *favisset,* consilium perfecit suum. (465) — *Pro* tuâ prudentiâ. (466)

1. Cyrus *revertor* omnes Scythas interfecit. (Just.)
2. Rex in castra *capior* pervenit. (Quint. Curt.)
3. *Amicitia sublatus,* omnis est è vitâ sublata jucunditas. (Cic.)
4. Populus, *auditus* in theatro *versus* Virgilii, surrexit Virgiliumque veneratus est quasi Augustum. (Tac.)
5. Christus, *Tiberius imperans,* supplicio affectus est. (Tac.)
6. Misi ad te litteras, ut loquerer tecum absens,... coràm id non liceret. (Cic.)

IMPÉRATIF.

1. *Commencez, jeune enfant*, à sourire à votre mère. (454, avec renvoi.)
2. *Que* chacun *connaisse* son caractère. (455)
3. *Ne désire pas avoir* ce qui ne t'a pas été donné. (456)
4. *Que l'on* ne pèche plus. (457)
5. *Fuis* la société d'un plus puissant que toi. (454)
6. Que celui qui a donné un bienfait le *taise*; que celui qui l'a reçu le *publie* (455)
7. *Ne* tentez *pas* l'impossible. (456, avec *ne*.)
8. *Que* la libéralité *ne soit pas* plus grande que nos moyens. (457)
9. *Que* le salut du peuple *soit* la suprême loi. (455, avec l'*impér*.)
10. Faites tout avec ordre. (456, avec *noli*.)
11. *Que* le fort *ne méprise pas* le faible. (457, avec l'*impér*.)

PARTICIPES. (178 A 183.)

1. *Cyrus étant retourné* fit mourir tous les Scythes. (459)
2. *Le camp ayant été pris*, le roi y arriva (c'est-à-dire le roi arriva dans le *camp pris*.) (460)
3. *En ôtant l'amitié*, on a enlevé tout le charme de la vie. (462)
4. *Ayant entendu* au théâtre *des vers* de Virgile, le peuple se leva et lui rendit le même honneur qu'à Auguste. (462)
5. Jésus-Christ fut mis à mort, *Tibère étant empereur* (sous l'empire de Tibère.) (462)
6. Je vous ai écrit afin de m'entretenir de loin avec vous, ce plaisir ne m'*étant pas permis* de près. (463, 1er exemple.)
7. Les richesses *ayant commencé* d'être honorées, la vertu commença de languir. (464)
8. *Darius étant revenu* d'Europe en Asie, équipa une flotte de cinq cents vaisseaux. (465)

7. ... * Divitiæ honori esse cœpêre, hebescere virtus cœpit. (Sall.)
8. Darius,... ex Europâ in Asiam *reditus*, classem quingentarum navium comparavit. (C. Nep.)
9. Reliqua tu *cùm habeas sapientiam* considerabis. (Cic.)
10. Darius pervenerat ad Arbela vicum *nobilis* clade suâ *facturum*. (Q. Curt.)
11. Pericles Athenienses solis obscuratione *territi*, redditis ejus rei causis, metu liberavit. (Q. Curt.)
12. *Expugnata Troja*, Æneas in Italiam venit. (Just.)
13. Romulus,.... non comparuisset, ad deos transiisse creditus est. (Eut.)
14. Timeo Danaos et dona *fero*. (Virg.)
15. In Africam trajicere *apparans Augustus*, continuæ tempestates inhibuerunt. (Suet.)
16. Demetrius impulit Philippum ut, *omissi Ætoli*, bellum Romanis inferret. (Just.)
17. Pythagoras, *Tarquinius Superbus regnans*, in Italiam venit. (Cic.)
18. Dionysius,... in communibus suggestis consistere non auderet, concionari ex turri altâ solebat. (Cic.)
19. Græci Thermopilas, *advenientes Persæ*, occupavêre. (Just.)
20. Eclipses non ubique cernuntur, aliquandò propter nubila, sæpius *globus* terræ *obstans*. (Plin.)
21. *Perditæ res omnes*, ipsa virtus se sustentare posse videtur. (Cic.)
22. *Caritas benevolentiaque sublata*, omnis est è vitâ sublata jucunditas. (Cic.)
23. *Superstitio tollenda*, religio non tollitur. (Cic.)
24. Natus est Augustus, *Cicero et Antonius consules*. (Suet.)
25. Dionysium in Orientem præmisit Augustus, *iturus in Armeniam majore filio*. (Plin.)
26. Quod, *Deus testis*, promiseris, id tenendum est. (Cic.)
27. *Datis* ad te *litteris*, tribus ferè horis post accepi tuas. (Cic.)

* Ces points doivent être remplacés, dans la correction, par l'expression indiquée dans la règle.

ADVERBES DE LIEU.

9. *Étant aussi sage que vous l'êtes*, vous réfléchirez au reste. (466)

10. Darius était arrivé au village d'Arbelles, *devant le rendre célèbre* par sa défaite. (458, 459)

11. *Les Athéniens ayant été effrayés* d'une éclipse de soleil, Périclès les rassura, en leur expliquant les causes de ce phénomène. (460)

12. *Troie ayant été prise*, Énée vint en Italie. (462)

13. *Romulus n'ayant pas reparu*, on crut qu'il s'était enlevé vers les Dieux. (464)

14. Je crains *les Grecs* même *apportant* des présents. (459)

15. *Auguste se préparant* à passer en Afrique, de continuelles tempêtes l'en empêchèrent. (460)

16. Démétrius engagea Philippe à faire la guerre aux Romains, *les Étoliens ayant été abandonnés*. (462)

17. Pythagore vint en Italie *sous le règne de Tarquin le Superbe* (ou *Tarquin régnant*.) (462)

18. Denys *n'osant* pas monter à la tribune commune, avait coutume de haranguer l'assemblée du haut d'une tour. (463)

19. Les Grecs occupèrent les Thermopyles *à l'arrivée des Perses* (ou *les Perses arrivant*.) (462)

20. Les éclipses ne sont pas visibles partout, quelquefois à cause des nuages, le plus souvent *parce que la terre y met obstacle* (*la terre s'y opposant*.) (462)

21. *Tout étant perdu* (ou quand même *tout serait perdu*), la vertu pourrait encore se soutenir elle-même. (462)

22. *En ôtant de la vie l'amitié et la bienveillance*, on en ôte tout le charme. (462.)

23. *Pour détruire la superstition*, on ne détruit pas la religion. (462)

24. Auguste naquit *sous le consulat de Cicéron et d'Antoine*. (463, 2ᵉ ex.)

25. Auguste envoya Denys en Orient, *son fils aîné devant aller* en Arménie. (462)

26. Il faut tenir la promesse que vous avez faite en *prenant Dieu à témoin*. (462)

27. *Ayant fait partir une lettre* pour vous, j'ai reçu la vôtre environ trois heures après. (464, avec *quùm* et le *plus-que-parf. du subj.*)

CHAPITRE XIX.

ADVERBES DE LIEU. — *Question* UBI. (203)

Question QUÒ. (203 2°, 204)

RÈGLES : Eo *in Galliam, in urbem.* (472) — Ibo *Lutetiam*
RÈGLES : Sum *in Galliâ, in urbe.* (468) — Natus est *Avenione, Athenis.* (469) — Habitat *Lugduni, Romæ.* (470) — Cœnabam *apud patrem.* (471)

Question QUA. (203 4° et 204)

RÈGLES : Iter feci *per Galliam, per Lugdunum.* (479) — Transiit *urbem.* (480) — Iter faciam *per domum* avunculi mei. (481) — Constiterunt *Corinthi, in loco nobili,* etc. (482) — Habitat *in urbe Lugduno.* (483) — Habitat *in domo Cæsaris, in rure amœno.* (484)

—

1. *In Africam* sita Carthago est. (T. Liv.)
2. *Babyloni* Alexander est mortuus. (Cic.)
3. Constantinus *Nicomediam* obiit. (Eut.)
4. ... *Platone* sæpè hæc oratio usurpata est. (Cic.)
5. Crocodilus dies *terra* agit, noctes *aqua.* (Plin.)
6. Nusquàm senectus erat honoratior quàm *Lacedæmon.* (Cic.)
7. Plinius erat *Misenus.* (Plin.)
8. Curio fuit ad *ego* sanè diù. (Cic.)
9. Atticus *Athenæ* habitabat, habebatque *Italiâ* possessiones. (C. Nep.)
10. Fabius publicè magnus erat, sed *domus* præstantior. (Cic.)
11. *Athenas* Aristides fuit. (Cic.)
12. Stratus *humus* palmes desiderat ulmos. (Juv.)
13. Artemisia Mausoli nobile illud sepulcrum *Halicarnasso* fecit. (Cic.)
14. Ut *Romam* consules, sic *Carthagini* quotannis annui bini reges creabuntur. (C. Nep.)
15. Livius quæ ab Romanis *domo militiâque* gesta sunt exposuit. (T. Liv.)
16. Dion Platonem *Tarenti* perduxit. (C. Nep.)
17. Petere *aliquis.* (Virg.)
18. Germani *matres, conjuges* vulnera ferunt. (Tac.)

SYNTAXE DES ADVERBES (191 A 205.)

tiam, Lugdunum. (473) — *Peto collegium.* (474) —
Eo *ad patrem, ad sacram concionem.* (475)

Question UNDE. (203 3° et 204)

RÈGLES : Redeo *ex Galliâ, ex urbe.* (476) — Redeo *Lugduno, Româ.* (477) — Venio *à patre, à venatione,*
(478)

---

1. Carthage est située *en Afrique.* (468)
2. Alexandre mourut *à Babylone.* (469)
3. Constantin mourut *à Nicomédie.* (470)
4. Ce langage est souvent employé *dans Platon.* (471)
5. Le crocodile passe les jours sur *la terre* et les nuits dans *l'eau.* (468)
6. Nulle part la vieillesse n'était plus honorée qu'à *Lacédémone.* (469)
7. Pline était *de Misène.* (470)
8. Curion est resté *chez moi* assez longtemps. (471)
9. Atticus demeurait *à Athènes* (469) et avait ses possessions en *Italie.* (468)
10. Fabius était grand en public, mais plus grand encore dans *sa maison.* (470)
11. Aristide vivait *à Athènes.* (469)
12. Couchée *par terre* la vigne désire les ormeaux.
13. Artémise construisit *à Halicarnasse* le célèbre tombeau de Mausole. (470)
14. De même que l'on créait tous les ans deux consuls *à Rome,* de même on créait *à Carthage* deux rois annuels. (469, 470)
15. Tite-Live a écrit ce qui a été fait par les Romains *en temps de paix* et *en temps de guerre.* (470, dernier exemple.)
16. Dion *conduisit* Platon *à Tarente.* (473)
17. *Aller trouver quelqu'un.* (474)
18. Les Germains *portent leurs blessures à leurs mères et à leurs épouses.* (475)

19. Rhenus multis capitibus *oceanus* influit. (Cæs.)
20. Corpus Alexandri *Memphis* et indè *Alexandria* translatum est. (Q. Curt.)
21. Themistocles *Admetus*, Molossorum *rex*, confugit. (C. Nep.)
22. Servulum *in urbe* misit. (Ter.)
23. *Ruris* aliquem mittere. (Quint.)
24. Alexander *avunculus* se in Epirum, inde *rex* Illyriorum contulerat. (Just.)
25. Cæsar *in Leridam* proficiscitur. (Cæs.)
26. Ite *domus*, ite, capellæ. (Virg.)
27. Eamus *apud* me. (Ter.)
28. Plato *Tarenti* venit et *Locros*. (Cic.)
29. Cæsar legionem *Italia* mittit. (Cæs.)
30. Curius *Italia* Pyrrhum expulit. (Valer.)
31. Aristides *Athenæ* erat expulsus. (C. Nep.)
32. Mea pericula neglexi dùm timorem *patria* propulsarem. (Cic.)
33. Scipio et Lælius *urbs* tanquàm *vincula* rus evolabant. (Cic).
34. *Rus* redeunt rustici. (Plaut.)
35. Nemo unquàm *Cæsaris* deficit. (Cæs.)
36. Illum *domus mea* eripuit. (Ter.)
37. Qui vult pervenire quò destinavit unam sequatur viam, *non plures* vagetur. (Sen.)
38. Titus *per Græciam* transivit. (Tac.)
39. Iter habui *apud* Pompeii domum. (Cic.)
40. *Alba* constiterunt *urbs opportuna*. (Cic.)
41. Cimon *in oppidum Citium* mortuus est. (C. N.)
42. *Eadem humus* degunt. (Tac.)
43. *Præceps* gloria vadit *iter*. (Ovid.)
44. Cæsar iter habet. (*Capuæ* sous-ent. *per*. (Cic.)
45. Martiales *Albam* constiterunt, *urbs opportunata, munita, propinqua*. (Cic.)
46. Clodius *in domum* Cæsaris unus vir fuit. (Cic.)
47. *Iter*... *agro* et loca sola facere. (Cic.)
48. Alexander equo *Babylonem* vectus est. (Q. Curt.)
49. In *domum* furtum factum est ab eo qui *domo* fuit. (Quint.)
50. Viâ Appiâ iter feci *Brundusio*. (Cic.)

19. Le Rhin se jette *dans l'Océan* par plusieurs embouchures. (472)
20. Le corps d'Alexandre *fut transporté à Memphis* et *de là à Alexandrie*. (473)
21. Thémistocle *se réfugia chez Admète*, roi des Molosses. (475)
22. Il envoya un esclave *dans la ville*. (472)
23. Envoyer quelqu'un *à la campagne*. (473)
24. Alexandre s'était retiré auprès de son oncle en Épire, et de là *chez le roi* des Illyriens. (475)
25. César se rend *sous les murs de Lérida*. (472, dernier ex.)
26. *Allez*, mes chèvres, *allez à la maison*. (473)
27. Allons *chez moi*. (475)
28. Platon vint *à Tarente* et *à Locres*. (473)
29. César envoie une légion *en Italie*. (472)
30. Curius chassa Pyrrhus *de l'Italie*. (476)
31. Aristide *avait été banni d'Athènes*. (477)
32. J'ai négligé mes périls pour *écarter* l'épouvante *de ma patrie*. (478)
33. Scipion et Lélius *s'échappaient de la ville* comme *d'une prison* pour se rendre à la campagne. (476)
34. Les paysans *reviennent de la campagne*. (477)
35. Personne ne *se retira* jamais *du parti de César*. (478)
36. Il l'a *arraché de ma maison*. (477)
37. Que celui qui veut atteindre son but suive un seul chemin, et n'*aille* point *au hasard par plusieurs*. (479)
38. Titus *passa par la Grèce*. (480)
39. J'ai passé *par chez* Pompée. (481)
40. Ils s'arrêtèrent *à Albe, ville favorable*. (482)
41. Cimon mourut *dans la ville de Citium*. (483)
42. Ils vivent *sur la même terre*. (484)
43. La gloire *marche par une route escarpée*. (479)
44. César se rend *à Capoue* (480, c.-à-d. passe *par Capoue*).
45. Les soldats de la légion s'arrêtèrent *à Albe, ville bien située, fortifiée et voisine*. (482)
46. Il n'y avait d'autre homme dans *la maison de César* que Clodius. (484)
47. Traverser *des terres et des lieux déserts*. (479)
48. Alexandre traversa *Babylone* à cheval. (479)
49. Le vol a été commis *dans la maison* par celui qui était *à la maison*. (484, 470)
50. Je me suis rendu *à Brindes* par la voie Apienne. (479)

Exerc. Lat. Aug. Br.

CHAPITRE XX.

RÈGLES : Quantùm *aquæ*, parùm *vini*. (486) — *Quanta* doctrina. (487) — *Quot* ou *quàm multi* libri. (488) — *Quotusquisque* est disertus. (489) — Vides *quàm multi* hic adsimus. (490) — *Quàm* ou *ut* modestus est. (491) — *Subamarus, leviter vulneratus*, etc. (492) — *Quantò* doctior est. (493) — *Quantò* antè. (494) — *Quàm* ou *quantùm* amatur. (495) — Tuâ *magis* interest. (496) — *Quanti* æstimatur. (497) — Meâ *magni* refert. (498) — Eum *pejus* aderam. (499)

1. Cimon habebat satis *eloquentiâ*. (C. Nep.)
2. *Quantùm ignorantiæ* animis inest. (Cic.)
3. *Multùm* numerare *amicorum*. (Cic.)
4. *Quàm pauci sunt* qui voluptatem *negent* esse **bonum?** (Cic.)
5. *Quot* hic adsumus ?
6. *Nimis gravibus* morbis periculosæ curationes adhibentur. (Cic.)
7. Senectus est *nimis loquax*. (Cic.)
8. *Quanti* graviter ferret pater quòd voluntatem suam interpretari non potuissent Athenienses. (Phæd.)
9. Non illius *plùs* interest, quàm meâ. (Cic.)
10. *Multùm* putare honores. (Cic.)
11. *Multùm* existimo interesse ad decus et ad laudem civitatis res præclaras litteris contineri. (Cic.)
12. Hunc *plùs* oderam quàm Claudium. (Cic.)
13. *Nimis bono* est, cui nihil est mali. (Cic.)
14. *Multùm* malo. (Cic.)
15. *Multùm* semper interest nostrâ cum amico esse. (Cic.)
16. Voluptatem virtus *minimè* facit. (Cic.)
17. *Multùm* præstat. (Sall.)
18. *Multo* operæ dabam Scævolæ. (Cic.)
19. Virtutem omnibus rebus *multùm* antepono. (Cic.)
20. Ager nunc *plùs* est quàm fuit. (Cic.)
21. *Multùm* cæteris antecellit. (Cic.)

CHAPITRE XXI.

RÈGLES : *Quid* ou *cur* moraris ? (538) — *Utinàm* tecum loqui possim ! (539) — Laus virtuti *solummodò* debe-

ADVERBES DE QUANTITÉ (194).

1. Cimon avait assez *d'éloquence*. (486)
2. *Combien d'ignorance* se trouve dans les esprits. (487)
3. Compter *beaucoup d'amis*. (488)
4. *Combien peu* y en a-t-il qui nient que le plaisir soit un bien ? (489)
5. *Combien* sommes-nous ici ? (490)
6. *Aux maladies trop graves* on applique des remèdes dangereux. (491)
7. La vieillesse est *trop causeuse*. (491, avec compar.)
8. *Combien* le père serait fâché que les Athéniens n'eussent pu comprendre sa volonté. (495)
9. Il ne lui importe pas *plus* qu'à moi. (496)
10. Faire *beaucoup* de cas des honneurs. (497)
11. Je crois qu'*il importe beaucoup* à l'honneur et à la gloire d'un État que le souvenir des actions illustres se perpétue par les lettres. (498)
12. Je le *haïssais plus* que je ne haïssais Claudius. (499)
13. Celui qui n'a aucun mal a *trop de bien*. (486, avec *nimium*.)
14. J'aime *beaucoup* mieux. (493)
15. Il nous *importe* toujours *beaucoup* d'être avec un ami. (496)
16. La vertu estime *très-peu* la volupté. (497, 526)
17. Il vaut *beaucoup* mieux. (493)
18. Je donnais à Scévola *une grande partie* de mon temps. (486)
19. Je préfère *de beaucoup* la vertu à toutes choses. (493)
20. Cette terre vaut *plus* à présent qu'elle ne valait. (497)
21. Il l'emporte *de beaucoup* sur les autres. (493, avec *longè*.)

QUE, *ADVERBE*.

1. *Que* n'ai-je cette beauté, ou vous cette opinion ? (538, avec *cur non*.)

tur, ou *soli virtuti* debetur. (540) — *Nihil aliud* nisi togam sumpsit. (541) — Sapiens nihil affirmat *quod* non probet. (542) — Non hinc proficiscar *quin* ou *nisi* ou *priusquàm* te viderim. (543) — *Quanta* esset mea lætitia. (500) — *Quantula* est hæc schola ! (501) — *Quot et quantas* calamitates hausit. (502)

---

1. *Quàm* non isthæc mihi forma est, aut tibi hæc sententia ? (Ter.)
2. *Cur non* emori fortunis meis honestus exitus esset ! (Sall.)
3. ... Vita relicta est. (Ovid.)
4. Homo imperitus, *solummodò* quod ipse facit ,... rectum putat. (Ter.)
5. Philosophia *solummodò* est studium sapientiæ. (Cic.)
6. Nihil est *quàm* malim quàm me et gratum esse et videri. (Cic.)
7. Neque Epaminondas priùs Lysim præceptorem à se dimisit *ut* antecesserit condiscipulos.
8. *Quàm magnum* est cupiditas imperii malum ! (Cic.)
9. *Quàm parvum* est ei non nocere, cui debeas etiam prodesse ! (Sen.)
10. Quot et quantas calamitates *non* hausi ! (Cic.)
11. *Cur non* aspicias patrem ? (Cic.)
12. Quod *placeat Deo* vitæ minùs cupidi fuissemus ! (Cic.)
13. Philosophia quid est aliud *quàm* donum deorum ? (Cic.)
14. *Ob quam causam* me *excrucio ?* (Plaut.)
15. Erat historia nihil aliud *quàm* annalium confectio. (Cic.)
16. *Placeat Deo* veris domum hanc amicis impleam ! (Phæd.)
17. Nihil possumus judicare, *quàm* quod est nostri judicii. (Cic.)
18. *Ob quam causam* simulas igitur ? (Ter.)

CHAPITRE XXII.

Regles : Plùs, minùs fortitudinis *quàm* prudentiæ. (503) — Tantùm modestiæ *quantùm* doctrinæ. (504) — Tot fructus *quot* flores. (505) — Tàm prudens est quàm fortis. (506) — Tantùm te amo *quantùm* me amas.)

2. *Que* la mort *n*'est-elle une voie honorable pour échapper à mes malheurs ! (539)

3. On *ne* nous a laissé *que* la vie. (540, avec *tantummodo*.)

4. L'homme ignorant croit que *rien n*'est bien *que* ce qu'il fait lui-même. (541)

5. La philosophie *n*'est *que* l'amour de la sagesse. (541, avec *quam*.)

6. Il n'est rien *que* j'aime autant que d'être reconnaissant et de le paraître. (542)

7. Epaminondas n'éloigna point de lui son précepteur Lysis *qu*'il n'eût surpassé ses condisciples. (543)

8. *Que* la passion du pouvoir est un *grand* mal ! (500)

9. *Qu'il est peu* de ne pas nuire à celui auquel on doit même rendre service. (501)

10. *Que* de malheurs *n*'ai-je *pas* essuyés ! (502)

11. *Pourquoi ne* regarderiez-vous *pas* votre père ? (538, avec *quin*.)

12. *Plût à Dieu que* nous eussions moins tenu à la vie ! (539)

13. La philosophie, qu'est-*ce autre chose qu*'un présent des Dieux ? (541)

14. *Pourquoi* me tourmenter ? (538, avec *cur*.)

15. L'histoire *n*'était *autre chose* que la rédaction des annales. (541)

16. *Plût à Dieu que* je remplisse cette maison de vrais amis ! (539)

17. Nous *ne* pouvons juger *que* ce qui est de notre compétence. (541)

18. *Pourquoi* donc feindre ? (538, avec *cur*.)

QUÉ *APRÈS* PLUS, MOINS, AUTANT, AUSSI.

1. Chez les Germains, les bonnes mœurs avaient plus d'empire *qu*'ailleurs les bonnes lois. (503)

2. La perfidie cause autant de mal au genre humain *que* la bonne foi lui procure *d'avantage*. (504, 1ᵉʳ ex.)

(507) — Tanti te facio quanti me facis. (508) — Tuâ tàm magni refert *quàm parvi* meâ. (509) — *Quantùm* prospicere possum. (510) — Habes *multùm* otii, non habeo *tantùmdem*, etc. (511) — Tàm prudens est *quàm qui maximè*, etc. (512) — Quantùm doctrinæ in eo adolescente, *tantùm* modestiæ inerat. (513)

1. Apud Germanos plùs boni mores valebant *ut* alibi bonæ leges. (Tac.)
2. Tantùm incommodi humano generi offert perfidia *quàm incommodum* bona fides. (Val. Max.)
3. Nemo à diis *tantùm rerum* auderet optare *quàm* ad Pompeium detulerunt. (Cic.)
4. Nihil est tàm infestum tranquillitati animi *quantùm* nihil posse pati. (Sen.)
5. Corpori tantùm indulgeas *quàm* bonæ valetudini satis est. (Sen.)
6. *Tantùm* fit *quanti* amatur. (Cic.)
7. Amicos *tantùm quàm* fieri poterit, vacuos à cupiditatibus eligemus. (Sen.)
8. Tacitus multùm probitatis habebat, Sallustius non habebat *tantùm*.
9. Auspicia, ut qui *plurimi*, observant Germani. (Tac.)
10. Marius, *quanti* bello optimus, *tanti* pace pessimus. (Vell.)
11. Virtus Alcibiadis plùs invidiam *ut* gratiam contraxit. (Just.)
12. Non in multis tantùm inest doctrinæ *quàm arrogantia*. (Cic.)
13. Crescit amor numini, *quàm* ipsa pecunia crescit. (Ovid.)
14. Emit *tantùm-quantùm* Pythias voluit. (Cic.)
15. Cum *tantùm* navibus atque erat profectus, Miltiades Athenas rediit. (C. Nep.)
16. Præstitimus patriæ *magis ut* debuimus. (Cic.)
17. Incipit res meliùs ire, *ut* putâram. (Cic.)
18. Plùs vera ratio valet, *ut* vulgi opinio. (Cic.)
19. Non sum tàm *magno* ingenio *quàm* Themistocles fuit. (Cic.)
20. *Quantùm* homines, *tantùm* causæ. (Cic.)
21. Omnibus ignoscere crudele est *quantùm* nulli. (Sen.)
22. Patria hominibus non minùs cara esse debet, *ut* liberi. (Cic.)

3. Personne n'oserait souhaiter *autant d'avantages* des Dieux *qu'*ils en accordèrent à Pompée. (505)

4. Rien n'est aussi nuisible au repos de l'esprit *que* de ne pouvoir rien souffrir. (506)

5. Soignez le corps autant *qu'il* est nécessaire pour une bonne santé. (507)

6. Il est *autant* est estimé *qu'*il est aimé. (508, 507)

7. Nous choisirons *autant qu'*il sera possible des amis exempts d'ambition. (510)

8. Tacite avait beaucoup de probité, Salluste n'en avait pas *autant*. (511)

9. Les Germains observent les auspices autant *que nation du monde*. (512)

10. *Autant* Marius était cruel dans la paix, *autant* il était habile dans la guerre. (513)

11. Les talents d'Alcibiade lui attirèrent plus de haine *que* de reconnaissance. (503)

12. Beaucoup d'hommes n'ont pas autant de science *que de présomption*. (504)

13. L'amour de l'argent s'accroît *autant que* l'argent lui-même s'augmente. (507, *tantùm* est sous-ent.)

14. Il acheta *aussi cher que* le voulut Pythias. (508, 497)

15. Miltiade revint à Athènes avec *autant* de navires *qu'il* était parti, c'est-à-dire qu'il en avait à son départ. (511)

16. Nous avons fait pour la patrie *plus que* nous ne devions. (503)

17. L'affaire commence à aller *mieux que* je n'avais pensé. (503)

18. La vraie raison est plus forte *que* l'opinion du peuple. (503)

19. Je ne suis pas doué d'un *aussi grand* génie *que* Thémistocle. (504, 2ᵉ ex.)

20. *Autant* de cause *que* d'individus. (505, 488)

21. Il est aussi cruel de pardonner à tout le monde *que* de ne pardonner à personne. (506)

22. La patrie ne doit pas être moins chère aux hommes *que* leurs enfants. (503)

D'AUTANT PLUS, D'AUTANT MOINS... QUE...

RÈGLES : *Eò* modestior est, *quò* doctior. (514) — *Eò* magis lucet vera virtus *quód* occultatur. (515)—*A proportion que* (516) — *Quò* doctior, *eò* modestior est. (517) — *Quò quis* vitiosior, *eò* miserior est. (518)—*Omnium doctissimus*, etc. (519) — Puer quem *plurimi* omnium facio, puer quem *minimi* omnium facio. (520)— Legito *quàm sæpissimè*, etc. (521)—Adhibuit *quàm plurimùm* potuit diligentiæ. (522) — *Quàm plurimos* potuit libros legit, etc. (523) — Est omnium quos noverim *doctissimus*, etc. (524)

---

1. *Tantùm* crassior aer est, *ut* terris propior. (Sen.)
2. Nonnulli *tantùm* magis admirantur quædam opera, *quàm* non intelligunt. (Plin.)
3. *Quàm* major gloria, *tàm* propior individiæ est. (T. L.)
4. *Tantùm* major est gloria *quàm* serior. (Sen.)
5. *Quàm* difficilius, hoc præclarius est servare æquitatem. (Cic.)
6. *Plùs* quis versutior, hoc invisior est et suspectior. (Cic.)
7. Ut hoc *pulchrius* est vera videre, sic pro veris probare falsa *turpius* est. (Cic.)
8. Voluptatem virtus *minimè* facit. (Cic.)
9. Aves sibi nidos *ut* possunt *molliùs* substernunt. (Cic.)
10. Jugurtha *plures* copias armat. (Sall.)
11 Rex omnium *quàm* novi *opulentior*. (Sall.)
12. Domitiani natura *quàm* obscurior, *tàm* irrevocabilior erat. (Tac.)
13. Quod *in miserioribus* rebus *minùs* miserum putabis, id facies. (Cic.)
14. Senes rempublicam prudentiâ *maximè* adjuvent. (Cic.)
15. Consul, quantis *majoribus* itineribus poterat, ad collegam docebat exercitum. (T. L.)
16. Quàm *breviùs* ostendit. (Cic.)
17. Tanta est inter eos, quanta *major* potest esse, morum studiorumque distantia. (Cic.)
18. Duæ res *magis* homines ad maleficium impellunt, luxuries et avaritia. (Cic.)

PLUS, MOINS, répétés. LE PLUS, LE MOINS.

---

1. L'air est *d'autant* plus épais *qu*'il est plus près de la terre. (514)
2. Quelques hommes admirent *d'autant* plus certains ouvrages *qu*'ils ne les comprennent pas. (515)
3. La gloire est plus proche de l'envie *à proportion qu*'elle est plus grande. (516)
4. La gloire est *d'autant* plus grande *qu*'elle est plus tardive. (514, avec *eò* et *quò*.)
5. *Plus* il est difficile, *plus* il est beau d'être constant dans l'équité. (517)
6. *Plus* on est rusé, *plus* on est odieux et suspect. (518)
7. Comme *la plus belle* chose est de connaître la vérité, *la plus honteuse* est d'approuver le faux comme étant le vrai. (519)
8. La vertu fait *très-peu* de cas du plaisir. (520)
9. Les oiseaux garnissent leurs nids *le plus mollement qu*'ils peuvent. (521)
10. Jugurtha arme *le plus* de troupes *qu*'il peut. (523)
11. Le roi *le plus opulent que* je connaisse. (524)
12. Le caractère de Domitien était *d'autant* plus inflexible *qu*'il était plus dissimulé. (517)
13. Dans les circonstances *les plus malheureuses*, vous ferez ce que vous croirez le moins funeste. (519)
14. Que les vieillards servent la république *le plus qu'ils pourront* par leur prudence. (522)
15. Le consul faisait *les plus fortes* marches *qu*'il pouvait pour rejoindre son collègue. (521)
16. Il montre *le plus brièvement* possible. (521, deuxième exemple.)
17. Il y a entre eux *la plus grande* différence de mœurs et de goûts *qu*'il puisse y avoir. (521)
18. Les deux choses qui *portent le plus* les hommes au crime, sont la dissolution et l'avarice. (519)
19. Le jeune homme doit parler *le plus* brièvement possible. (521)

19. Loqui debet adolescens *plùs* brevissimè potest. (Cic.)

20. Prodigia multa nuntiata sunt : quæ *eò* magis credebant simplices ac religiosi homines, *eò* plura nuntiabantur. (T. Liv.)

21. *Plùs quis* est vir optimus, *plùs* difficilimè alios esse improbos suspicatur. (Cic.)

22. *Minùs* sibi quisque notus est. (Cic.)

23. Homines *eò* plura habent, *eò* ampliora capiunt. (Just.)

24. Omnium *eloquentiores* audii Sempronios. (Cic.)

TANT QUE.

RÈGLES : Non in eo inest *tantùm* doctrinæ *quantùm* arrogantiæ. (525) — *Tantò* pejùs, *tantò* meliùs. (526) — *Tot* plagas accepit *ut* mortuus sit. (527) — *Donec* ou *dùm* eris felix, multos amicos numerabis. (528) — Philosophi *cùm* recentiores *tùm* veteres. (529) — Ad te scribo, non *tàm ut* te laudem, *quàm ut* tibi gratuler. (530) — *Adeò* rara est fidelis amicitia. (531)

---

1. Non in Themistocle *tàm* justitiæ *quàm* fortiudinis inerat. (C. Nep.)

2. Athenienses tantam gloriam erant consecuti *quàm* intelligerent Lacedæmonii de principatu sibi cum his certamen fore. (C. Nep.)

3. Lacedæmoniorum gens fortis fuit, *tàm quàm* Lycurgi leges vigebant. (Cic.)

4. Vacandum est *tantùm* metu *quantùm* iracundiâ. (Cic.)

5. Non *tantùm* ad societatem belli *quantùm* in successionem regni electi videbantur. (Just., *de amicis Alexandri.*)

6. *Tantùm* non est facile consequi beatam vitam! (Sen.)

7. Non speraverat Annibal fore ut *tantùm* in Italiâ populi ad se deficerent, *quantùm* defecerunt post Cannensem cladem. (T. Liv.)

8. Tamdiù discendum est *quàm* nescis, et *tàm* discendum est quemadmodùm vivas *quàm* vivis. (Sen.)

9. Disces *tàm quàm* voles. (Cic.)

10. Animi tranquillitas et securitas affert *tantùm* constantiam *quàm* etiam dignitatem. (Cic.)

11. Cæsar exanimis jacuit,... lecticæ impositum tres servuli domum retulerunt. (Suet.)

20. On annonça beaucoup de prodiges, car *plus* ces hommes simples et religieux y ajoutaient foi, *plus* on les multipliait. (517)

21. *Plus on* est homme de bien, *plus on* soupçonne difficilement que les autres soient malhonnêtes. (518, 2ᵉ manière.)

22. Chacun se connaît *le moins*. (519)

23. *Plus* les hommes ont, *plus* ils désirent. (520, 2ᵉ ex.)

24. Les Sempronius sont les hommes *les plus éloquents* que j'aie entendus. (521, avec le *superlat.*)

AUTANT.

1. Thémistocle n'avait pas *tant* de justice *que* de courage. (525)

2. Les Athéniens avaient acquis *tant* de gloire, *que* les Lacédémoniens comprirent qu'ils auraient à leur disputer la suprématie. (527)

3. Les Lacédémoniens furent courageux *tant que* les lois de Lycurgue furent en vigueur. (528, avec *dùm*.)

4. Il faut s'abstenir *tant* de la crainte *que* de la colère. (529)

5. Ils [les amis d'Alexandre] paraissaient choisis *non pas tant pour* combattre avec lui *que pour* lui succéder. (530)

6. *Tant* il est difficile d'obtenir le bonheur! (531)

7. Annibal n'avait pas espéré qu'il y aurait en Italie *tant* de peuples qui abandonnassent les Romains pour lui, qu'il s'en trouva qui grossirent son armée après l'échec de Cannes. (525, 2ᵉ ex.)

8. Il faut t'instruire *tant que* tu es ignorant, et apprendre comment tu dois vivre *aussi longtemps que* tu vis. (528, avec *quamdiù*.)

9. Vous apprendrez *aussi longtemps que* vous voudrez. (528, 2ᵉ ex.)

10. La tranquillité et la sécurité de l'âme donnent *autant* de dignité *que* de constance. (529, avec *cùm*, *tùm*.)

11. César resta sans connaissance, *jusqu'à ce que* trois esclaves le portassent chez lui en litière. (528, avec *donec*.)

12. *Autant* la paix est agréable, *autant* elle est salutaire. (529, avec *tùm*, *cùm*.)

12. Pax *quàm* jucunda, *tàm* salutaris est. (Cic.)

13. Non *tàm* mali est peccare principes *quàm* illud quod permulti imitatores principum existunt. (Cic.)

SI, ADVERBE.

Règles : Deus est *tàm* bonus *ut* amet homines. (532) — *Tanta* est Dei bonitas, *ut* nos amet. (533) — Estne tibi *tantùm* otii, *ut* etiàm fabulas legas? (534) —Inest in me *tàm* parùm ambitionis, *ut* honores despiciam. (535) — *Plus* veneni hausit, *quàm ut* sanitati restituatur. (536) — *Minùs* habet ingenii, *quàm ut* rem gerat. (537)

---

1. Epaminondas pecuniæ *tantùm* parcus fuit, *quàm* sumptus funeri *defuit*. (Just.)

2. Paupertatem *tantùm* facilè perpessus est, *quàm* nihil præter gloriam cupierit. (Just.)

4. *Tàm magna* inerat comitas Scipioni, *quàm* hostes infensissimos sibi conciliabat. (T. Liv.)

4. Nemo civis *tàm* emineat *quàm* legibus interrogari non possit. (T. Liv.)

5. Nullo libro *satis* parùm virtutis inest *quàm* non aliquâ re prosit. (Plin.)

6. Majore mihi ingenio videtur esse Isocrates, *ut* cum Lysiâ comparetur. (Cic.)

7. Ad *nimis magna* genitus sum *ut* mancipium mei sim corporis. (Sen.)

8. *Nimis parùm* habebat ingenii Nicias *ut* Siculum bellum gereret.

9. Sic jàm obdurui, *quàm* æquissimo animo audirem Laberii poemata. (Cic.)

10. Dolor *tàm* parvum malum est *quàm* à virtute *obruitur*. (Cic.)

11. *Tantùm* semper *potentiæ* veritas habuit *quàm* non subverti potuerit. (Cic.)

12. Quis *tàm magnus* est, *ut* non fortuna indigere etiam infimis cogat ? (Sen.)

13. Alexandro successor quærebatur, sed *nimis magna* moles erat *ut* unus subire eam posset. (Q. Curt.)

14. Adeò excellebat Aristides abstinentiâ *quàm* unus post hominum memoriam cognomine Justus *est* appellatus. (C. N.)

13. Il n'y a pas *tant de mal* dans les fautes des princes *que* dans le grand nombre d'imitateurs qu'elles trouvent. (525)

ASSEZ... POUR, TROP... POUR.

1. Épaminondas fut *si* désintéressé, *qu'*il ne laissa pas de quoi faire ses funérailles. (532)
2. Il supporta *si* facilement la médiocrité, *qu'*il ne désira rien, excepté la gloire. (532)
3. Scipion avait une si grande douceur qu'il se *conciliait les ennemis les plus déclarés*. (533)
4. Qu'aucun citoyen ne soit *assez* élevé *pour* ne pouvoir être interrogé par les lois. (534)
5. Aucun livre n'a *assez* peu de mérite *pour* ne point être utile en quelque chose. (535)
6. Isocrate me paraît un orateur d'un *trop* grand talent *pour être* comparé à Lysias. (536)
7. Je suis né pour de *trop grandes* choses *pour être* esclave de mon corps. (536, 2ᵉ exemple.)
8. Nicias avait *trop peu* de génie *pour* conduire la guerre de Sicile. (537, 1ᵉʳ ex.)
9. Je suis devenu *si* insensible *que* j'entendrais avec indifférence les vers de Labérius. (532)
10. La douleur est un *si petit* mal *qu'elle est domptée par le courage*. (533)
11. La vérité a toujours eu *assez* de (533) puissance *pour* ne pouvoir être confondue. (534, 533)
12. Qui est *assez grand pour que* la fortune ne le réduise pas à avoir besoin même des plus petits? (534, 3ᵉ exemple.)
13. On cherchait un successeur à Alexandre, mais le fardeau était *trop pesant pour qu'*un seul pût le porter. (536, 2ᵉ ex.)
14. Aristide se montrait *si* désintéressé, *qu'*il est le seul, de mémoire d'hommes, qui *ait reçu* le surnom de Juste. (532)
15. La nature ne nous a pas donné le temps assez (532) libéralement *pour qu'*il soit permis d'en perdre quelque chose. (534, 532)
16. J'éprouvai *assez* de douleur *pour* avoir besoin moi-même de consolation. (534, 1ᵉʳ ex.)

15. Non *satis* liberaliter tempus natura nobis dedit *quàm licet* aliquid ex illo perdere. (Sen.)

16. *Satis* cepi doloris, ut consolatione ipse egerem. (Cic.)

17. Demosthenes *nimis magno* mihi ingenio videtur esse, *ut* cum Lysiâ comparetur. (Cic.)

18. Adeò invisus est mihi, *quàm* nihil non acerbum putem quod commune cum illo sit. (Cic.)

19. Ità destinabar, *quàm* vix huic tantulæ epistolæ tempus *habui*. (Cic.)

20. Angor non *satis* valet, ut tollat amicitiam. (Cic.)

21. Quis est omnium *satis* ignarus, ut non intelligat tuâ salute contineri suam ? (Cic.)

ADVERBES.

Règles : Deus *separatim* ab universis singulos diligit. (544) — *Convenienter congruenter*que naturæ vivere debemus. (545) — Illius *ergo*, montis *instar*. (546)

---

1. Summum bonum à Stoïcis dicitur, convenienter *naturam* vivere. (Cic.)
2. *Ille* ergo venimus. (Virg.)
3. Unus amicus instar *omnes* nobis est. (Cic.)
4. Demosthenes aureâ coronâ donatus est *virtutem* ergo. (Cic.)
5. Vallis ad instar *castra* clauditur. (Just.)
6. Quidam Romani habuêre domos instar *urbes*. (Sall.)

CHAPITRE XXIII.

Règles : *Ubi* terrarum ? (547) — *Eo* insolentiæ processit. (548) — Ire *obviàm* alicui. (549) — Homines benefici *proximè* Deum accedunt. (550) — *En, ecce* præceptor, ou *en, ecce* præceptorem. (551) — *En* Pallas adest. (552)

---

1. Ubinàm *gentes* sumus ? (Cic.)
2. Hùc *arrogantiam* venimus. (Tac.)
3. *Mei* obviam venisti. (Cic.)

17. Démosthène me paraît avoir *trop* de génie *pour* être comparé à Lysias. (536, 2ᵉ ex.)

18. Il m'est *si* odieux *que* toute relation avec lui me paraît insupportable. (532)

19. J'étais *tellement* occupé *que j'ai eu* à peine le temps d'écrire cette petite lettre. (532)

20. Le tourment n'est pas *assez* fort *pour* détruire l'amitié. (534, 495)

21. Qui est *assez* étranger à toutes choses *pour* ne pas comprendre que son salut est attaché au vôtre? (534, 3ᵉ ex.)

DE MANIÈRE (195).

1. Le souverain bien, d'après les Stoïciens, consiste à vivre *convenablement à la nature*. (545)
2. Nous venons *à cause de* lui. (546)
3. Un seul ami *nous tient lieu de tous les hommes*. (546)
4. Démosthène fut gratifié d'une couronne d'or *à cause de son courage*. (546)
5. La vallée est fermée *comme un camp*. (546)
6. Quelques Romains avaient des maisons (grandes) *comme des villes*. (546)

COMPLÉMENT DES ADVERBES DE LIEU. (205).

1. *Dans quel pays* sommes-nous? (547)
2. Nous en sommes venus à *un tel point* d'orgueil. (548)
3. Vous êtes venu au-devant de *moi*. (549)
4. Vous pouvez habiter *près de moi*. (550)
5. Voici le *grief*, voici *la cause*. (551, avec *nomin.*)
6. *Où* en est l'affaire? (547)
7. Voici que je *rencontre* l'homme que je cherche. (549)

4. Propè *mei* habitare potes. (Cic.)
5. En crimen, en *causam*. (Cic.)
6. Ubi *locus* res est? (Plaut.)
7. Quem quæro, ecce obviam *mei* est. (Plaut.)
8. Hi propiùs *mari Africo* agitabant. (Sall.)
9. Ecce *miser homo*. (Cic.)
10. Ecce Dionæi processit Cæsaris *astro*. (Virg.)
11. Hoc nusquàm est *gentibus*. (Plaut.)
12. Propiùs *Tiberim* quàm *Thermopilas*. (C. Nep.)
13. Exercitum habere quàm proximè *hosti*. (Cic.)
14. Ecce autem Boreas adest. (Virg.)
15. *Tuam virtutem* proximè accedo. (Cic.)

CHAPITRE XXIV.

Règles : *Pridiè* Calendarum ou Calendas. (553) — *Tunc temporis*, etc. (554) — *Vix* advenit *quùm* in morbum incidit. (555) — *Statim ut* advenit, in morbum incidit. (556) — *Maturiùs* solito surrexit. (557) — Depugna *potiùs quàm* servias. (558) — *Nunc quùm*... heri quùm, etc. (559)

1. Pridiè *insidiis*. (Tac.)
2. Civitas Annibalem, tùm *tempore* consulem, in foro exspectabat. (Just.)
3. *Vix* agmen processerat, *quàm* Galli flumen transeunt. (Cæs.)
4. Juventus Romana, *tam maturè* belli patiens erat, militiam discebat. (Sall.)
5. *Magis maturè ut* consueverat ad exercitum proficiscitur. (Cæs.)
6. Putavi sequendam *magis citò* tenuitatem cum bonâ famâ, *ut* abundantiam cum infamiâ. (Vit.)
7. Nondùm centum et decem anni sunt *quàm* lata est lex. (Cic.)
8. Postridiè *ludis Apollinaribus*. (Cic.)
9. Vix dùm epistolam tuam legeram, *ut* ad me Postumus venit. (Cic.)
10. Litteras rescripsi statim *quàm* tuas legeram. (Cic.)
11. Vicinum *magis citò* adjuveris quàm fratrem aut familiarem. (Cic.)

8. Ils vivaient *près de la mer d'Afrique.* (550)
9. Voilà *un homme malheureux.* (551, avec l'*acc.*)
10. *Ici* s'avança l'astre de César, fils de Vénus. (551)
11. Cela ne se trouve dans aucun pays *du monde.* (547)
12. Plus près du *Tibre* que des *Thermopyles.* (549)
13. Tenir son armée le plus près possible *de l'ennemi.* (505)
14. Mais voici Borée. (552)
15. J'approche beaucoup *de votre courage.* (549)

COMPLÉMENT DES ADVERBES DE TEMPS. (192).

1. *La veille de l'embuscade.* (553, avec le *gén.*)
2. La ville attendait sur la place publique Annibal, *alors* général en chef. (554)
3. *A peine* le bataillon était-il sorti, *que* les Gaulois passent la rivière. (555)
4. *Aussitôt que* la jeunesse romaine était capable de supporter la guerre, elle en faisait l'apprentissage. (556, avec *simul ac.*)
5. Il part pour l'armée *plus tôt qu'*il n'avait coutume. (557, 203)
6. J'ai pensé qu'il faut *plutôt* rechercher la médiocrité avec une bonne réputation, *que* l'abondance avec l'infamie. (558)
7. Il n'y a pas encore cent dix ans *que* la loi a été portée. (559)
8. Le lendemain *des jeux d'Apollon.* (553, avec l'*acc.*)
9. *A peine* avais-je lu votre lettre, *que* Postumus vint près de moi. (555)
10. Je vous ai écrit une lettre *aussitôt que* j'ai eu lu la vôtre. (556)
11. Vous aurez *plus tôt* secouru un voisin qu'un frère ou un ami. (557, 203)
12. L'homme de bien supporte tous les tourments *plutôt que* de trahir ou son devoir ou sa foi. (558)
13. Déjà vieux, voilà le cinquième jour *que* je fréquente l'école. (559, dern. ex.)

12. Vir bonus cruciatus fert omnes *maturius* quàm aut officium prodat aut fidem. (Cic.)

13. Senex, quintum jàm diem habeo *quàm* in scholam eo. (Sen.)

14. Nunc *quàm* isti lubet, ei obsecunda. (Ter.)

15. Fuit quoddam tempus *quàm* in agris passim homines bestiarum more vagabantur. (Cic.)

16. Fuit tempus *quàm* rura colerent homines neque urbem haberent. (Varr.)

17. Vix annus intercesserat, *ut* ipse accusavit Norbanum. (Cic.)

CHAPITRE XXV.

Règles : Trente prépositions veulent leur complément à l'accusatif. (560, 206) — Douze prépositions veulent leur complément à l'ablatif. (560, 207) — sum *in Galliâ*, eo *in Galliam*. (560, 209) — *Mecum*, tecum, etc. — *Capulo tenùs, aurium tenùs.* — *Versùs orientem.* (561)

1. Ubi per *socordiâ* vires defluxêre, naturæ infirmitas accusatur. (Cic.)
2. A *corpus* valui, ab *animus* æger fui. (Plaut.)
3. Ad *singulis nuntiis* consilia mutat. (Cic.)
4. Ab *hæc præcepta* concionem dimisit. (T. Liv.)
5. Josephus à *mercatores* deportatus in Ægypto, brevi ipsi regi percarus fuit. (Just.)
6. Militem probare tantùm à *vires*. (Suet.)
7. Justitia erga *Deus* religio dicitur; erga parentes, pietas. (Cic.)
8. De *moris ritûs*que. (Suet.)
9. Adversùs *viri boni* patrium Deus habet animum. (Sen.)
10. E *naturæ* est. (Cic.)
11. Secùs *fluviis* gregatim eunt elephanti. (Plin.)
12. Ex *rei meæ* videtur. (Cic.)
13. Ante *obitu* nemo dici debet beatus. (Cic.)
14. Xerxes cum *immensæ copiæ* Europam invasit. (C. Nep.)

SYNTAXE DES PRÉPOSITIONS.

14. Secondez-le *présentement que* cela lui plaît. (559)

15. Il fut *un temps que* les hommes erraient çà et là dans les champs, à la manière des bêtes. (559)

16. Il fut *un temps que* les hommes cultivaient les champs et n'avaient point de ville. (559)

17. Une année s'était *à peine* écoulée, *qu'il* accusa lui-même Norbanus. (555)

SYNTAXE DES PRÉPOSITIONS. (205 A 210).

1. Quand les forces ont été détruites *par* la paresse, on accuse la faiblesse de la nature. (560, 206)
2. J'étais fort *de corps*, et malade *d'esprit*. (560, 207)
3. *A chaque nouvelle* il change de résolution. (560, 206)
4. *Après cette instruction* il congédia l'assemblée. (560, 207)
5. Joseph, transporté *par des marchands en Egypte*, devint bientôt cher au roi lui-même. (560, 207, 206)
6. N'apprécier des soldats que *d'après leurs forces*. (560, 207)
7. La justice *envers Dieu* s'appelle religion; *envers les parents*, piété filiale. (560, 206)
8. *Conformément* à l'usage et aux cérémonies. (560, 207)
9. Dieu a un cœur de père *pour les hommes de bien*. (560, 206)
10. Il est *dans la nature*. (560, 207)
11. Les éléphants vont en troupe *le long des fleuves*. (560, 206)
12. Il paraît *dans mes intérêts*. (560, 207)
13. Personne ne doit être appelé heureux *avant la mort*. (560, 206)
14. Xerxès envahit l'Europe *avec des* troupes immenses. (560, 207)
15. Proposez-vous toujours Dieu *devant les yeux*. (560, 206)

15. Tibi ob *oculis* Deum propone semper. (Cic.)
16. In omnium *animos* Dei notionem impressit ipsa natura. (Cic.)

17. Citò apud *viro bono* moritur iracundia. (Publ. Syr.)
18. Potest ex *casæ* magnus vir exire. (Sen.)
19. Nulla inter *malis* potest esse amicitia. (Cic.)
20. Sidera ab *ortûs* ad *occasus* commeant. (Cic.)
21. Cantabit vacuus coràm *latro* viator. (Juv.)
22. It fama per *urbs*. (Virg.)
23. Quidam præ *gaudium* interiêre. (Cic.)
24. Bonus vir sine *Deus* nemo est. (Sen.)
25. Debet intrà *fortunâ* quisque manere suâ. (Ovid.)
26. Gentium imperium penès *regibus* est. (Just.)
27. Rhenus in *Oceano* influit. (Cæs.)
28. Subter *littus*. (Virg.)
29. Sub *amplexibus* alicujus ire. (Ovid.)

30. Super *tabernaculo* Darii imago solis fulgebat. (Q. Curt.)

31. Omnia *cum ego* porto, inquiebat Bias. (Cic.)
32. Alexander *Oceani* tenùs vicit. (Sen.)
33. *Lumbis* tenùs. (Cic.)
34. Medus amnis *meridiei* versùs fluit. (Q. Curt.)

35. Babyloniæ super *arcem* pensiles horti erant. (Q. Curt.)

36. Pro *patriam* mortem adiit Codrus. (Cic.)
37. Nulla potentia suprà *legibus* esse debet. (Cic.)

38. Græci incoluêre terras priùs cis *Apennino*, posteà trans *Apennino*. (Just.)

39. Albis fluvius longè ultrà *Rheno* fluit. (Eut.)
40. Vera virtus nunquàm extrà *modo* progreditur. (Cic.)
41. Sæpè res præter omnium *opinione* cedunt. (Cic.)

42. Per *amicitiâ* adversæ etiam res in gaudia mutantur. (Cic.)

NOMS DE MATIÈRE, DE MESURE, DE DISTANCE, ETC. 159

16. La nature elle-même a gravé la notion de Dieu *dans tous les cœurs*. (560, 207)

17. La colère meurt bientôt *chez l'homme de bien*. (560, 206)

18. Un grand homme peut sortir *d'une cabane*. (560, 207)

19. Aucune amitié ne peut exister *entre les méchants*. (560, 206)

20. Les astres voyagent *du levant au couchant*. (560, 207, 206)

21. Le voyageur sans argent chantera *devant le voleur*. (560, 207)

22. Le bruit se répand *par la ville*. (560, 206)

23. Quelques-uns sont morts *de joie*. (560, 207)

24. Personne n'est homme de bien *sans Dieu*. (560, 207)

25. Chacun doit rester *dans sa condition*. (560, 206)

26. L'empire des nations est *en la puissance des rois*. (560, 206)

27. Le Rhin coule *dans l'Océan*. (560, 209)

28. *Sous le rivage*. (560, 209)

29. Aller *embrasser* quelqu'un. (560, 209)

30. L'image du soleil brillait *au-dessus de la tente* de Darius. (560, 209)

31. Je porte tout *avec moi*, disait Bias. (561, 1°)

32. Alexandre a tout vaincu *jusqu'à l'Océan*. (561, 2°)

33. *Jusqu'*aux reins. (561, 2° ex.)

34. Le fleuve de Médie (l'Euphrate) coule *vers le midi*. (561, 3°)

35. *Au-dessus de la citadelle* de Babylone étaient des jardins suspendus. (560, 209)

36. Codrus se dévoua *pour sa patrie*. (560, 207)

37. Aucune puissance ne doit être *au-dessus des lois*. (560, 206)

38. Les Grecs habitèrent d'abord les pays *en-deçà des Apennins*, et par suite *au-delà des Apennins*. (560, 206)

39. L'Elbe coule bien loin *au-delà du Rhin*. (560, 206)

40. La véritable vertu ne va jamais *au-delà des bornes*. (560, 206)

41. Souvent les choses arrivent *contre* l'opinion générale. (560, 206)

42. *Au moyen de l'amitié*, l'adversité même se change en plaisir. (560, 206).

CHAPITRE XXVI. — NOMS DE MATIÈRE, DE MESURE,

Règles : *Vas ex auro.* (562) — *Vas aureum.* (563) — *Velum longum tres ulnas* ou *tribus ulnis.* (564) — *Duobus digitis* major me non es. (565) — Cecidit *decimo* abhinc passu, ou *ad decimum* abhinc passum. (566) — Ferire *gladio*, *fame* interiit, vincis *formâ*, vincis *magnitudine*, teneo lupum *auribus.* (567) — Hic liber constat *viginti assibus.* (568) — Veniet *die dominicâ.* (569) — Regnavit *tres annos* ou *tribus annis.* (570) — *Tertium annum* regnat. (571) — *Tribus abhinc annis* ou *tres abhinc annos* mortuus est. (572) — Deus creavit mundum *intrà sex dies.* (573) — *Post tres dies* proficiscar. (574)

1. Agesilas sæpè jus dicebat in suggesto *cespes* vel *lapis* sedens.
2. *Auri* ramus. (Virg.)
3. Hostes consederunt *mille passus* à castris octo. (Cæs.)
4. Hibernia est *dimidium* minor quàm Britannia. (Cæs.)
5. Agathocles castra *quinque lapidibus* posuit. (Just.)
6. Lucretia se *cultri* occidit. (A. Vict.)
7. Quis plebem *famis* necaret? (Cic.)
8. Nemo unquàm imperium *flagitium* quæsitum *bonæ artes* exercuit. (Tac.)
9. *Humerum, lumbos, coxam* debilis. (Juv.)
10. Hoc judicio damnatur Timotheus, lisque ejus æstimatur centum *talenta.* (C. Nep.)
11. *Sæcula multa* antè gymnasia inventa sunt, quàm in his philosophi garrire cœperunt. (Cic.)
12. Jovis stella suum cursum *annum duodecimum* conficit. (Cic.)
13. *Duodecim annis* Italia urebatur. (T. Liv.)
14. Demosthenes... *annis* propè *trecentis* fuit. (Cic.)
15. Hæc omnia *in decem annis* facta sunt. (Cic.)
16. Pythias ad cœnam Canium invitavit *in postero die.* (Cic.)
17. Ennius in sepulcro Scipionum constitutus est *marmor.* (Cic.)

NOMS DE MATIÈRE, DE MESURE, DE DISTANCE, ETC. 161
NCE, DE CAUSE, D'INSTRUMENT, DE MANIÈRE, DE PRIX.

1. Agésilas rendait souvent la justice assis sur un siége de *gazon* ou de *pierre*. (562)
2. Un rameau *d'or*. (562)
3. Les ennemis s'arrêtèrent *à huit mille pas* du camp. (564, 703)
4. L'Irlande est *de moitié* moins grande que la Bretagne. (565)
5. Agathocle campa *à cinq milles*. (566)
6. Lucrèce se tua avec *un couteau*. (567, instrument)
7. Qui ferait mourir le peuple de *faim*? (567, cause)
8. Jamais personne ne gouverna avec *des moyens légitimes* un empire acquis *par le crime*. (567)
9. Faible *de l'épaule, des reins, de la cuisse*. (567, *partie*.)
10. Timothée est condamné dans cette affaire, et son amende est taxée *à cent talents*. (568)
11. Les gymnases furent inventés *bien des siècles* avant que les philosophes commençassent à y discourir. (569)
12. La planète de Jupiter accomplit sa révolution *en douze ans*. (570, avec l'abl.)
13. *Depuis douze ans* l'Italie était en feu. (571)
14. Il y a environ *trois cents ans* que vivait Démosthène. (572, avec l'acc.)
15. Tout cela s'est accompli *en dix ans*. (573)
16. Pythias invita Canius à souper *pour le lendemain*. (574, 2ᵉ règle.)
17. Ennius fut placé *en marbre* dans le tombeau des Scipions. (562)
18. Je t'ai fait *en marbre*. (563)
19. Aulis est éloigné *de trois milles* de Chalcis. (564, avec l'abl.)
20. Les tours placées sur les murs de Babylone, sont *de dix pieds* plus élevées que la muraille. (565)
21. « Je voudrais savoir (dit Alexandre à Abdolonyme) *avec quelle constance* vous avez supporté la pauvreté. » Abdolonyme répondit : « Plaise à Dieu que je puisse supporter la royauté *avec le même courage*. » (567)
22. Je n'achète point l'espérance *par de l'argent*. (568)

18. Te *marmore* fecimus. (Virg.)
19. A Chalcide Aulis trium millium *spatii* distat. (T. Liv.)
20. Turres in muris Babylonicis *denos pedes*, quàm murus, altiores sunt. (Q. Curt.)
21. « Libet scire (Abdolonymo dixit Alexander) inopiam » *quæ patientiæ* tuleris. Tùm ille : Utinàm, inquit, *idem* » *animus* regnum pati possim ! » (Q. Curt.)
22. Ego spem *pretium* non emo. (Ter.)
23. Nemo mortalium sapit *omnes horæ*. (Plin.)
24. Cicero vixit *tres* et sexaginta *anni*. (T. Liv.)
25. Decessit Alexander *mensis unus*, *anni tres* et *triginti* natus. (Just.)
26. Imperium ab Assyriis translatum est ad Medos.. *anni* fermè *septingentis* septuaginta. (Vell.)
27. Germani *in annis* quatuordecim tectum non subierunt. (Cæs.)
28. Esculapii templum quinque *millium* passuum ab Epidauro abest. (T. Liv.)
29. Nemo gloriam *injustitia* et *immanitas* est consecutus. (Cic.)
30. *Multi sanguinis* pœnis victoria stetit. (T. Liv.)
31. *Æstatem*, plurima fiunt fulmina. (Sen.)
32. Quædam bestiolæ *uni diei* vivunt. (Cic.)
33. Nestor *tres* jàm ætates vivebat. (Cic.)
34. Milites aggerum latum *pedibus trecentis* extruxerunt. (Cæs.)
35. Albani ab urbe Romanâ *duodecimum milliarium* absunt. (Eut.)
36. *Varium Martem* pugnatum est. (Quint.)
37. Cœlius conduxit non *magni* domum. (Cic., sous ent. *pretio*.)
38. Homerus *annos multos* fuit ante Romulum. (Cic.)
39. Annibal *tribus millibus* passuum ab urbe castra posuit. (T. Liv.)
40. Quanquàm excellebat Aristides *abstinentiam*, tamen exilio mulctatus est. (C. Nep.)
41. Aristides *sextum annum*, postquàm erat expulsus in patriam restitutus est. (C. Nep.)
42. Pompeius *biennium* quàm nos fortassè major fuit (Cic.)
43. Nemo *idem tempus* assequi potest magnam famam et magnam quietem. (Tac.)

NOMS DE MATIÈRE, DE MESURE, DE DISTANCE, ETC. 163

23. Aucun des hommes n'est sage *à tous les instants.* (569)

24. Cicéron vécut *soixante-trois ans.* (570)

25. Alexandre mourut âgé *de trente-trois ans et un mois.* (571)

26. Depuis environ *sept cent soixante-dix ans*, l'empire a été transféré des Assyriens aux Mèdes. (572, avec *abhinc* et l'*acc.*)

27. Les Germains n'ont pas logé sous un toit *dans l'espace de quatorze ans.* (573)

28. Le temple d'Esculape est à *cinq mille pas* d'Epidaure. (564, avec l'*ablat.*)

29. Personne n'a acquis la gloire *par l'injustice* et *la cruauté.* (567)

30. La victoire coûta *beaucoup de sang* aux Carthaginois. (568)

31. *En été* la foudre éclate très-souvent. (569)

32. Certains petits animaux ne vivent qu'*un jour.* (570, avec l'*acc.*)

33. Nestor vivait déjà depuis *trois générations.* (571)

34. Les soldats élevèrent une terrasse large de *trois cents pieds.* (564, avec l'*acc.*)

35. Albe est *à douze milles* de Rome. (564, avec l'*abl.*)

36. On combattit avec *des chances diverses.* (567, manière.)

37. Cœlius ne loua pas *cher* sa maison. (568)

38. Homère vivait *bien des années* avant Romulus (569)

39. Annibal campa *à trois milles* de Rome. (564, avec l'*acc.*)

40. Quoique Aristide fût renommé pour son *désintéressement*, il n'en fut pas moins condamné à l'exil. (567, manière.)

41. Aristide fut rappelé dans sa patrie *six ans* après qu'il en eut été banni. (569)

42. Pompée avait peut-être *deux ans* de plus que moi. (565)

43. Personne ne peut acquérir *en même temps* une grande réputation et un long repos. (569)

44. *Nonus* (dies) calendas septembris, *hora diei ferè septima* apparuit nubes. (Plin.)

45. Libertas *longum* post *tempus* venit. (Virg.)

46. Cato, *annis* quinque et octoginta natus, excessit è vitâ. (Cic.)

47. *Tempora mala* ausus est esse bonus. (Mart.)

48. Viginti *talenta* unam orationem Isocrates vendidit. (Plin.)

49. Roma condita est Olympiadis sextæ *annum tertium*. (Eut.)

50. Tredecim *anni* regnavit Alexander. (T. Liv.)

51. Chrysogonus vas Corinthium *magni pretii* mercatus est. (Cic.)

52. *Quinque* quoque *annis* Sicilia censetur. (Cic.)

53. Nemo est dignus nomine hominis qui *unus dies totus* velit esse in voluptate. (Cic.)

PRÉPOSITIONS *A* ET *DE*.

Règles : Nihil habebam *quod* ad te scriberem. (575) — Quem *si* loquentem audies, dicas. (576) — *Ut* verum dicam, *ne* mentiar. (577) — *Ex* omnibus vitiis, nullum est majus superbiâ. (578) — Noster exitus *ex* Ægypto fuit infaustus. (579) — Tempus *orandi*. (580) — Contremiscebat *ne* deprehenderetur. (581) — Pergratum mihi feceris, *si* ad eum scripseris. (582) — O *te infelicem, qui* ultro ad necem cucurreris ! (583)

---

1. Sine Deo nihil habes *ad sperandum;* cum Deo, nihil *ad timendum*. (Sen.)

2. Quem loquentem *audiendum*, dicas prædivitem. (Cic.)

3. *Ad* vera *dicendum*, Demosthenes Ciceronem eloquentiâ vincit. (Val. Max.)

4. Nihil est *omnium rerum humanarum* præclarius quàm de republicâ benè mereri. (Cic.)

5. A conatu *resistere* deterritus, sese dedit. (C. Nep.)

6. Non proficiscar, *timore* ægrotus *esse*. (Cic.)

7. Plus prodest... pauca præcepta sapientiæ *tenere* quàm multa *discere*. (Sen.)

8. O fortunate adolescens !... tuæ virtutis Homerum præconem inveneris. (Cic.)

NOMS DE MATIÈRE, DE MESURE, DE DISTANCE, ETC. 165

44. *Le neuf* avant *les calendes de septembre*, vers *les sept heures*, un nuage apparut. (569)

45. La liberté ne vint que *longtemps* après. (569)

46. Caton mourut âgé de *quatre-vingt-cinq ans*. (571)

47. Tu osas être bon *dans ces temps malheureux*. (569)

48. Isocrate vendit *vingt talents* un seul de ces discours. (585)

49. Rome fut fondée *la troisième année* de la sixième Olympiade. (569)

50. Alexandre régna *treize ans*. (570, avec l'*abl.*)

51. Chrysogonus acheta *à grand prix* un vase de Corinthe. (568)

52. *Tous les cinq ans* la Sicile est soumise au cens. (569)

53. Il n'y a personne digne du nom d'homme qui veuille être *tout un jour* dans le plaisir. (570)

PRÉPOSITIONS A ET DE.

1. Sans Dieu vous n'avez rien *à espérer*; avec Dieu, rien *à craindre*. (575)

2. *A l'entendre* parler, vous le diriez fort riche. (576)

3. *A vrai dire*, Démosthène l'emporte sur Cicéron en éloquence. (577)

4. *De toutes les choses humaines* rien n'est plus beau que de bien mériter de la république. (578)

5. N'osant plus faire *d'efforts pour se défendre*, il se rendit. (580)

6. Je ne partirai pas, *de peur* d'être malade. (581)

7. Il t'est plus utile *de retenir* peu de préceptes de sagesse que d'en apprendre beaucoup. (582, avec *le parf. du subj.* au dernier verbe.)

8. Que vous êtes heureux, jeune guerrier, *d'avoir trouvé* Homère pour chanter votre courage ! (583)

9. Assurément vous sentirez que vous avez quelque chose *à espérer*, et que vous n'avez rien *à craindre* (575)

10. *A le voir*, on le prendrait pour un homme très-simple. (576)

11. *A ne point mentir*, les hommes sont quelquefois bien méchants. (577)

9. Profectò intelliges te aliquid habere *sperandum*, nihil *timendum*. (Cic.)

10. Quem... quis *videndum*, simplicissimum judicet. (Sen.)

11. *Non mentiendo*, pessimi interdùm homines sunt. (Sen.)

12. *Omnium sensuum* acerrimus est sensus videndi. (Cic.)

13. Aditum petentibus *convenire* non dabat. (C. Nep.)

14. Germani olim agriculturæ non studebant, *timore* studium belli agriculturâ *commutandi*. (Cæs.)

15. Me miserum *ut* non adfuerim! (Cic.)

16. *Vitiorum* nullum est frequentius quàm ingrati animi. (Sen.)

PRÉPOSITIONS *APRÈS, AVAN*

Règles : *Post* prandium. (584) — *Secundùm* Ciceronem ou *à* Cicerone, erat oratorum princeps. (585) — *Sub* eas litteras, recitatæ sunt tuæ. (586) — *Postquàm* legi scribo. (587) — Lego, legam, *antequàm* scribam. (588) — *Infecto negotio*, profectus est. (589) — *Pro* gladio, ou *loco* gladii fuste usus est. (590) — *Quùm* legere *deberet*, ludit. (591) — *Quùm posset* ludere, legit. (592) — Lege, *non autem* nugare. (593) — Legit ille, tu *verò* nugaris. (594) — Vix me aspicit, *nedùm* amet. (595)

1. Nero natus est... novem *mensibus*, quàm Tiberius excessit. (Suet)

2. *Post* deos, homines hominibus maximè utiles esse possunt. (Cic.)

3. *Post* adventum prætoris Romani Pœnus agro Nolano excessit. (T. Liv.)

4. Omne dixeris maledictum *post* ingratum hominem *dixisse*. (Publ. Syr.)

5. Latro, *antè* manus *inquinare*, latro est. (Sen.)

6. Id etiam, *antequàm dicam*, intelligis. (Cic.)

7. Dî præceptorem voluere *parente* esse *pro*. (Juv.)

8. Rure nihil scribo; lego *contrà* libentissimè. (Cic.)

9. Vix in tectis frigus vitamus *longissimè* in viâ sit facile abesse ab injuriâ temporis. (Cic.)

10. Aliquot *mensibus*, homo occisus est. (Cic.)

12. *De tous les sens*, le plus vif est celui de la vue. (578)

13. Il était inaccessible à ceux qui *demandaient à lui parler*. (580)

14. Les Germains autrefois ne se livraient point à l'agriculture, *de crainte de* quitter pour elle le goût de la guerre. (581, 1ᵉʳ ex.)

15. Malheureux que j'étais *de* ne pas avoir été présent! (583)

16. *De tous les vices*, nul n'est plus fréquent que celui de l'ingratitude. (578, avec *inter*.)

LIEU DE, BIEN LOIN DE.

1. Néron naquit *neuf mois après* la mort de Tibère. (584)
2. Les hommes, *après les dieux*, peuvent être les plus utiles aux hommes. (585)
3. *Après l'arrivée* du préteur romain, le Carthaginois abandonna le territoire de Nole. (586)
4. *Après avoir* appelé un homme ingrat, vous n'avez plus d'injure à lui dire. (587)
5. Le voleur, *avant de souiller* ses mains, est voleur. (588)
6. Vous comprenez cela *avant* (ou *sans*) que *je* vous le dise. (589, *me tacente*.)
7. Les dieux ont voulu que le précepteur tînt *lieu d'un père*. (590, avec *loco*.)
8. Je n'écris rien à la campagne, *au lieu que* je lis très-volontiers. (594)
9. *Bien loin de* nous *défendre* aisément des injures du temps en voyage, nous nous garantissons à peine du froid dans nos habitations. (595)
10. *Au bout de quelques mois*, cet homme fut tué. (684)
11. *Après* vous rien ne m'est plus cher que la solitude. (585, avec *secundum*.)
12. *Après avoir pris Jérusalem*, Pompée vainqueur n'enleva rien de son temple. (587, avec l'*ablat. abs.*)

11. *Post* te nihil est mihi amicius solitudine. (Cic.)

12. Pompeius *postquàm cepisset Hierosolymas*, victor ex fano nihil attigit. (Cic.)

13. De Carthagine vereri non *priùs* desinam, *quàm illam* excisam esse cognovero. (Cic.)

14. Comes facundus in viâ *loco vehiculi* est. (Cic.)

15. Vix ejus sumptus sufferre posset satrapes *longissimè ut* tu possis. (Ter.)

16. *Anno... quinto decimo*, creati consules. (T. Liv.)

17. *Ante* de incommodis Siciliæ dico, pauca mihi dicenda sunt. (Cic.)

18. Non *ante* sum conatus misericordiam aliis commovere quàm misericordiâ sum ipse captus. (Cic.)

19. Dives metuit ne, *post amissa bona*, fiat miser. (Cic.)

20. Ducentis annis... Romam caperent, in Italiam Galli transcenderunt. (T. Liv.)

21 Epaminondas nunquàm à circulo... decessit, quàm ad finem sermo esset adductus. (C. Nep.)

22. Tempestas minatur,... surgat, crepant ædificia... corruant. (Sen.)

23. Ægyptii quamvis carnificinam... subierint, quàm felem aut canem violent. (Cic.)

PRÉPOSITIONS *POUR, SANS*.

RÈGLES : Meum *in* te ou *erga* te studium. (596) — Amor *libertatis* nobis est innatus. (597) — *Pro* gladio ou *loco* gladii, fustem sumpsit. (598) — Illum *propter* modestiam amo. (599) — *De* nihilo irascitur. (600) — Id libenter illius *causâ* faciam. (601) — Omnem curam *in* valetudinem confer. (602) — *Vitæ tuæ* metuebam. (603) — Surrexit *ad* respondendum. (604) — Otiare *quò* meliùs labores. (605) — *Ne* vobis tædium afferam. (606) — Misit hominem *qui* me moneret. (607) — *Quamvis* improbos salutaverim, non continuò sum improbus. (608 —) *Si vel minimum* cogitare volueris, rem perspicies. (609) — Ego *verò* sum paratus. (610) — Erant multæ *ut* in homine romano litteræ. (611) — Exiit, nec fores clausit. (612) — Nemo fit doctus, quis potest fieri doctus, *quin* multa legat. (613) — Non proficiscar *priusquàm* tibi vale dixerim. (614) — *Sine* lacrymis, *sine* metu, etc. (615)

13. Je ne cesserai pas de craindre Carthage *avant de* la savoir détruite. (588, avec *antè*.)

14. En route, un compagnon qui cause volontiers *tient lieu d'une voiture*. (690, avec *pro*.)

15. *Bien loin que* vous puissiez fournir à sa dépense, à peine un satrape le pourrait faire. (559)

16. *Quinze ans après*, on créa des consuls. (584)

17. *Avant de parler* des inconvénients de la Sicile, j'ai quelques mots à dire. (588)

18. Je n'ai point essayé d'éveiller la compassion des autres, *avant d'avoir* été moi-même saisi de compassion. (588, avec *priùs*.)

19. Le riche craint, *après avoir perdu ses biens*, de devenir malheureux. (587, avec l'*abl. abs.*)

20. Les Gaulois pénétrèrent en Italie deux cents ans *avant de* prendre Rome. (588)

21. Epaminondas ne quitta jamais un cercle *avant que* la discussion fût épuisée. (588, avec *priùs*.)

22. La tempête menace *avant d'*éclater ; les édifices craquent *avant de s*'écrouler. (588)

23. Les Egyptiens supporteront toute espèce de torture *avant de* maltraiter un chat ou un chien. (588, avec *priùs*)

PRÉPOSITIONS *POUR, SANS*.

1. Nous devons être affectés *pour* un ami de la même manière que *pour* nous-mêmes. (596, avec *ergà*.)

2. Iphicrate inspirait à tous de l'admiration *pour lui*. (597)

3. On a coutume de dire Cérès *pour les moissons*, Bacchus *pour le vin*, Neptune *pour la mer*. (598, avec *pro*.)

4. Celui qui est utile à un autre *pour* son propre avantage demande injustement que cela lui soit imputé comme un mérite. (599)

5. On combattit en Italie *pour l'empire*. (600)

6. Que de choses nous ne ferions jamais *pour nous* et que nous faisons *pour nos amis*! (601, 1er et 2e ex.)

7. Ceux qui nuisent aux uns dans le but d'être libéraux *pour les autres*, sont aussi injustes que s'ils prenaient *pour eux-mêmes* le bien d'autrui. (602)

8. Celui qui veut qu'on publie sa vertu ne travaille pas *pour la vertu*, mais *pour la gloire*. (603)

1. Eodem modo *ad* amicum affici debemus quo *ad* nosmetipsos. (Cic.)
2. Iphicrates cuivis injiciebat admirationem *sibi*. (C. Nep.)
3. Cererem *ad fruges*, Liberum *ad vinum*, Neptunum *ad mare*, appellare solent. (Cic.)
4. Qui alteri suam *in* causam commodat, injuriâ postulat id graciæ apponi sibi. (Phæd.)
5. *Pro* imperio in Italiâ decertatum. (Cic.)
6. Quàm multa quæ *nos propter* nunquàm faceremus, facimus *propter amicos*. (Cic.)
7. Qui aliis nocent ut *propter* alios liberales sint, in eâdem sunt injustitiâ, ut si *propter* suam rem aliena convertant. (Cic.)
8. Qui virtutem suam publicari vult, non *in virtutem* laborat, sed *in* gloriam. (Sen.)
9. Mortem *ad* nunquàm *timendam* semper cogita. (Sen.)
10. Obducuntur cortice trunci, *ut* sint à frigore tutiores. (Cic.)
11. Legati *pro* negotiis tractandis. (Cic.)
12. Eruditus oportet ut aliquid ex se promat *ad* alios *delectandum*. (Cic.)
13. Ut gemmæ, *ut* abjiciantur in lutum, proprietatem non amittunt, sic multi, *ut* in tenebris involuti fuerint, optimam naturam non amiserunt. (Cic.)
14. Tenue est mendacium; perlucet, *ut parùm* diligenter inspexeris. (Sen.)
15. *Me propter* sum paratus ad omnia audenda. (Sall.)
16. In illo multæ, *pro* in homine Romano, litteræ erant. (Cic.)
17. Horatius Cocles transnatat Tiberim *sine* arma dimittere. (Flor.)
18. Timoleontem mater, post fratris necem, nunquàm aspexit *sine* eum fraticidam impiumque detestans compellare. (C. Nep.)
19. Latro *sine quàm* manus inquinet, jàm latro est. (Sen.)
20. Sensim *remoto* sensu ætas senescit. (Cic.)
21. Thrasybulo neminem præfero *ad* patriam amore. (C. Nep.)
22. Innatus est nobis *in cogitationem* amor et *in scientiam*. (Cic.)

9. *Pour* ne jamais *redouter* la mort, pensez-y toujours. (604, avec *ut*.)

10. Les troncs sont enveloppés d'écorce *pour* qu'ils soient *plus à l'abri* du froid. (605)

11. Ambassade *pour* traiter d'affaires. (600)

12. Il faut que le savant tire de lui-même quelque chose *pour plaire* aux autres. (607)

13. Comme les perles, *pour être jetées* dans la boue, ne perdent point leur prix ; de même beaucoup d'hommes, *pour avoir été enveloppés* dans les ténèbres, n'ont point perdu leur excellent naturel. (608)

14. Le mensonge est délié ; il est transparent, *pour peu que* vous l'examiniez. (609)

15. *Pour moi*, je suis prêt à tout oser. (610, avec *verò*.)

16. Il avait beaucoup de littérature *pour* un Romain. (611, avec *ut*.)

17. Horatius Coclès passe le Tibre *sans abandonner* ses armes. (612)

18. Après que Timoléon eut fait assassiner son frère, sa mère ne le vit jamais *sans* le *charger* d'imprécations, et *sans* lui *donner* les noms de fratricide et d'impie. (613)

19. Le voleur, *sans avoir souillé* ses mains, est déjà voleur. (614, avec *antequàm*.)

20. On vieillit *sans* s'en apercevoir. (615, 1er ex.)

21. Je ne préfère personne à Thrasybule en fait d'amour *pour* la patrie. (596, avec *in*.)

22. L'amour *pour la science* est inné en nous. (597)

23. Il y a des gens qui lisent Lucilius *pour* Horace et Lucrèce *pour* Virgile. (598, avec *pro*.)

24. Les hommes ont été créés *pour* les hommes, afin qu'ils pussent être utiles les uns aux autres. (601, premier exemple.)

25. Argent donné pour le *service militaire*. (602)

26. L'homme se souviendra qu'il n'est pas né *pour* lui seul, mais *pour* sa patrie, mais *pour* les siens. (603)

27. La ressemblance des mœurs peut beaucoup *pour former* des amitiés. (604, avec *ad*.)

28. Simonide fit des vers *pour* supporter plus facilement la pauvreté. (605)

23. Sunt qui Lucilium *ad Horatium*, et Lucretium *ad Virgilium* legunt. (Tac.)

24. Homines *homines propter* sunt generati, ut alii aliis prodesse possent. (Cic.)

25. Pecunia *rei militari* data. (Cic.)

26. Non *in se solum* se natum meminerit homo, sed *in patriam*, sed *in suos*. (Cic.)

27. Similitudo morum valet *in conjungendo* amicitias. (Cic.)

28. Simonides scripsit melos *ut* paupertatem sustineret faciliùs. (Phæd.)

29. Leges sunt inventæ *ad cum* omnibus unâ atque eâdem voce *loquendum* (Cic.)

30. *Te propter* felix, Agricola, vitæ claritate. (Tac. sousent. *fuisti.*)

31. Multi omnia se simulant scire, *sine* quidquam *scire*. (Plaut.)

32. Nihil proficiunt, *quin* admodùm mentiantur. (Cic.)

33. Non proficiscar *quin* te viderim. (Cic.)

34. Quod sors feret feremus *sine questu*. (Ter.)

35. Neque contrà rempublicam, neque contrà jusjurandum ac fidem, *amicum propter* vir bonus faciet. (Cic.)

36. Nemo errat *in unum se*. (Sen.)

37. Mamercus tyrannos *ut adjuvaret* venerat. (C. Nep.)

38. Ut *non* longius abeam. (Cic.)

39. *Vos propter*, quousque rempublicam intutam patiemini. (Sall.)

40. Nunquàm fui usquàm *sine quàm* me omnes amarent plurimùm. (Ter.)

41. Hostem qui feriet, *ad me* erit Carthaginiensis. (Cic.)

42. Exercendæ memoriæ... (Cic.)

43. Otium des corpori *in* assuetam fortiùs *præstando* vicem. (Phæd.)

44. Gallinæ avesque reliquæ pennis fovent pullos *ut non* frigore lædantur. (Cic.)

45. Pyrrhus ad Romanos legatum misit *ut is* pacem peteret. (Eut.)

46. Artaxerxes ab Atheniensibus petivit ducem *ut eum* præficeret exercitui. (C. N.)

47. Ut *amor* amabilis esto. (Ovid.)

48. Pisistratus, *in se* non *in patriam*, Megarenses vicit. (Just.)

PRÉPOSITIONS POUR, SANS.   173

29. Les lois ont été faites *pour parler* à tous un seul et même langage. (607)

30. *Pour toi*, tu fus heureux, Agricola, par l'éclat de ta vie. (610)

31. Beaucoup de gens font semblant de tout savoir *sans rien savoir*. (612)

32. Ils ne gagnent rien *sans mentir* beaucoup. (613, avec *nisi*.)

33. Je ne partirai point *sans* vous avoir vu. (614)

34. Nous supporterons *sans nous plaindre* ce que le sort nous destinera. (615, 2°)

35. Un homme de bien ne fera rien *pour un ami*, ni contre l'état, ni contre le serment et la fidélité. (601, avec *causâ*.)

36. Nul n'est dans l'erreur *pour lui seul*. (603)

37. Mamercus était venu *pour secourir* les tyrans. (604) der. ligu.)

38. *Pour ne pas* trop m'écarter. (606)

39. *Pour vous*, jusqu'à quand laisserez-vous la république sans défense? (610)

40. Je ne me suis trouvé nulle part *sans que* tout le monde m'aimât beaucoup. (613)

41. Celui qui frappera l'ennemi sera *pour moi* un Carthaginois. (603)

42. *Pour* exercer la mémoire. (604, avec *gratiâ*.)

43. Donnez du repos au corps *pour* mieux *fournir* votre tâche accoutumée. (604 avec *ut*.)

44. Les poules et les autres oiseaux réchauffent leurs petits sous leurs ailes *pour* qu'ils *ne* souffrent pas du froid. (606)

45. Pyrrhus envoya un ambassadeur aux Romains *pour demander* la paix. (607)

46. Artaxerxès demanda aux Athéniens un général *pour le* mettre à la tête de son armée. (607, 2° ex.)

47. *Pour* être aimé soyez digne de l'être. (604).

48. Pisistrate vainquit les habitants de Mégare *pour lui* et non *pour* sa patrie. (603).

49. Le roi Philippe donna Aristote pour maître à son

49. Philippus rex Aristotelem Alexandro filio doctorem accivit, *ut ab eo* ille et agendi acciperet præcepta et loquendi. (Cic.)

50. Chrysippum *propter* facio. (Cic.)

51. Romanus populus sibi tribunos plebis creavit, *ut per eos* contra senatum et consulos tutus esse posset. (Eut.)

CHAPITRE XXVII.

DE LA CONJONCTION *QUE* PLACÉE ENTRE DEUX VERBES

QUESTIONS : Qu'appelle-t-on *QUE retranché ?* (616) — Qu'appelle-t-on proposition *incidente ?* (618, renvoi) — A quel temps de *l'infinitif* s'emploie le verbe après un *que retranché ?* (619)

RÈGLES : Credo *te flere.* (617) — Persuasum habeto *puerum* qui parentes veretur, à Deo *amatum iri.* (618) — Credo *illum legere.* (620) — Tibi dixi *Phædrum fuisse* servum. (621) — Credo *illum legisse.* (622) — Credo *illum* cras *venturum esse.* (623) — Credo *illum venturum fuisse.* (624) — Credo *fore ut* te pœniteat. (625). — Credebam *fore ut* te pœniteret. (626) — Credis *fore ut* brevi illud negotium confecerit. (627) — Credis *te esse* beatum. (628)

---

1. Possumus pronuntiare nos *sum mali, mali esse* et *sum.* (Sen.)

2. Cogitemus *ille,* quem servum vocamus, eodem modo *orior* ac *nobis.* (Sen.)

3. *Tu abundo* oportet præceptis philosophiæ. (Cic.)

4. Ferunt *memoria singularis sum* in Themistocle. (Cic)

5. *Mercurius* artium *inventor* ferunt. (Cæs.)

6. Spero *amicitia* Scipionis et Lælii *sum natus* posteritati. (Cic.)

7. Pollio *Cæsar* existimat suos *rescribo* et *corrigo* commentarios. (Suet.)

8. Spero *sum* contingat id nobis. (Cic.)

9. Nunquàm putavi, *ut* supplex ad te *venio.* (Cic.)

10. Legati sparabant *sui,* quæ petierint, *impetro.* (Cæs.)

11. Apparet Corneliæ *filii,* qui eloquentiâ floruerunt, ab eâ sermonis *elegantia haurio.* (Cic.)

fils Alexandre, *pour qu'il reçût de lui* des leçons de conduite et de langage. (607)

50. *Pour Chrysippe*, je l'estime. (610, avec *autem*.)

51. Les Romains créèrent les tribuns du peuple *pour se faire par leur moyen* un rempart contre le sénat et les consuls. (607)

CONJONCTIONS.
OU MÉTHODE SUR LE *QUE* RETRANCHÉ.

1. Nous pouvons dire *que nous sommes méchants, que nous l'avons été, que nous le serons.* (617, 1ᵉʳ et les deux dern. ex.)

2. Pensons *que cet homme* que nous appelons notre esclave *est né* de la même manière que *nous*. (618, 622)

3. Il faut *que* vous *soyez pourvu* de préceptes de philosophie. (620, 617)

4. On dit *qu'il y avait* dans Thémistocle une *mémoire étonnante*. (621)

5. On dit *que Mercure fut l'inventeur* des arts. (622)

6. J'espère *que l'amitié* de Scipion et de Lælius *sera connue* de la postérité. (623)

7. Pollion pense *que César aurait retouché* et *corrigé* ses commentaires. (624, avec le verbe *sum* à la fin.)

8. J'espère *que* cela nous *arrivera*. (625)

9. Je n'ai jamais pensé *que je viendrais* en suppliant devant vous. (626)

10. Les députés *espéraient obtenir* ce qu'ils avaient demandé. (628)

11. Il paraît *que les fils* de Cornélie, qui fleurirent par leur éloquence, *apprirent* d'elle *l'élégance du style.* (618, 622)

12. J'ai appris de mon père *que les afféteries conviennent* aux femmes et *le travail* aux hommes. (620)

13. On a prétendu *qu'Homère était aveugle.* (621, 617)

14. Cassius passa pour *avoir arrangé lui-même* la guerre. (622, 617)

15. Il est certain que nous *goûterons le repos.* (623)

16. Varron prétend *que les Muses auraient parlé* le langage de Plaute, si elles avaient voulu parler latin. (624)

12. Ex parente meo accepi *munditiæ convenio* mulieribus *labor* viris. (Sall.)

13. Traditum est *Homerus cæcus sum*. (Cic.)

14. Venit in eam opinionem Cassius, *ipse fingo* bellum. (Cic.)

15. Certum est nos *quiesco*. (Cic.)

16. Varro dicit *Musæ* Plautino sermone *loquor*, si latinè loqui vellent. (Quint.)

17. Hujus *ego* constantiæ puto *ut* **nunquàm** *pænitet*. (Cic.)

18. Existimabant plerique *ut* oppidum *amittor*. (Cic.)

19. Jurat, *suâ* nisi *victor* in castra non *revertor*. (Cæs.)

20. Deo gratum est omnibus *pateo* ad se placandum et colendum *via*. (Cic.)

21. Nec *infelix Regulus* nunquàm putavi. (Cic.)

22. Alexander *hostis advento* credebat. (Q. Curt.)

23. *Porus perimo* credebat. (Q. Curt.)

24. Titus affirmabat *sui pereo* potiùs quàm *perdo sum* alios. (Suet.)

25. Apud Ægos flumen copiæ Atheniensium à Lysandro sunt devictæ; sed nemini erat dubium si Conon ad fuisset, illam Athenienses calamitatem non *accipio*. (C. Nep.)

26. Spero *ut contingit* id mihi. (Cic.)

27. An tu censes ullam anum tàm deliram *esse* ut somniis crederet, nisi ista casu non nunquàm concurrerent? (Cic.)

28. In republicâ multò præstat beneficii quàm maleficii *immemor sum*. (Cic.)

29. Non satis est *pulchris sum poematis*, dulcia sunto. (Hor.)

30. *Venus* Adonidi *nubo* proditum est. (Cic.)

31. Sperate *Dii memores* fandi atque nefandi. (Virg.)

32. Decet *carior sum patria* nobis quàm *nosmetipsi*, (Cic.)

33. Seneca negabat *divitiæ sum* bonum.

34. Alexander *Ephestion color* ut *Deus* jussit. (Just.)

35. Litteras græcas *Cato* in senectute *disco*, accepi. (Cic.)

17. Je pense *que je ne me repentirai* jamais de cette fermeté. (625)
18. La plupart pensaient *que la ville aurait été perdue.* (626, 2ᵉ ex.)
19. Il jure *qu'il ne rentrera* que *vainqueur* dans le camp. (628, 3ᵉ ex.)
20. Il est agréable à Dieu que le moyen de l'apaiser et de l'adorer *soit offert* à tout le monde. (620)
21. Je n'ai jamais pensé *que Régulus fût malheureux.* (621, 617)
22. Alexandre croyait *que l'ennemi arrivait.* (620, 617)
23. Il croyait *que Porus avait été tué.* (622)
24. Titus affirmait *qu'il périrait* plutôt que de *perdre* les autres. (623)
25. Ce fut sur les bords du fleuve Ægos que les troupes athéniennes furent défaites par Lysandre ; mais personne ne doutait *que* la présence de Conon n'*eût garanti* les Athéniens de ce malheur. (624, en mettant *non* entre le part. et le verbe *sum.*)
26. J'espère *que j'aurai* cette satisfaction. (625)
27. Est-ce que vous pensez *qu'il se fût* jamais *rencontré* une vieille assez insensée pour croire aux songes, si le hasard ne les avait pas quelquefois réalisés ? (626, 2ᵉ ex.)
28. Dans une république, il vaut mieux *oublier* un bienfait qu'un méfait. (628)
29. Ce n'est pas assez *que les poèmes soient beaux,* qu'ils *soient* encore touchants. (620, 617)
30. On raconte *que Vénus épousa* Adonis. (622, 617)
31. Espérez *que les Dieux se souviendront* de la vertu et du crime. (623)
32. Il faut *que la patrie* nous soit *plus chère* que nous-mêmes. (620, 617)
33. Sénèque niait *que les richesses fussent* un bien. (620, 617)
34. Alexandre ordonna *qu'Ephestion fût honoré* comme un dieu. (620, 617)
35. J'ai entendu dire *que Caton apprit* le grec dans sa vieillesse. (622, 617)
36. Qui est-ce qui a eu la certitude *qu'il vivrait* jusqu'au soir ? (623)
37. J'espère *avoir acquis* la gloire d'intégrité. (628, 622)

36. Quis est cui sit exploratum *sui* ad vesperem *vivo?* (Cic.)

37. Spero *ego* integritatis laudem *consequor*. (Cic.)

38. Ego memini *summi sum* in nostrâ **civitate** *viri*. (Cic.)

39. Non despero, *sum aliquis* aliquandò, qui existat talis orator, qualem quærimus. (Cic.)

40. Timoleon maluit *sui diligo* quàm *metuo*. (C. Nep.)

41. Meministis *ego* ità *distribuo* initio causam. (Cic.)

42. Lacedæmonii scripserunt Pausaniæ, nisi domum reverteretur, *sui* capitis eum *damno*. (C. Nep.)

43. Matris *ferio injuriæ ego* pietas jubet. (Ter.)

44. *Insidiæ* sibi *fio*, intellexit. (C. Nep.)

45. Improbitas non sinit *is respiro*. (Cic.)

46. Credibile est, hominum causâ *fio mundus*. (Cic.)

47. Promitto, recipio, spondeo, *Cæsar talis* semper *sum*. (Cic.)

48. Aliud est *iracundus sum*, aliud, *iratus*. (Cic., sousent. *quemquam*.)

49. Scelus est *verbero civis Romanus*. (Cic.)

50. Annibal promisit Gallis non *sui stringo* antè gladium, quàm in Italiâm venisset. (T. Liv.)

51. Omnibus expedit bonis *salva sum respublica*. (Cic.)

52. Perspicuum est, naturâ nos à dolore *abhorreo*. (Cic.)

53. Fides erat *res succedo*. (Suet).

54. *Sol* Persæ *unus Deus sum* credunt. (Just.)

55. Spero et confido *tu* jàm *valeo*. (Cic.)

56. Fateor *insita sum* nobis corporis nostri *caritas*. (Sen.)

57. *Magnus sum sol*, philosophus probabit. (Sen.)

58. Ægrè fert *sui pauper sum*. (Cic.)

59. *Senatus pareo* non siverunt. (Cic.)

60. Nullo *sui implico* negotio passus est. (Cic.)

61. Hoc mihi *placeo* recordare. (Cic.)

38. Je me souviens *qu'il y a eu des grands hommes dans notre république.* (622, 617)
39. Je ne désespère pas *qu'un* jour *il y ait* un orateur qui réalise cette perfection que nous cherchons. (623)
40. Timoléon aima mieux *être aimé* qu'*être craint.* (628)
41. Vous vous souvenez *que* j'ai commencé par *distribuer* ainsi ma cause. (622, 617)
42. Les Lacédémoniens écrivirent à Pausanias *qu'ils le condamneraient* à mort, s'il ne revenait dans sa patrie. (623, 617)
43. La piété *m'ordonne de supporter* les injures d'une mère. (628)
44. Il comprit *qu'on lui tendait un piége.* (620, 617)
45. Sa méchanceté ne permet pas *qu'il respire.* (620, 617)
46. Il est vraisemblable *que le monde a été fait* pour les hommes. (622, 617)
47. Je promets, je garantis, je réponds *que César* sera toujours *tel.* (623, 617)
48. C'est autre chose *d'être colère*, autre chose *d'être en colère.* (628)
49. C'est un crime *qu'un* citoyen romain *soit battu de verges.* (620, 617)
50. Annibal promit aux Gaulois *de ne point tirer* l'épée avant d'être arrivé en Italie. (623, 617)
51. Il importe à tous les gens de bien *que l'État soit sauvé.* (620, 617)
52. Il est évident *que nous répugnons* naturellement à la douleur. (620, 617)
53. Il y avait lieu de croire *que l'affaire réussirait.* (623, 617)
54. Les Perses croient *que le soleil est le seul Dieu.* (620, 617)
55. J'espère et j'ai la confiance *que vous vous portez bien* à présent. (620, 617)
56. J'avoue *que l'amour* de notre personne nous *est naturel.* (620, 617)
57. Un philosophe prouvera *que le soleil est grand.* (620, 617)
58. Il voit avec peine *qu'il est pauvre.* (620, 617)
59. Ils ne souffrirent pas *que le sénat obéit.* (620, 617)
60. Il ne s'est laissé *mêler* à aucune affaire. (620, 617)
61. Rappelez-vous *que* cela me *plaisait.* (622)

62. In spem venio, *appropinquo adventus tuus.* (Cic.)
63. Fac fidem, *tu* nihil nisi populi utilitatem *quæro.* (Cic.)
64. Scio illud tibi curæ *sum.* (Cic.)
65. Zeno nihil censuit *desum* virtuti. (Cic.)
66. Clitarchus narravit *Darius* ab Alexandro *supero.* (Cic.)
67. *Luna*, si crescat, ortus *specto*, haud dubium est. (Plin.)
68. Erant multi qui, quamquàm non ità sese *res habeo* arbitrarentur, tamen eadem prædicarent. (Cic.)

CONJONCTIONS DONT LES UNES VEULENT LE VERBE

RÈGLES : Quùm Athenæ *florerent.* (630) — Quùm id *velis.* (631) — *Ut* ou *quemadmodùm* ignis aurum probat, *sic* ou *ità* miseria fortes viros. (632) — *Dùm* canis *ferret* carnem. (633) — Clitellas *dùm portem* meas. (634) — Id *si faceres, si fecisses* causâ meâ, tibi gratias *agerem.* (635) — *Si* voluisses *et* potuisses. (636) — Quem librum *si leges*, lætabor. (637) — *Nisi* caveas. (638) — *Si non* homines, at certè Deum time. (639) — Quem *si arcessebam*, abibat. (640) — Quòd *si*, *sin*, *sin autem*, etc. (641) — Interrogavit *an* esset latior bove. (642) Luce *ut* quiescam. (643) — *Ut* aiunt. (644) — *Ut* ab urbe discessi. (645)

1. Qui non propulsat à suis injuriam, quùm *possit*, injustè facit. (Cic.)
2. Quùm *est* in nobis consilium, ratio, prudentia, necesse est Deum hæc ipsa habere majora. (Cic.)
3. Me fuerat æquius, *item* priùs introieram, *item* priùs exire de vitâ. (Cic.)
4. Dùm licitum *sit* ei, dùmque ætas *tulerit*, fecit. (Cic.)
5. Delitui, dùm vela *do.* (Virg.)
6. Rufio ità desiderabatur, ut si *erat* unus è nobis. (Cic.)
7. Si in bonis rebus amicum contemnis aut in malis *deseras*, levis es aut improbus. (Cic.)

CONJONCTIONS. 161

62. Je commence à espérer *que* le moment de *votre arrivée approche.* (620, 617)

63. Donnez l'assurance *que vous n'avez en vue* que l'intérêt du peuple. (620, 617)

64. Je sais *que* cela vous occupe. (620)

65. Zénon pensait *que* rien ne *manque* à la vertu. (Cic.)

66. Clitarque a raconté *que Darius fut vaincu* par Alexandre. (622)

67. Il est certain *que la lune*, en croissant, *regarde* l'orient. (620)

68. Il y avait beaucoup de gens qui répétaient la même chose, quoiqu'ils ne pensassent pas *qu'il en fût* ainsi. (620)

ANT AU SUBJONCTIF, LES AUTRES A L'INDICATIF. (629)

1. Celui qui ne sauve pas les siens de l'injustice, *quand il le peut*, commet une injustice. (630)

2. *Puisque* nous sommes doués de sagesse, de raison, de prudence, il faut nécessairement que Dieu possède ces qualités à un degré supérieur. (631)

3. Il eût été plus juste que, *comme* j'étais entré le premier dans la vie, *de même* j'en sortisse le premier. (632, avec *ut, sic.*)

4. Il a fait cela *tandis qu'il l'a pu* et *que* son âge le lui a permis. (633)

5. Je me tins caché *jusqu'à ce qu*'ils missent à la voile. (634)

6. Nous regrettions Rufion, comme *si* c'était un de nous. (635)

7. *Si* vous méprisez un ami dans la prospérité, ou *que* vous l'abandonniez dans l'infortune, vous êtes léger ou pervers. (636, avec *l'indic.*)

8. *Si* vous m'écoutez, vous *éviterez* les inimitiés. (637)

9. Vous ferez une mauvaise action, *si* vous *ne* l'avertissez. (638)

10. *Si* nous *ne* pouvons *pas* imiter l'orateur parfait, *du moins* nous pourrons dire ce qu'il doit être. (639, avec *at* seul.)

11. On ne danse guère à jeun, *à moins qu'on* ne soit fou. (641, avec *nisi forte.*)

8. Si me *audias*, vitabis inimicitias. (Cic.)

9. Improbè feceris, *si non* eum monueris. (Cic.)

10. Perfectum oratorem si imitari non possumus, *saltem* qualis esse debeat poterimus dicere. (Cic.)

11. Nemo ferè saltat sobrius, *minùs quàm* insanit. (Cic.)

12. Quæsivi à Catilinâ *si* apud Leccam *sum aut non*. (Cic.)

13. Ut in pace perpetuâ esse *possum* providebo. (Cic.)

14. Faciam ut *jubeo*. (Hor.)

15. Ut Hostius *ceciderit*, Romana inclinatur acies. (T. Liv.)

16. Zenonem, quùm Athenis *eram*, audiebam frequenter. (Cic.)

17. *Cùm* ager, quamvis fertilis, sine culturâ fructuosus esse non potest, *item* sine doctrinâ animus. (Cic.)

18. Mea pericula neglexi, dùm timorem à patriâ *propulso*. (Cic.)

19. Quid salvum *sum* si furari *licet?* (Just.)

20. Si te *rogaverim* aliquid, nonne respondebis? (Cic.)

21. Memoria imminuitur *si non* exerceas eam. (Cic.)

22. Si *non* imitatione tantam ingenii præstantiam consequi possumus, voluntate *saltem* proximè accedimus. (Cic.)

23. Si illum relinquo, ejus vitæ timeo : sed *si* opitulor, hujus minas. (Ter.)

24. Haud *scio si* quiddam amicitiâ melius homini *sum* datus. (Cic.)

25. Ipse ut *absolvor*, ignosce. (Sen.)

26. Ornatè locutus est, *cùm* fertur et mihi videtur Democritus. (Cic.)

27. Datames ubi *audiverit*, arma sumit. (C. Nep.)

28. Alexander quùm *interemit* Clitum, vix à se manus abstinuit. (Cic.)

29. Quòcumque aspexisti, *cùm* furiæ, *item* tuæ tibi occurrunt injuriæ. (Cic.)

12. *Je demandai* à Catilina *s'il s'était trouvé* chez Lecca *ou non*. (642)

13. Je ferai *en sorte que* vous *puissiez* être dans une paix perpétuelle. (643)

14. Je ferai *comme* tu *l'ordonnes*. (644)

15. *Dès que* Hostius *est tombé* l'armée romaine plie. (645, 1er ex.)

16. *Lorsque j'étais* à Athènes, j'assistais fréquemment aux leçons de Zénon. (630)

17. *Comme* un champ, quoique fertile, ne peut être productif sans culture, *de même* l'esprit sans instruction. (632)

18. J'ai négligé mes propres périls, *pourvu que j'écartasse* la crainte de ma patrie. (634)

19. Quelle chose *serait* en sûreté, *s'il était* permis de voler? (635)

20. *Si je vous demande* quelque chose, ne me répondrez-vous pas? (637, 2e ex.)

21. La mémoire s'affaiblit *si* on *ne* l'exerce. (638)

22. *Si* notre imitation *ne* peut *pas* atteindre à la hauteur de ce génie, *du moins* notre volonté en approche de beaucoup. (639, avec *minùs*, *certè*.)

23. Si je l'abandonne, je crains pour sa vie; *mais si* je lui porte secours, je redoute les menaces de celui-ci. (641, avec *sin*.)

24. *Je ne sais s'il a été donné* à l'homme *quelque chose* de meilleur que l'amitié. (642)

25. Pardonnez, pour être vous-même absous. (643)

26. Démocrite parlait avec élégance, *comme* on le rapporte et *à ce qu'il* me semble. (644)

27. *Dès que* Datame eut appris cela, il saisit ses armes. (645)

28. *Lorsque* Alexandre eut tué [*avait tué*] Clitus, il voulut attenter à sa vie. (630)

29. De quelque côté que vous tourniez vos regards, *de même que* des furies, *de même* vos injustices se présentent à vous. (632, avec *ut* et *sic*.)

30. *Jusqu'à ce que* les personnes en colère soient rentrées en elles-mêmes, il faut éloigner de leur portée ceux à qui elles en veulent. (634)

31. *Si* jamais *je* vous *ai paru* courageux, vous m'eussiez admiré dans cette circonstance. (635)

30. Iratis subtrahendi sunt inimici, dùm se ipsi *colligunt*. (Cic.)

31. Si unquàm tibi visus *sim* fortis, certè me tunc admiratus esses. (Cic.)

32. Nunquàm labere, si te *audis*. (Cic.)

33. Nihil est bonum *si non* quod honestum sit. (Cic.)

34. Si Deus es, ô Alexander, tribuere mortalibus beneficia debes; *si* autem homo es, id quod es, semper esse te cogita. (Q. Curt.)

35. Dubito *si* idem tibi *suadebo*. (Plin.)

36. Stude, ut quotidiè doctior *fis*. (Sen.)

37. Ut *numeraretur* argentum, intervenit homo. (Ter.)

38. Canes alebantur in Capitolio, ut significarent si fures *venio*. (Cic.)

39. *Si non* locorum notitiâ reliqui se texissent, funditùs deleti essent. (Cæs.)

40. Hoc nemini *nisi mihi* videtur. (Cic.)

41. Stellarum numerus par *aut* impar est nescitur. (Cic.)

42. Quæritur *si* animus ingratus impunitus esse *debeo*, *aut* lex ponenda *est* quâ ingratis pœna constituatur. (Sen.)

43. Æstimandum est *si* quod inchoatur utile *est aut non*. (Cic.)

44. *Cùm* malos præmia sequuntur, haud facilè quisquam gratuitò bonus est. (Sall.)

45. Pons sublicius iter penè hostibus dedit, *si non* unus vir fuisset Horatius Cocles. (T. Liv.)

46. Nil *nisi* salices crassaque canna fuit. (Ovid.)

47. Quæritur *si* atomorum concursu mundus *est* effectus; *si* providentiâ *regitur*; *si est* aliquando casurus. (Cic.)

48. Sapientia sola per se beatos *efficit*, *aut non*, quæstio est. (Cic.)

49. Queri cum multis ità ut *fiat* cæperunt. (Cic.)

50. Galba visus fuisset capax imperii, *si non* imperâsset. (Tac.)

32. Vous ne tomberez jamais, *si* vous prenez conseil de vous-même. (637)

33. Rien n'est bon *si* ce *n*'est ce qui est honnête. (638)

34. *Si* tu es un Dieu, Alexandre, tu dois répandre des bienfaits sur les hommes; *mais si* tu es homme, souviens-toi toujours de ta condition. (641)

35. Je doute *si* je vous *conseillerai* la même chose. (642, 3ᵉ ex.)

36. Etudiez, *afin que* vous deveniez chaque jour plus savant. (643)

37. *Comme* on comptait l'argent, survint un homme. (644)

38. On nourrissait des chiens dans le Capitole, pour qu'ils donnassent l'éveil *s'il se présentait* des voleurs. (635, avec *le parf. du subjonct.*)

39. *Si* la connaissance des lieux *n*'avait mis le reste à couvert, ils auraient tous été défaits. (638)

40. Personne *que moi* n'est de cet avis. (641, avec *præter*.)

41. On ignore *si* le nombre des étoiles *est* pair *ou* impair. (635, sous-ent. *utrum* pour le mot *si*.)

42. On *demande si* l'ingratitude *doit être* impunie, *ou s'il faut porter* une loi par laquelle soit établi le châtiment des ingrats. (642, 2ᵉ ex.)

43. Il faut *examiner si* ce qu'on entreprend *est* utile *ou non*. (642, 3ᵉ ex.)

44. *Dès que* les récompenses sont pour les méchants, quelqu'un est difficilement bon gratuitement. (645, 2ᵉ ex.)

45. Un pont de bois aurait livré passage à l'ennemi *s'il ne* se fût trouvé un seul homme, Horatius Coclès. (638, avec *ni* au lieu de *nisi*.)

46. Il n'y avait *rien que* des saules et d'épais roseaux. (631, avec *præter*.)

47. On demande *si le* monde *a été* créé par un concours d'atomes ; *s'il est gouverné* par la Providence ; *s'il doit* s'écrouler un jour. (642, 1ᵉʳ ex.)

48. On peut demander *si* la sagesse seule *suffit ou non* pour rendre heureux. (642, 3ᵉ ex.)

49. Ils se mirent à se plaindre avec le plus grand nombre, *comme* cela arrive. (644)

50. Galba eût paru digne de l'empire *s'il n*'avait régné. (638)

51. Dubito *si* idem tibi suadere *debeo*. (Plin. J.)
52. Omne animal, ut *velit*, ità utitur motu sui corporis. (Cic.)

VERBES APRÈS LESQUELS LE *QUE* OU *DE* FRAN

Règles : Suadeo tibi *ut* legas, *ne* ludas. (646) — *Litteras* ad me *perferendas* curavit. (647) — Unum *te monitum volo*. (648) — Dic illi, mone illum *ut* sibi caveat. (649) — Dic illi, mone illum *me advenisse*. (650) — Nibil meâ refert, quid meâ refert *utrùm* dives sim *an* pauper? (651) — Parùm curo *utrùm* me audias *nec ne*. (652)

1. Danda est opera *ut non* quid contrà æquitatem contendis.
2. Conon muros *reficere* curat. (C. Nep.)
3. Rempublicam *defendere* volunt. (Cic.)
4. Themistocles suasit populo... pecuniâ publicâ classis centum navium *ædificor*. (C. Nep.)
5. Sic mihi persuasi, sic sentio, *ut* non *potest animus noster* esse *mortalis*. (Cic.)
6. Quid refert *ut* voluerim fieri, *aut* gaudeam factum? (Cic.)
7. Sapientia sola per se beatos efficiat, *aut non*, quæstio est. (Cic.)
8. Alexandro vates occurrerunt, monentes *ut non* Babylonem *ingreditur*. (Q. Curt.)
9. Transfugam Fabricius *reducere* curavit ad Pyrrhum. (Cic.)
10. Corinthum patres vestri *extinguo* voluerunt. (Cic.)
11. Discipulos moneo... præceptores suos non minùs quàm ipsa studia *amo*, et parentes esse, non quidem corporum, sed mentium *credo*. (Quint.)
12. Consules jubentur *ut scribant* exercitum. (T. Liv.)
13. Quid refert, *ut* non *incipis, aut desinis*? (Sen.)
14. Quid tuâ interest *ut* dixerim *aut non*? (Cic.)
15. Agis cives suos stimulabat *ut non* Græciam premi *patiuntur*. (Q. Curt.)
16. Monuimus *ars* sine assiduitate dicendi non multùm *juvo*. (Cic.)
17. Quid tuâ refert *si* rus *eo aut* hìc *maneo*? (Cic.)

51. Je doute *si je dois* vous conseiller d'en faire autant. (642, 3ᵉ ex. avec *num* au lieu de *an*.)
52. Tout animal meut son corps *comme il veut*. (644)

REND EN LATIN PAR DIVERSES CONJONCTIONS,

1. Il faut que vous fassiez attention *de ne rien soutenir* contre l'équité. (646)
2. Conon *a soin de faire* relever les murailles. (647)
3. *Ils veulent défendre* la république. (648)
4. Thémistocle *persuada* au peuple *de construire* une flotte de cent vaisseaux avec l'argent de l'état. (649)
5. *Je me suis persuadé* et je sens *que notre âme* ne *peut* être *mortelle*. (650)
6. Qu'importe *que* j'aie voulu qu'on le fît, *ou* que je me réjouisse qu'on l'ait fait. (651)
7. C'est encore une question de savoir si la sagesse seule rend les hommes heureux *ou non*. (652)
8. Les devins se présentèrent à Alexandre, l'avertissant *de ne point entrer* dans Babylone. (646)
9. Fabricius *eut soin de faire reconduire* le transfuge à Pyrrhus. (647)
10. Vos pères *ont voulu* que Corinthe *fût détruite*. (648, avec l'auxiliaire *sum*.)
11. J'avertis les élèves *de* ne pas moins *aimer* leurs maîtres que leurs études elles-mêmes, et *de croire* qu'ils sont les pères non de leurs corps, mais de leurs âmes. (649)
12. On *ordonne* aux consuls *de* lever une armée. (650)
13. Qu'*importe que* vous ne *commenciez* pas *ou que* vous *cessiez*? (651)
14. Que t'*importe que* je l'*aie dit ou non*? (652)
15. Agis excitait ses concitoyens *à ne pas souffrir* que la Grèce fût opprimée. (646)
16. Nous vous *avons averti que la théorie* sans la pratique constante de l'éloquence est peu efficace. (650, 617)
17. Que t'*importe d'aller* à la campagne *ou* de *rester* ici? (651)
18. Je veux *que* vous me *répondiez*. (646.)
19. Désirer et souhaiter *qu'un ami ait* des torts. (646)
20. Je vous *exhorte* beaucoup *à lire*. (646)

18. Volo ut mihi *respondeo.* (Cic.)
19. Cupere et optare *quàm pecco* amicus. (Cic.)
20. Magnoperè te hortor *legere.* (Cic.)
21. Me Cæsar, ut sibi *sum* legatus, non solum suasit, sed etiam rogavit. (Cic.)
22. Quis Antonio permisit... partes *facio?* (Cic.)
23. Quî fit... nemo suâ sorte contentus *vivo?* (Horat.)
24. Jussit... naves Eubœam *petere.* (T.-L.)
25. Cæsar ut *venio* ad se rogat. (Cic.)

CHAPITRE XXVIII. — TEMPS DU VERBE LATIN APRÈ *DE* OU *QUE* APRÈS *CRAINDRE*, *PRENDRE GARDE*, *N'AVOIR GARDE*, ETC.

RÈGLES : Tibi suadeo, suadebo *ut legas.* (653) — Tibi suadebam, suasi, suaseram *ut legeres.* (654) — Timeo *ne* præceptor veniat. (655) — Timeo *ut* præceptor veniat, ou *ne non* præceptor veniat. (656) — Fateri non dubitat. (657) — Cave *ne* cadas. (658) — *Dá operam* ut omnia sint parata. (659) — Non *animadvertit* se derideri. (660) — *Non committam* ut à te discedam. (661) — Dignus est *ut* imperet, ou dignus est *qui* impèret. (662)

RÈGLES : Deus prohibet *ne* mentiamur. (663) — Non impedio, quis impedit *quin* profiscaris? (664) — Per me non stat *quin* sis beatus. (665) — Non possum *non* loqui. (666) — Gaudeo *quòd* tibi profuerim. (667) — Expecta *dùm* ou *donec* filius meus advenerit. (668) — Te ad me scripturum esse *existimabam.* (669) — Ità futurum sanè *prævideram.* (670) — Morbus causa fuit *cur* te non *inviserim.* (671) — Dubito *an valeat.* (672) — Non dubito *quin valeat.* (673) — *Suspicabar* rem malè cessuram. (674)

1. Suadeo tibi ut te quotidiè meliorem *facis.* (Cic.)
2. Annibal, verens *ut dedo* Romanis, venenum sumpsit. (C. Nep.)
3. Id metuo *ne impetro.* (Cic.)
4. Habetis consulem qui non *timeat* ea quæ statueritis defendere. (Cic.)
5. Cave... cui suspicionem *dare*. (Cic.)

21. Non seulement César me *conseilla*, mais encore me *pria d'être* son lieutenant. (646)

22. Qui *a permis* à Antoine *de faire* le partage ? (646)

23. Comment *se fait-il que* personne ne *vive* content de son sort ? (646)

24. Il *donna des ordres pour que* les vaisseaux gagnassent l'Eubée. (646.)

25. César me prie *de venir* auprès de lui. (646)

ES CONJONCTIONS *UT, NE, AN, UTRUM, QUIN,* ETC.
DE OU *QUE* APRÈS EMPÊCHER, DÉFENDRE, SE RÉJOUIR. ATTENDRE, DOUTER, ETC.

1. Je vous conseille de vous rendre meilleur chaque jour. (653)
2. Annibal, *craignant d'être livré* aux Romains, s'empoisonna. (655)
3. Je crains *de ne pas obtenir* cela. (656)
4. Vous avez un consul qui *ne craindra point* de défendre ce que vous aurez réglé. (657.)
5. *Prenez garde d'inspirer* du soupçon à quelqu'un. (658)
6. *Fais en sorte que tu sois* un homme. (659)
7. Combien de gens *ne prennent pas garde* qu'on se moque d'eux. (660)
8. Celui qui obéit à la voix de la nature *se gardera* toujours *de convoiter* le bien d'autrui. (661.)
9. Je sais qu'elle a mérité *que vous vous souveniez* d'elle. (662, avec la *conjonct.*)
10. Cela *empêche* l'orateur *de parler*. (663)
11. Rien ne vous *empêche d'être* heureux. (664)
12. Il n'a tenu qu'à lui *de* prendre la ville. (665, avec *quominus*.)
13. L'homme de bien *ne peut s'empêcher* de faire ce qu'il fait. (666.)
14. Un témoin *se fâcha* d'avoir été appelé malgré lui. (667)
15. J'attendrai *que vous* me *consultiez*. (668, avec *donec*.)
16. On s'attend à la paix. (669)

6. Cura *quàm* vir *es*. (Cic.)
7. Quàm multi non *cavent* se derideri. (Sen.)
8. Qui naturæ paret nunquàm committet *quàm* alienum *appeto*. (Cic.)
9. Scio hanc meritam esse *quàm* memor *sum* suî. (Ter.)
10. Id *ut* orator *dico*, impedit. (Cic.)
11. Nihil obstat *ut es* beatus. (Cic.)
12. Per eum unum stetit *ut* urbe potiretur. (Cic.)
13. Vir bonus non potest *retineri* facere quod facit. (Sen.)
14. Testis iratus est, *quia* evocatus esset invitus. (Plin. J.)
15. Expectabo *ut* me *consulis*. (Plin.)
16. Valdè opinio est de pace. (Cic.)
17. Futurum hoc animo *expectaveram*. (Cic.)
18. Quid causæ fuit *ut* consilium mutâris. (Cic.)
19. Dubito *ut* vitium *sum* magis detestabile quàm ira. (Sen.)
20. Quis dubitat *ut* in virtute divitiæ *sum*? (Cic.)
21. *Dubitabam* nihil esse. (Cic.)
22. Demus operam ne qua inter amicos dissidia *fiunt*. (Cic.)
23. Non vereor *ut* aucupari gratiam tuam *videor*. (Cic.)
24. Vereor *ne* fortunæ tuæ sufficere *potes*. (Q. Curt.)
25. In senatum *ut introiret* non dubitavit. (Cic.)
26. Cave *ut* quid stultè, *ut* quid temerè *dicis* aut *facis* contrà potentes. (Cic.)
27. Antè senectutem curavi *quàm* benè viverem, in senectute *quàm* benè moriar. (Sen.)
28. Sordidum est committere.... accusator *nominor*. (Cic.)
29. Meruit... maximis honoribus *decoror*. (Cic.)
30. *Ut aliquis* humasse velit Ajacem vetas. (Hor.)
31. Nec ætas impedit *ne* agri colendi studia *teneo*. (Cic.)
32. Per me non stat *ut non* fiat tibi satis. (Cic.)
33. Tuum consilium nemo potest *retineri* laudare. (Cic.)
34. Alexandrum filium Philippus accusat, *quia* benevolentiam Macedonum consectetur. (Cic.)
35. Nec exspectemus *ut* ab amicis *rogamur*, sed studium semper adsit. (Cic.)
36. Nunquàm adduci potuissem ut *expectarem* animi

17. *Je m'étais attendu que* cela arriverait. (670, avec *prænoveram.*)

18. Pour quelle *raison avez-vous changé* de projet? (671, avec *quare* au lieu de *cur.*)

19. *Je doute qu'il y ait* un vice plus détestable que la colère. (672, avec *utrum.*)

20. Qui *doute que les richesses ne consistent* dans la vertu? (673)

21. *Je me doutais que* ce n'était rien. (674)

22. *Ayons soin* qu'aucune dissension ne *s'élève* entre les amis. (653)

23. Je ne *crains point de paraître* rechercher votre bienveillance. (655)

24. *Je crains que* vous *ne puissiez pas* suffire à votre fortune. (656, avec *ne non.*)

25. Il n'*hésita* point à *entrer* dans le sénat. (657)

26. Prenez garde *de* rien dire, *de* rien faire en insensé ou en imprudent contre les hommes qui ont du pouvoir. (658)

27. Avant la vieillesse, *je me suis efforcé de* bien vivre; dans la vieillesse, je m'efforcerai *de* bien mourir. (659.)

28. Il est humiliant pour toi *de ne pas te garder d'être appelé* accusateur. (661, avec la 2ᵉ pers. en *re.*)

29. *Il mérita d'être comblé* des plus grands honneurs. (662, avec la *conj.*)

30. Vous *défendez qu'on* tente de donner la sépulture à Ajax. (663, 440. Rem.)

31. La vieillesse *ne nous empêche pas de conserver* le goût de l'agriculture. (664, avec *quominus*)

32. Il ne tient pas à moi *que* vous *ne* soyez content. (665)

33. Personne *ne* peut *s'empêcher de* louer votre résolution. (666)

34. Philippe accuse son fils Alexandre *de* capter la bienveillance des Macédoniens. (667)

35. *N'attendons* point *d'être priés* par nos amis, mais que notre zèle soit toujours présent. (668)

36. Je ne *me fusse* jamais *attendu que* cet enfant eût eu l'esprit aussi lourd et aussi hébété. (669)

37. Vous n'avez pas *sujet de vouloir* que cet homme soit accablé de malheur. (671)

38. Je *doute que* tout ce qu'il a dit *soit* vrai. (672)

vim et aciem ità obtusam et hebetem huic adolescenti fuisse. (Cic.)

37. Tibi nulla causa est *ut* hunc calamitate affici *volo*. (Cic.)

38. Haud scio *ut* quæ dixit *sunt* vera omnia. (Ter.)

39. Non dubito *ut* eo sis animo. (Cic.)

40. Timebam *ut evenio* ea quæ acciderunt. (Cic.)

41. Vereor *ne* exercitum habere potest. (Cic.)

42. Cavendum est *ut* minimis rebus *exasperor*. (Sen.)

43. Qui modestè paret, videtur... *imperandi* dignus esse. (Cic.)

44. Hoc potuisti prohibere *ut* fieret. (Cic.)

45. Quid recusare potest, *ut* et socii sibi *consulo*? (T.-L.)

46. Non possum *impedire* eum dimittere.

47. Lætor *ut* vivit in urbe. (Hor.)

48. Opperiri *ut resido* aquæ. (Ovid.)

49. Nec dubitavêre Persæ *ut* Macedones *fugio*. (Q. Curt.)

50. Non vereor *ut* quid stultè *facio*. (Cic.)

51. Vereor *ut* senatus Pompeium demittere *nolo*. (Cic.)

52. *Ut moveor* periculum non est. (Cic.)

53. Veretur Hiempsal, ne fœdus satis firmum *sum*. (Cic.)

54. Hi homines digni sunt *ut cum eis disseritur*. (Cic.)

55. Quis vetat *ut* mecum *venis*? (Cic.)

56. Cato mirabatur *ut* non *rideo* aruspex aruspicem cùm vidisset. (Cic.)

57. An expectatis *ut* Lepidus ferro urbem *invadit*? (Sall.)

58. Quis dubitare potest, *ut* Dei munus *est*, quod vivimus. (Sen.)

59. Angustias Themistocles quærebat, ne multitudine *circumibatur*. (C. Nep.)

60. Vereor, tibi illud *ne probo*. (Cic.)

61. Non prohibeo *ut* te mihi comitem *adjungis*. (Cic.)

62. Illi mihi gratias agunt, *ut* se regem appellaverim. (Cic.)

63. Non dubito, *ut* offensionem negligentiæ vitare non *possum*. (Cic.)

64. Verreor *ut* nihil *habuit* quod mihi, cùm cognoscerem, jucundum putaret fore. (Cic.)

65. Vereor *ne* placari *potest*. (Ter.)

39. *Je ne doute pas que* vous ne soyez dans les mêmes dispositions. (673)

40. *Je craignais que* les choses qui sont arrivées *n'arrivassent*. (655)

41. *Je crains qu'il ne puisse pas avoir* une armée... (656)

42. Il faut que *nous prenions garde de nous emporter* pour les plus petites choses. (658)

43. Celui qui obéit modestement semble *digne de commander*. (662, avec le *pronom*.)

44. Vous avez pu *défendre* que cela se fît. (663)

45. *Qui est-ce qui peut empêcher que les alliés songent aussi à leurs intérêts?* (664, avec *quin*.)

46. *Je ne puis me défendre de le laisser aller*. (666)

47. *Je me réjouis qu'il vive à la ville*. (667)

48. *Attendre que les flots s'apaisent*. (668; avec *dum*.)

49. *Les Perses ne doutèrent point que* des Macédoniens *ne prissent* la fuite. (673)

50. *Je ne crains pas que tu commettes* quelque imprudence. (655)

51. *Je crains que* le sénat *ne veuille pas* laisser partir Pompée. (656)

52. Il n'y a point de *danger que je me fâche*. (655)

53. Hiempsal *craint que* le traité ne soit *pas* assez solide. (656, avec *ut*.)

54. Ces hommes méritent qu'*on raisonne avec eux* (662 avec le *pronom*.)

55. Qui vous *empêche de venir* avec moi? (664)

56. Caton *s'étonnait qu'*un aruspice ne rît point quand il en voyait un autre. (667)

57. *Attendez-vous que* Lépidus entre dans la ville par le fer? (668)

58. Qui peut *douter que* notre existence *ne soit* un bienfait de Dieu? (673, 2ᵉ ex.)

59. Thémistocle cherchait les détroits, *de peur d'être enveloppé* par le grand nombre. (655)

60. *Je crains de ne pas vous faire approuver* cela. (656 avec *ut*.)

61. *Je ne vous défends pas de m'accompagner*. (664, avec *quominus*.)

62. Ils me remercient *de leur avoir donné le titre de rois*. (667)

66. Gallinæ pennis fovent pullos, ne frigore *læduntur*. (Cic.)

67. Vereris *ne* tuas epistolas *accipio*. (Cic.)

68. Quid obstat, *ut* Deus *sum* beatus? (Cic.)

69. Genus humanum falsò queritur *ut* sorte *regor*. (Sall.)

70. *Redeo vos* in corpus Germaniæ Diis gratias agimus. (Tac.)

71. Indignamur *ut* nobis hoc primum **acciderit**. (Cic.)

72. Lætaris *ut* ab hominibus iis laudaris, quos non potes ipse laudare? (Sen.)

73. Quid causæ est *ut* istum contra legem fecisse *judicatis*? (Cic.)

74. Hic locus nihil habet dubitationis *ut* homines plurimùm hominibus *prosum*. (Cic.)

75. Non est dubium *ut* possis notare. (Cic.)

76. Germani retineri non poterant *ne* in nostros tela conjicerent. (Cæs.)

VERBES A L'INDICATIF EN FRANÇAIS QU'IL

RÈGLES: Nescis *quis* ego *sim*. (675) — Fecit *quod* ei præceperam. (676) — Scire velim *ubi sis*. (677) — Vides *quantùm* te *amem*. (678) — *Quis* credat? *Quis* non illud fa tum *miretur*? (679)

QUESTIONS: Quels sont les temps du verbe français qui se mettent aux mêmes temps du *subjonctif* latin? (680) — Nescio *an auditurus sit* (681) — Nescio *an* illum unquàm *pæniteat*. (682) — Dubito *an* pater tuus brevi *venturus sit*. (683) — Dubito *an* illum unquàm *pæniteat*. (684) — Nescio *an*, dubito *an* tàm maturè *cænaverit*. (685) — Nescio *an*, dubito *an* priùs rem *confectu*.

CONJONCTIONS.

63. *Je ne doute pas qu'il ne me soit impossible* d'éviter le reproche de négligence. (673)
64. *Je crains qu'il n'ait eu* à m'apprendre rien qu'il jugeât devoir m'être agréable. (655)
65. *Je crains qu'il ne puisse pas* être apaisé. (656)
66. Les poules réchauffent leurs poussins sous leurs ailes, *de peur qu'ils ne souffrent* du froid. (655)
67. *Vous craignez que je n'aie pas reçu* vos lettres. (656)
68. *Qu'est-ce qui empêche Dieu d'être* heureux? (664, avec *quominus*.)
69. Le genre humain *se plaint* sans raison *d'être gouverné* par la fatalité. (667)
70. Nous rendons grâces aux Dieux *que vous soyez rentrés* dans le sein de la Germanie. (667 3e ex.)
71. Nous nous *indignons d'être* les premiers à qui cela soit arrivé. (667, 1er ex.)
72. Vous vous réjouissez *d'être loué* par ces hommes que vous ne pouvez vous-même louer! (667)
73. *Qu'est-ce qui est cause que vous ne déclarez pas* cet homme coupable de contravention à la loi? (664)
74. Il n'y a *point* de *doute* ici *que* les hommes *ne soient* très-*utiles* aux hommes. (673)
75. Il *n'est point douteux que* vous *ne puissiez* le remarquer. (673)
76. Les Germains ne pouvaient s'empêcher *de tirer* sur nous. (664)

FAUT METTRE AU SUBJONCTIF EN LATIN.

1. Prenez garde *à qui vous vous confiez.* (675)
2. Dieu sait *ce que* chacun pense. (676)
3. Et à la fin il trouva *où* allumer sa lampe. (677, avec *imp. du subj.*)
4. Que d'autres jugent *combien* nous *avons fait* de progrès. (678)
5. *Qui* est-ce qui ne *haïrait* pas une jeunesse débauchée? (679)
6. Je pourrais raconter dans quels lieux le peuple romain *a mis en déroute* les armées ennemies, quelles villes *il a prises.* (680)

rus sit quàm hùc venias. (686) — Non dubito *quin*, te legente has litteras, *confecta* jam res *futura sit* (687.)

1. Vide cui *fidis* (Phæd.)
2. Deus intelligit *quod* quisque sentiat. (Cic.)
3. Tandemque invenit ubi lucernam *accendo* (Phæd.)
4. Quantùm in studiis *profecimus* aliorum sit judicium. (Cic.)
5. Quis est qui non *odisset* libidinosam adolescentiam? (Cic.)
6. Memorare possem quibus in locis hostium copias populus Romanus *fudit*, quas orbes *cepit* (Sall.)
7. Velim me certiorem facias quamdiù in suburbano eris. (Cic.)
8. Nescio si te culpæ pœnituisset.
9. Quæ vita fuisset Priamo, si ab adolescentià scîsset quos eventus senectutis *haberet?* (Cic.)
10. Vereor ut tot labores *sustineo*. (Cic.)
11. Dubito an ullus M. Tullio eloquentior *existo*. (Aul. Gell.)
12. Amici Alexandri quærunt quem imperii *facit* hæredem; respondit dignissimum. (Just.)
13. Non video quare *est* difficilis moderatio. (Sen.)
14. Quamobrem non *debuisti* credere pauca dicam. (Cic.)
15. Epicurus dicit omnium rerum quas ad beatè vivendum sapientia *comparavit*, nihil esse majus amicitià. (Cic.)
16. Non possum scire an ei *prodero*, quem admoneo. (Sen.)
17. Solon tàm præclaras Atheniensibus leges tulit ut, si his perpetuò uti voluissent, sempiternum *habuerint* imperium. (Val. Max.
18. Lacedæmonii pertinebant ne Alcibiades ab ipsis *descisco*. (C. Nep.)
19. Nescis quantas vires virtus *habet*. (Cic.)
20. Feræ, non hominis, est quærere quomodò malum pro malo reddet.
21. Ne impii dubitent quâ mente Deus *erit* in eos. (Cic.)
22. Galba et Aurelius Cotta contendebant uter adversus Viriatum in Hispaniam *mittor*. (Val. Max.)
23. Non intelligitur quandò *obrepo* senectus. (Cic.)

7. Je voudrais que vous m'apprissiez *combien de temps vous resterez à la campagne.* (681, en employant *sum* avant le participe.)

8. Je ne sais si vous vous seriez repenti de votre faute. (682)

9. Quelle eût été la vie de Priam, si, dès sa jeunesse il eût su quels malheurs *il éprouverait* dans sa vieillesse? (683, en employant *sum* avec le participe.)

10. Je crains que vous ne *résistiez* pas à tant de travaux. (684)

11. Je doute qu'il *ait existé* quelqu'un plus éloquent que Cicéron. (685)

12. Les amis d'Alexandre lui demandent *qui il fait* héritier de son empire : Le plus digne, répondit-il, (675)

13. Je ne vois pas *pourquoi* la modération *est* difficile. (677)

14. Je dirai en peu de mots *pourquoi* vous n'*avez* pas *dû écrire.* (678)

15. Épicure déclare que, de tout ce que la sagesse *a recueilli* pour le bonheur de la vie, il n'y a rien de plus grand que l'amitié. (680)

16. Je ne puis savoir *si je serai utile* à celui que j'avertis. (684)

17. Solon donna de si excellentes lois aux Athéniens, que, s'ils avaient voulu y rester perpétuellement attachés, *ils auraient eu* un empire impérissable. (683, avec le parf. du subj. de *sum* après le part.)

18. Les Lacédémoniens craignaient qu'Alcibiade ne *se retirât* de leur parti. (684)

19. Vous ne savez pas *quelles* forces *a* la vertu. (675)

20. Il appartient à la brute, et non à l'homme de chercher à rendre le mal pour le mal. (677)

21. Que les impies ne doutent point *dans quels* sentiments Dieu *sera* à leur égard. (681, avec *sum* avant le participe futur.)

22. Galba et Aurélius Cotta disputaient (pour savoir) lequel des deux *serait envoyé* en Espagne contre Viriate. (675)

23. On ne sent pas *quand vient* la vieillesse. (677)

24. Beaucoup de peuples ne savent point encore *pourquoi* la lune *s'éclipse, pourquoi* elle *se voile.* (677)

25. Voyons *jusqu'où doit* aller notre attachement. (677)

24. Multæ gentes nondùm sciunt cur luna *deficio*, quarè *obrumbor*. (Sen.)
25. Videamus quatenùs amor progredi *debeo*. (Cic.)
26. Populus Romanus sensit, quantus et quantâ dignitate *eras*. (Cic.)
27. Scire velim numquid necesse *est* esse Romæ. (Cic.)
28. Themistocles quis *sum* aperit. (C. Nep.)
29. Omnibus bonis certus est in cœlo definitus locus, ubi beati ævo sempiter o *fruuntur*. (Cic.)
30. Miserrimus est qui quod *edit* non habet. (Plaut.)
31. Est ubi id isto modo *valet* (Cic.)
32. Quis non *admiraretur* splendorem pulchritudinemque virtutis. (Cic.)

CHAPITRE XXIX.

Règles : Dicis Paulum *à Petro* amari. (688) — *Cervi dicuntur tinuissimè vivere*. (689) — *Dicitur cervos diutissimè vivere*. (690) — *Dicitur te* tuæ culpæ pœnitere. (691) — Vulpes negavit *se esse culpæ proximam*. (692) — *Sic locutus est*. (693) — *Non quòd* approbem, sed *quòd*. (694) -*Non quò* mihi sit alter altero carior. (695) *Non quin exis imem*. (696) —Quamvis improbos salutaverim, *non continuò* sum improbus. (697) — *Valetudo* patris me *potissimùm* sollicitat. (698) — *Illud* spero, me futurum immortalem. (699) — Errat *qui* putat. (700) — Fatentur omnes, quò quid difficilius est, eò majorem ad id *adhibendam esse curam*. (701)

1. Certum est liberos *parentes amare*. (Quint.)
2. Mercurium Argum interemisse dicitur. (Cic.)
3. Aiunt homines plus in alieno negotio *videant* quàm in suo. (Sn.)
4. Nemo est tàm senex, qui *eum* annum non putet posse vivere. (Cic.)
5. *Est* sic *ut* volo, *est* sic *ut* jubeo, sit pro ratione voluntas. (Juv.)
6. Mater Darii, auditâ morte Alexandri, mortem sibi ipsa conscivit; non *ut* hostem filio præferret, sed *ut* pietatem filii in eo quem ut hostem timuerat experta esset. (Just.)

26. Le peuple romain a compris *combien* vous *étiez* grand, et *de quelle* considération vous jouissiez. (675)

27. Je voudrais *savoir s'il est* nécessaire d'être à Rome. (677.)

28. Thémistocle découvre *qui il est*. (675)

29. Il y a dans le ciel un séjour particulier destiné à tous les gens de bien, *pour y jouir* d'un bonheur éternel. (677)

30. Il est bien malheureux celui qui n'a pas *de quoi manger*. (675)

31. Il y a des circonstances *où* cela *se passe* ainsi. (677)

32. *Qui n'admirerait* pas l'éclat et la beauté de la vertu? (679)

RÈGLES PARTICULIÈRES.

1. Il est certain que les *parents aiment* tendrement leurs enfants. (688)

2. *On dit* que Mercure tua Argus. (689)

3. *On dit* que les hommes sont plus clairvoyants dans les affaires d'autrui que dans les leurs. (690)

4. Il n'est personne de si âgé qu'il ne pense pas qu'*il* puisse encore vivre un an. (692)

5. *C'est ainsi que* je veux, *c'est ainsi que* j'ordonne; que ma volonté tienne lieu de raison. (693)

6. La mère de Darius elle-même, ayant appris la fin d'Alexandre, se donna la mort; *ce n'est pas qu'*elle préférât un ennemi à son fils, mais *c'est qu'*elle avait trouvé la piété d'un fils en celui qu'elle avait craint comme un ennemi. (694)

7. *Ce n'est pas que* je diffère de sentiment, mais c'est que je vous crois sage. (696)

8. Si quelques insurrections ont été salutaires à la ville, *ce n'est pas à dire pour cela* qu'on doit faire dans cette circonstance un crime affreux à Norbanus. (697, avec *non continuò*.)

9. *Ce qui* est la seule et unique noblesse, *c'est* la vertu. (698)

10. *C'est* se tromper grossièrement *que de* penser acquérir de la gloire par une vaine ostentation. (700, tournez par *ceux qui*.)

7. Non *ut* ipse dissentiam, sed quòd te sapientem esse judicem. (Cic.)
8. Si nonnullæ seditiones saluti huic civitati fuerunt, non *est dicendum* id Norbano in nefario crimine est ponendum. (Cic.)
9. *Quod est* nobilitas sola est atque unica virtus. (Juv.)
10. *Est* inani ostentatione gloriam consequi posse *reor* vehementer *erro*. (Cic.)
11. (Credo) quò quisque est solertior et ingeniosior, hoc *docet* iracundiùs et laboriosiùs. (Cic.)
12. Dicunt *me* in exsilium *ejicio* Catilinam. (Cic.)
13. *Laudabilem munificentiam nostram* fore videtur. (Plin. J.)
14. *Quærunt* quid fieri possit. (Cic.)
15. Homo doctus in *illo* semper divitias habet. (Phæd.)
16. *Est* nunc *ut* decet caput impedire myrto. (Hor.)
17. Non *est ut* haberem magnoperè quod ad te scriberem, sed *ut* tecum absens loqui vellem. (Cic.)
18. Quòd ægri omnes non convalescunt, non *est dicendum* ars nulla medicinæ est. (Cic.)
19. *Quod* timeo ne mihi sit invidiosum quòd Catilinam emiserim. (Cic.)
20. Iracundiam *vincere est superare* hostem maximum. (P. Syr.)
21. *Aristæum inventorem* olei esse dicitur. (Cic.)
22. *Intelligor* corporis *voluptas* non *sum digna* hominis præstantiâ. (Cic.)
23. Cupidus vindictæ *illi* malum arcessit. (Phæd.)
24. Themistocles regi pollicitus est *se* Græciam bello oppressurum. (C. Nep.)
25. Lælium doctum fuisse *tradiderunt*. (Cic.)
26. Ad vilitatem *illorum* compelluntur ignavi. (Q. Curt.)
27. Non, si justa causa est viris fortibus oppugnandi Cœlium, est *dicendum* vobis quoque. (Cic.)
28. *Quod* naturâ constitutum est ut non liceat sui commodi causâ nocere alteri. (Cic.)
29. *Fateri* facinus... judicem *fugere*. (Sen.)
30. *Dicunt* eo tempore matrem Pausaniæ vixisse. (C. Nep.)

FIN DE LA SECONDE PARTIE.

11. (Je crois que) plus on a de souplesse et de vivacité d'esprit, plus on *est* emporté et exigeant dans son enseignement. (701)

12. On dit *que j'ai envoyé Catilina* en exil. (688)

13. *Il paraît* que votre magnificence doit être louée. (689)

14. *On demande* ce qu'on peut faire. (690)

15. L'homme instruit a toujours en *lui* des richesses. (692)

16. *C'est* maintenant *qu'*il convient de se couronner de myrte. (693)

17. *Ce n'est pas que* j'eusse beaucoup de choses à vous écrire, *mais c'est qu'*absent je voulais m'entretenir avec vous. (694)

18. Parce que tous les malades ne guérissent point, *ce n'est point à dire pour cela* qu'il n'y ait point d'art de guérison. (697), avec *idcirco*.)

19. *Ce que* je crains, *c'est qu'*on m'accuse d'avoir chassé Catilina. (699)

20. *C'est* dompter son plus grand ennemi *que* de vaincre sa colère. (700)

21. *On dit qu'Aristée* est l'inventeur de l'huile. (689)

22. *On comprend que la volupté* du corps n'*est* pas *digne* de l'excellence de l'homme. (690)

23. Celui qui désire la vengeance attire le mal sur *luimême*. (692)

24. Thémistocle promit au roi qu'*il* soumettrait la Grèce. (692, dernier ex.)

25. *On a rapporté* que Lélius était savant. (690, 178)

26. Les lâches sont forcés de *se* mépriser *eux-mêmes*. (692)

27. Si des hommes courageux ont un juste motif d'attaquer Cœlius, *ce n'est pas à dire pour cela que* vous l'avez aussi. (697, avec *ideo*.)

28. *Ce qui* a été établi par la nature, *c'est qu'*il n'est pas permis de nuire à un autre pour son propre avantage. (699, avec *hoc*.)

29. *C'est* avouer un crime *que de fuir* le juge. (700)

30. *On dit que* la mère de Pausanias vivait à cette époque. (690)

FIN DE LA SECONDE PARTIE.

TROISIÈME PARTIE.

LOCUTIONS FRANÇAISES.

1. Persuadent mathematici terram in medio *mundi* esse sitam. (Plin.)
2. Occiderant minùs duo millia *cives*. (T. Liv.)
3. Bellum *eo scriptum* quod populus Romanus cum Jugurthâ gessit. (Sall.)
4. Etiam hosti fides *debet servari*. (Cic., sous-ent. *est.*)
5. Ne *eas* adulatoribus aures *præbitum*. (Cic.)
6. Primæ ætatis inscitia senum *opus est regi* prudentiâ. (Cic.)
7. Eloquentiæ *oportet studere*, etsi eâ quidam perversè abutuntur. (Cic.)
8. Bellatrix *habet* que *audaciam* viris *concurrendi* virgo. Virg.)
9. Urnas *quamquàm* Danaïdes plenas ferunt. (Sen. T.)
10. *Difficulis* est hominibus persuadere honestum propter ipsum eligendum. (Cic.)
11. *Vi precandi* aliquid impetrare. (Cic.)
12. Cæsari non contigit adolescenti *esse* senatui carrissimus. (Cic.)
13. Justas causas affers *ut* te videre non possum. (Cic.)
14. Cùm Ptolemæus *mori propè* videretur, per quietem regi monstrata in remedia veneni herba est. (Just.)
15. Neque tu *homo* es qui quid sis nescias. (Cic.)
16. Thesauri quilibet *qui satient* avarum non *ii sunt*. (Cic.)
17. Sol efficit *quàm* omnia floreant et in suo quæque genere pubescant. (Cic.)
18. Quæ hic agantur, ea *tibi litteræ meæ cognoscere facient*. (Cic.)
19. Audere ultima necessitas *facit*. (T. Liv.)

CHAPITRE XXX.

(Voyez *Grammaire*, n°s 702 à 762.)

1. Les mathématiciens démontrent que la terre est située au *milieu du monde*. (702, 6ᵉ ex.)
2. Moins de deux mille *citoyens* avaient péri. (703, 2ᵉ ex.)
3. *Je vais écrire* la guerre que le peuple romain eut avec Jugurtha. (704)
4. *On doit garder* la foi même à un ennemi. (705)
5. *N'allez pas* prêter l'oreille aux flatteurs. (706)
6. L'impéritie du premier âge *a besoin d'être guidée* par la prudence des vieillards. (707)
7. *Il faut s'appliquer* à l'éloquence, quoique certaines gens en abusent indignement. (708)
8. Et la vierge guerrière *a le courage* de combattre des héros. (709)
9. Les Danaïdes *ont beau porter* leurs urnes pleines. (710 avec *frustrà*.)
10. On *a de la peine à* persuader aux hommes de rechercher la vertu pour elle-même. (711)
11. Obtenir quelque chose *à force de prier*. (712)
12. César n'eut pas dans sa jeunesse *l'avantage* d'être cher au sénat. (713)
13. Vous montrez les justes *raisons* que j'ai *de* ne pas vous voir. (714 avec *quod*)
14. Comme Ptolémée paraissait *près de* mourir, une herbe lui fut indiquée dans un songe comme un remède au poison. (715)
15. Vous n'êtes pas *homme* à ignorer ce que vous êtes. (716)
16. Tous les trésors du monde ne sont pas *capables de* rassasier l'avare. (717)
17. Le soleil *fait fleurir* les plantes et leur donne la force de se reproduire, chacune dans son espèce. (718)
18. Mes lettres *vous feront connaître* ce qui se passe ici. (719, avec *tu* avant *ex litter*.)
19. La nécessité *fait* tout oser. (720, 1ᵉʳ ex.)
20. Peu donnaient l'empire à Perdiccas qui *ne faisait que* d'être élu. (721)

20. Pauci Perdiccæ *perpetuò* electo imperium dabant. (Q. Curt.)

21. *Nihil facit nisi loquatur.* (Cic.)

22. Jàm propè erat... sinistrum cornu *pellor*. (T. Liv.)

23. Oportet ne non cum bonis esse! (Cic.)

24. Virgilii et Titi Livii scripta paulùm abfuit *ut ex omnibus bibliothecis amovit* Caligula. (Suet.)

25. *Defuit capi* Lacedæmon. (T. Liv.)

26. Tantùm aberat *quin scribo.* (Cic.)

27. Nec mihi longius quicquam est *ut illum videam.* (Cic.)

28. Ne adulari nos *permittamus.* (Cic.)

29. Pausanias accusatus capitis absolvitur, *mulctari non sinit* pecuniâ. (C. Nep.)

30. *Invito* feci, ut Flaminium è senatu ejicerem septem annis, postquàm consul fuisset. (Cic.)

31. Gloriæ te, Cæsar, esse avidissimum, *invitâ sapientiâ*, non negabis. (Cic.)

32. *Non deest* fortuna in omni re dominatur. (Sall.)

33. *Non deeris* dversùs infimos justitiam servare. (Cic.)

34. Divitiæ nos tantùm *ad efficiendum aptæ sunt* miseriores. (Sen.)

35. Nimiùm es simplex, Helene, *ad non* rustica *dicendum.* (Ovid.)

36. Tu *scito ne cedere* malis, sed contrà audentior ito. (Virg.)

37. Sapiens ipse *occupatur fingere* fortunam sibi. (Plaut.)

38. *Venit* in Galliam *proficisci.* (Cic.)

39. Væ tibi, si *veniam scire.* (Mart.)

40. Vix *crederes* quantùm errori pateat homo. (Sen.)

41. Aguntur bona multorum civium. (Cic.)

42. Est *ibi* aliqua ingrato meritum exprobare voluptas. (Ovid.)

43. Væ victis! (T. Liv.)

44. *Oportet vitari improbam sirenem desidiam.* (Hor.)

45. Ante conscientiæ *oportet consulere* quàm famæ. (Vall. Paterc.)

21. *Il ne fallait que* parler. (722)
22. Il *ne s'en fallait pas beaucoup que* l'aîle gauche *ne fût repoussée*. (729)
23. *Faut-il que* je *ne* puisse être avec des hommes de bien ! (730)
24. *Peu s'en fallut que* Caligula *ne* fît enlever de toutes les bibliothèques les ouvrages de Virgile et de Tite-Live. (731, 1ᵉʳ ex.)
25. Lacédémone *faillit* être prise. (731, 3ᵉ ex. avec *capta* avant, et *est* après *Lacedæmon*.)
26. *Tant il s'en fallait que* nous écrivissions. (734)
27. *Il me tarde de* le voir. (735)
28. *Ne* nous *laissons* point flatter. (737)
29. Pausanias, accusé d'un crime capital, en est absous, et *ne laisse pas d'*être condamné à l'amende. (738)
30. C'est bien *malgré moi* que j'expulsai Flaminius du sénat sept ans après qu'il eut été consul. (739)
31. Vous ne nierez point, César, que, *malgré votre sagesse*, vous ne soyez passionné pour la gloire. (740)
32. La fortune *ne manque pas* de dominer en tout. (741)
33. *Vous ne manquerez pas* d'observer la justice envers les plus petits. (742)
34. Les richesses ne servent qu'à nous *rendre* plus malheureux. (743)
35. Vous êtes trop simple, Hélène, *pour ne pas dire* grossière. (744)
36. *Sachez* ne point céder aux malheurs, mais marchez plus courageux encore. (745)
37. Le sage *s'occupe à* faire lui-même sa destinée. (746)
38. *Il vient de partir* pour la Gaule. (747)
39. Malheur à vous, si je *viens à le savoir !* (748, avec le verbe au *futur*.)
40. *On ne saurait croire* combien l'homme est sujet à l'erreur. (749)
41. Il *y va* des biens de plusieurs citoyens. (753, 1ᵉʳ ex.)
42. *Il y a* quelque plaisir à reprocher un service à un ingrat. (754, 1ᵉʳ ex.)
43. Malheur aux vaincus. (762, 218)
44. *Il faut éviter* la paresse, cette dangereuse syrène. (705)
45. Il *faut ménager* sa conscience avant sa réputation. (708)

46. Verba quis *haberet audaciam* coràm sene digna pudore *dicendi?* (Ovid.)

47. Fremant omnes *frustrà*, dicam quod sentio. (Cic.)

48. *Non pœna* adversam fortunam sustinet qui semper eam exspectat. (Sen.)

49. Thrasybulo contigit... patriam ex servitute in libertatem *vindicare.* (C. Nep.)

50. Vetus est, ubi non sis qui fueris, non esse *quòd* velis vivere. (Cic.)

51. Non *homo* sum qui his *delector* litteris. (Cic.)

52. Fac ut principiis *consentiunt* exitus. (Cic.)

53. Alexander sepulcrum Cyri *fecit aperire.* (Q. Curt.)

54. Id ut facerem me paupertas *fecit.* (Ter.)

55. *Oportet-ne* me incœpto desistere victam? (Virg.)

56. Paulùm abfuit *ut* Varum interficeret. (Cæs.)

57. *Tàm* abest ut enervetur oratio compositione verborum, *quàm* aliter esse non possit. (Cic.)

58. Scimus nempè, et *hærere non relinquimus.* (Cic.)

59. Nihil, *quamvis repugnant*, fas quemquam fidere, divi. (Virg.)

60. *Non desinite* omnia probare. (Cic.)

61. Ubi labore atque justitiâ respublica crevit, fortuna *miscuit.* (Sall.)

62. In *medium* telum torsisti primus *Achivorum.* (Virg.)

63. Quùm Ptolemæus *debere mori* jamjàm videretur, per quietem regi monstrata in remedia veneni herba est. (Just.)

64. Suo quæ que tempore *debent fieri.* (Plin.)

65. *Non* id quod amas, populus si sciat, tibi sit probro. (Plaut.)

66. *Juventuti opus est refrænari* atque *coerceri.* (Cic.)

67. *Habet pulchrum* se ipso contentus *esse* sapiens, amicis illi opus est. (Sen.)

68. Accidit... subito *interire.* (Cic.)

69. Si animum vicisti potiùs quàm animus te, est *locus gaudendi.* (Plaut.)

70. Sabinus Cæsarem se salutari *facit.* (Tac.)

71. Nimio gaudio *defui* desipere. (Cic.)

72. Atticus *tàm* abfuit à cupiditate pecuniæ, *quàm* nullâ

46. Qui *aurait la hardiesse* de prononcer des paroles honteuses devant un vieillard? (709)

47. *On a beau* frémir, je dirai ce que je pense. (710, avec *licet.*)

48. Celui qui s'attend toujours à la mauvaise fortune *n'a pas de peine* à la supporter. (711, 2ᵉ ex.)

49. Thrasybule *eut le bonheur d'affranchir* sa patrie de la servitude. (713)

50. C'est un vieil adage, qu'il *n'y a plus lieu* de vouloir vivre, dès qu'on n'est plus ce qu'on a été. (714, avec *cur.*)

51. Je ne suis pas *homme à aimer* ce genre de littérature. (716)

52. *Faites en sorte que* la fin réponde au commencement. (718)

53. Alexandre *fit ouvrir* le tombeau de Cyrus. (720, 2ᵉ ex.)

54. La pauvreté m'a *fait faire* cela. (720, dern. ex.)

55. *Faut-il que* vaincue j'abandonne mon entreprise? (730)

56. *Peu s'en fallut qu'il ne* tuât Varus. (731)

57. *Tant s'en faut que* le discours soit énervé par l'arrangement des mots, *qu'au contraire* il ne peut exister autrement. (734)

58. Nous le savons, et nous *ne laissons pas d'hésiter.* (738, avec *nihilominus.*)

59. Il n'est possible à personne de compter sur rien *malgré les dieux.* (739, dern. ex.)

60. *Ne manquez pas de* tout approuver. (742)

61. Dès que la république se fut accrue par le travail et la justice, la fortune se mit à tout bouleverser. (746, 2ᵉ ex.)

62. Le premier tu as lancé un trait *au milieu* des Grecs. (702)

63. Comme Ptolémée paraissait *devoir mourir* bientôt, ce roi vit en songe une herbe propre à arrêter l'effet du poison. (704)

64. Chaque chose *doit se faire* en son temps. (705)

65. *N'allez* point rougir de l'objet de votre affection, si le monde vient à le connaître. (706, avec *ne.*)

66. La jeunesse *a besoin* d'être réprimée et contenue. (707)

67. Le sage *a beau* se suffire à lui-même, il a néanmoins besoin d'amis. (710, avec *quamvis.*)

68. *Il eut le malheur* de mourir subitement. (713)

in re usus sit eâ nisi in deprecandis amicorum incommodis. (C. Nep.)

73. *Tantùm prodest ad nocendum* empta dolore voluptas. (Hor.)

74. *In extremo* subsedit Acestes. (Virg.)

75. Fundit preces rex *pectoris* à fundo. (Virg.)

76. Ut desint vires, tamen *laudari debet* voluntas. (Ovid.)

77. Miserum est mors, nemo ergo non miser est; *debent* enim *mori omnes*. (Cic.)

78. Quæ tanta fuit Romam tibi causa *videre* ? (Virg.)

79. Adeò non tenuit iram, *quin* gladio *cinctus* in senatum *sui venio* diceret. (Tit. Liv.)

80. Non *possum* te *fallere*. (Cic.)

81. *Habitum fuit ibi* qui suaderet. (Suet.)

82. *Habetur ibi* quos curriculo pulverem Olympicum collegisse juvat. (Hor.)

83. Voluptatem ipsam per se, quia voluptas sit, *optari debere* putat Epicurus. (Cic.)

84. Erytion avem *cœli* dejecit ab *altitudine*. (Virg.)

85. *Cacumen montis* Labieno tenebatur. (Cæs.)

86. Tantum bellum Pompeius *fine hiemis* apparavit, ineunte vere suscepit, *medio æstatis* confecit. (Cic.)

87. Olim erat *ibi* inclytum Dianæ Ephesinæ templum. (Tit. Liv.)

88. Hei misero mihi! (Ter.)

89. Proh! deûm atque hominum fidem! (Cic.)

90. Tantùm abest... istos *orno*. (Cic.)

91. Heu me miserum! (Cic.)

92. O miseras hominum mentes! ô pectora cæca! (Lucret.)

Rem. Les exercices qui n'ont pas de mots en italique ne renferment pas de fautes.

LOCUTIONS FRANÇAISES, (GALLICISMES.)

69. Si vous êtes le maître plutôt que l'esclave de votre cœur, vous *avez lieu de* vous en réjouir. (714, avec *quòd*.)

70. Sabinus se *fait* saluer empereur. (720, 2ᵉ ex.)

71. J'ai *manqué* devenir fou de joie. (733, 3ᵉ ex.)

72. *Tant s'en fallut qu'*Atticus aimât l'argent, *qu'au conraire* il ne s'en servit jamais que pour venir au secours de ses amis. (734)

73. Le plaisir acheté par la douleur *ne sert qu'à nuire.* (743)

74. Aceste se plaça à l'extrémité. (702)

75. Le roi prononce des prières *du fond* du cœur. (702)

76. Bien que les forces manquent, *on doit louer* l'invention. (705, avec *est* avant le *part. fut.*)

77. La mort est un malheur ; il n'est donc personne qui ne soit malheureux, car *tout le monde doit mourir.* (708, en mettant le *part. fut.* avant *enim*, et *est* après *enim*.)

78. Quel si puissant *motif* aviez-vous *de voir* Rome? (714, 1ᵉʳ ex.)

79. *Tant s'en fallut* qu'il retînt sa colère, *qu'il menaça de venir avec son épée* dans le sénat. (734, 2ᵉ ex., et 623, sans le verbe *sum*.)

80. Je ne suis pas *capable* de vous tromper. (716)

81. *Il y eut* quelqu'un pour conseiller. (754)

82. *Il y en a* qui aiment à se couvrir d'une noble poussière dans les jeux olympiques. (754)

83. Epicure pense que le plaisir *doit être désiré* par lui-même, parce qu'il est plaisir. (705)

84. Erytion fit tomber l'oiseau *du haut* du ciel. (702)

85. Labiénus était maître du *sommet de la montagne.* (702, 3ᵐᵉ ex.)

86. Pompée fit, sur la *fin de l'hiver,* les préparatifs d'une guerre si importante ; il l'ouvrit au commencement du printemps, et la termina *au milieu de l'été.* (702, 9ᵉ ex.)

87. *Il y avait* autrefois à Ephèse un temple célèbre de Diane. (754)

88. Hélas! malheureux que je suis! (762 et 218)

89. O foi des dieux et des hommes! (762 et 218)

90. *Tant il s'en faut que je les embellisse.* (734)

91. Malheureux que je suis! (762 et 218)

92. O malheureux humains, ô cœurs aveugles! (762 et 218)

RÉCAPITULATION GÉNÉRALE.

1. Justitia omnium *reginam* virtutum. (Cic.)
2. Quis *Troja* nesciat urbem ? (Virg.)
3. *Nullus* lassitudo impederi officium debet. (Cic.)
4. Juventas, Terminusque loco moveri se non sunt *passus*. (T. Liv.)
5. Uxor et mancipium *salvi*. (T. Liv.)
6. Labor et voluptas *dissimillimus*. (T. Liv.)
7. Homo *quæ* monet, adjuvat. (Plaut.)
8. Natura, *qui* est mater communis provida est. (Cic.)
9. Quandò hæc te *curam remordeo*. (Virg.)
10. Quoniam quidem *suscipio*, non *desum*. (Cic.)
11. Naturâ... illi pater es, consiliis... ego. (Ter.)
12. *Sum* primi consules Brutus et Collatinus. (Eut.)
13. Tu et Tullia *valeo* ego et Tullius *valeo*. (Cic.)
14. Sibi quisque *gratulabar*. (Vell.)
15. Ratio *qui* jubet. (Cic.)
16. Quis semper *sapio?* (Sen.)
17. Nemo nascitur *divitis*. (Sen.)
18. Virum bonum esse semper *utilis* est. (Cic.)
19. Apud Persas *summam laudem* est fortiter venari. (C. Nep.)
20. Pauci veniunt ad senectutem. (Cic.)
21. Res est sacra miser. (Ovid.)
22. Sunt adhùc qui sapiunt. (Sen.)
23. Triste lupus stabulis. (Virg.)
24. Honor est præmium *virtus*. (Cic.)
25. Fortuna origini *Romæ* prospexit. (Just.)
26. *Forma* erat Augustus *eximia*. (Suet.)
27. Dialectica est ars vera ac falsa *dijudicare*. (Cic.)
28. Consuetudo *homines immolare*. (Cic.)

(RÈGLES Nos 245 A 762.)

1. La *justice, reine* de toutes les vertus. (245)
2. Qui ne connaît la *ville de Troie ?* (246)
3. *Aucune fatigue* ne doit empêcher le devoir. (247)
4. La déesse de la Jeunesse et le dieu Terme ne se *laissèrent* pas remuer de place. (248)
5. L'épouse et l'esclave *sauvés.* (249)
6. Le travail et le plaisir *très-différents.* (250)
7. L'homme *qui* conseille, aide. (251)
8. La nature, *qui* est notre mère commune, est prévoyante. (251)
9. Puisque ce *soin* vous *agite.* (252)
10. Puisque *je l'ai entrepris, je* n'y *manquerai* pas. (253, 1°)
11. *Tu* es son père par la nature, et *moi* par mes conseils. (253, 2°)
12. *Brutus et Collatin furent* les premiers consuls. (255)
13. Vous et Tullie, *vous vous portez bien;* Tullius et moi *nous sommes en bonne santé.* (256)
14. Chacun *se félicitait.* (258, avec le *plur.*)
15. La raison *qui* commande. (259)
16. Quel homme *est* toujours *sage ?* (261)
17. Personne ne naît *riche.* (262)
18. Il est toujours *utile* d'être homme de bien. (263)
19. Chez les Perses, *l'honneur le plus grand* est de chasser avec courage. (264)
20. Peu de *personnes* arrivent à la vieillesse. (266)
21. L'*homme* malheureux est un objet sacré. (267)
22. Il y a encore *des hommes* qui ont de la sagesse. (268)
23. Le loup (*chose*) funeste aux bergeries. (270)
24. L'honneur est le prix *de la vertu.* (272)
25. La fortune prévit *l'origine de Rome.* (273)
26. Auguste était *d'une très-belle figure.* (274)
27. La dialectique est l'art *de distinguer* le vrai et le faux. (275)
28. La coutume *d'immoler les hommes.* (276)
29. La mort est terrible pour ceux avec la vie *desquels* tout s'éteint. (277)

29. Mors terribilis est iis *qui* cum vitâ omnia extinguuntur. (Cic.)

30. *Laboribus* impatiens. (Virg.)

31. *Bello* particeps et socius esse cogor. (Cic.)

32. Titus *equitare* peritissimus erat. (Suet.)

33. Non *divitiæ parare* avidus est sapiens. (Sen.)

34. Clementia utilis est *victor* et *victus*. (Just.)

35. Aqua nitrosa utilis est *bibere*. (Plin.)

36. Lignum aridum materia est idonea *elicere ignes*. (Sen.)

37. Tibia *aspirando* utilis. (Hor.)

38. Livius Andronicus *Ennium* æqualis fuit. (Sen.)

39. Pallium aptum *omni* anni *tempori*. (Cic.)

40. Homo *intelligendo* et *agendo* natus est. (Cic.)

41. Aves *imitari* humanæ vocis sonum dociles sunt. (Q. Curt.)

42. *Splendoris* plenum cœlum est. (Plaut.)

43. Multa incidunt dura *tolerare*. (Sen.)

44. Ira impotens *se* est. (Sen.)

45. Fidite virtuti, fortuna fugacior *quàm undæ*. (Ovid.)

46. Ità sentio, latinam linguam locupletiorem esse græcâ. (Cic.)

47. Fabius cautior quàm *promptus* habitus est. (T. Liv.)

48. Continere cupiditates est *præclarius* quàm difficile. (Cic.)

49. Attentiores sumus ad rem omnes *ut non* sat est. (Ter.)

50. O fidelissimi et piissimi *civibus* atque *amicis*. (Q. Curt.)

51. Pœne maxima *peccante* est peccâsse. (Sen.)

52. In unoquoque *viris bonis* habitat Deus. (Sen.)

53. *Optimi et gravissimi fatentur* multa se ignorare. (Cic.)

54. *Maxima* pars Asiæ Persarum erat. (Just.)

30. Qui ne supporte pas *la fatigue*. (278)

31. Je suis forcé de *prendre part et de m'associer à la guerre*. (278)

32. Titus était *très-habile à monter à cheval*. (279)

33. Le sage n'est point *avide d'amasser des richesses*. (281)

34. La clémence est utile *au vainqueur et au vaincu*. (282)

35. L'eau nitreuse est *utile à boire*. (283)

36. Le bois sec est une matière propre *à faire jaillir du feu*. (283, 2ᵉ ex.)

37. La flûte commode pour *accompagner*. (284)

38. Livius Andronicus était contemporain d'*Ennius*. (285, avec le *gén.*)

39. Un manteau propre *à toutes les saisons*. (287)

40. L'homme est né pour *penser* et pour agir. (288)

41. Les oiseaux sont *dociles à imiter le son* de la voix humaine. (289)

42. Le ciel est plein *de splendeur*. (290)

43. Il arrive bien des choses difficiles *à supporter*. (292)

44. La colère n'est pas maîtresse *d'elle-même*. (294)

45. Fiez-vous à la vertu ; la fortune est plus fugitive *que les ondes*. (296)

46. Oui, je pense que la langue latine est plus riche *que la langue grecque*. (297)

47. Fabius passa pour être plus circonspect *qu'actif*. (298)

48. Réprimer ses passions est une chose *plus belle* que difficile. (299, en mettant *est* entre l'adject. et *magis*.)

49. Nous sommes tous plus attachés à l'argent *qu'il ne faut*. (301)

50. Oh ! les plus fidèles et les plus pieux *des citoyens et des amis* ! (302, avec le *gén.*)

51. La plus grande punition *de celui qui pèche* est d'avoir péché. (303)

52. Dieu habite dans chacun *des hommes* de bien. (304 avec le *gén.*)

53. Les hommes *les plus éminents* et *les plus graves avouent* qu'ils ignorent beaucoup de choses. (306)

54. *La plus grande* partie de l'Asie appartenait aux Perses. (307, ici on suppose l'Asie divisée en deux parties.)

55. Je *m'appelle* Mercure. (309, ou le nom de... est à moi.)

55. Nomen Mercurii est *meum*. (Plaut.)
56. *Pauci* temeritas est *bonum, multis malum*. (Phæd.)
57. Suadere *multus labor* est. (Tac.)
58. Noster fuit efficere. (Tit. Liv.)
59. Hæc *mihi* sunt. (Virg.)
60. Opus est mihi *auctoritatis tuæ*. (Cic.)
61. Scipio *nomine* Africani meruit accepitque. (Cic.)
62. Mitiores canes *furi* quoque adulantur. (Cic.)
63. *Parvus* parva decent. (Hor.)
64. Intemperans adolescentia effetum corpus tradit *senectus*. (Cic.)
65. Dare *crimen alicujus* pecuniam accepisse. (Cic.)
66. Amicus *amicum* interdùm *iræ* minatur. (Sen.)
67. *Alcibiades* nuntius à magistratu in Siciliam missus est. (C. Nep.)
68. Nos virtus trahit *vero decori*. (Cic.)
69. Desperare *salus*, desperare *pax*. (Cic.)
70. Labor et sapientia *qui* amo.
71. Sæpè homines *qui* faves tibi fiunt contrarii. (Sen.)
72. *Qui* metuunt, oderunt homines. (Cic.)
73. *Quod* faciet is homo in tenebris, qui nihil timet, nisi testem et judicem? (Cic.)
74. Is homo fuit in civitate Sylla, ut nemo *ejus* se honore anteferret. (Cic.)
75. *Ciceroni* Minerva omnes artes docuit. (Sall.)
76. Tiberius Germanico proconsulare imperium *senatui* petivit. (Tac.)
77. *Litterarum tuarum* cepi fructum duplicem. (Cic.)
78. Rem cognovi *litteris* tuis. (Cic.)
79. Reum *crimine* eximere. (T. L.)
80. Tibi *mei* nulla est orta injuria. (Ter.)
81. Pompeius certiores nos *suo consilio* fecit. (Cic.)
82. Moneo *tu hæc res*. (Cic.)
83. Circumdare *mœnium* oppidum. (Cic.)

RÉCAPITULATION GÉNÉRALE. (245 A 762) 215

56. La témérité fait le succès *d'un petit-nombre* d'hommes et *la ruine de beaucoup* d'autres. (310)
57. Il est *très-difficile* de persuader. (311)
58. Ce fut *à nous* d'exécuter. (312)
59. Toutes ces choses sont *à moi*. (313)
60. J'ai besoin *de votre autorité*. (314)
61. Scipion mérita et reçut *le nom* d'Africain. (315)
62. Les chiens les plus doux caressent aussi *le voleur*. (316)
63. Les petites choses conviennent *au petit*. (317)
64. Une jeunesse intempérante transmet un corps infirme *à la vieillesse*. (319)
65. Faire *un crime* à *quelqu'un* d'avoir reçu de l'argent. (320)
66. Un ami menace quelquefois *un ami de sa colère*. (321)
67. Les magistrats envoyèrent un député *à Alcibiade* dans la Sicile. (322, avec le dat.)
68. La vertu nous conduit *à la vraie gloire*. (323)
69. Désespérer *de son salut, de la paix*. (324, avec le *dat.* pour le 1ᵉʳ rég., et l'*acc.* pour le second.)
70. Le travail et la sagesse *que* j'aime. (325, 251, dernier ex.)
71. Souvent les hommes *que* vous favorisez vous deviennent contraires. (325, 350)
72. Les hommes haïssent celui *qu'*ils craignent. (325)
73. *Que* fera dans les ténèbres un homme qui ne craint qu'un témoin et un juge ? (327)
74. Sylla était dans l'Etat un si grand personnage, que personne ne se mettait au-dessus *de lui*. (325)
75. Minerve enseigna tous les arts *à Cicéron*. (328)
76. Tibère demanda *au sénat* le proconsulat pour Germanicus. (329)
77. J'ai retiré un double fruit *de votre lettre*. (330)
78. J'ai connu la chose *par votre lettre*. (331)
79. Acquitter un accusé d'un crime. (332, sans *prép.*)
80. Aucune injure ne vous est venue *de moi*. (332, avec *à*.)
81. Pompée m'a instruit *de son projet*. (333, avec *de*.)
82. Je *vous* avertis *de cette chose*. (334)
83. Entourer une ville *de murailles*. (335)
84. Les Athéniens accusèrent Miltiade *de trahison*. (336, avec le *gén.*)

84. Miltiadem *proditio* accusaverunt Athenienses. (C. Nep.)

85. Condemnare aliquem *caput* *. (Cic.)

86. Majestatis *reum aqua* et *ignis* interdicere. (Cic.)

87. Populus Cononem decem talenta *damnavit* dare. (C. Nep.)

88. Vincam te, vel vincar *per te.* (Cic.)

89. Dei *à providentiâ* mundus administratur. (Cic.)

90. Quidquid *à me* susceptum est. (Cic.)

91. Heraclitus miserabatur *omnibus* qui sibi læti occurrebant. (Sen.)

92. Animus meminit *præteritis,* præsentia cernit, futura prævidet. (Cic.)

93. Patriæ *leges* obsequimur. (Cic.)

94. *Nullam rem* tàm lætari soleo quàm meorum officiorum *conscientiam.* (Cic.)

95. Dion *totâ eâ parte* Siciliæ potitus est, quæ sub Dionysii potestate fuerat. (C. Nep.)

96. Velox consilium *sequor pœnitentiâ.* (Publ. Syr.)

97. *Virtus miror* sæpè et *laudo*, non semper *imitor.* (Cic.)

98. Pausanias venit *Atticorum* auxilio. (C. Nep.)

99. Favere *partes.* (T. Liv.)

100. Nonnullæ civitates Cassii rebus studebant, plures *Marcelli faveo.* (Cic.)

101. Non deero *officium* nec *dignitatem meam.* (Cic.)

102. Mors semper *hominem* inpendet. (Cic.)

103. Expedit *rempublicam* ne suâ re quis malè utatur. (Just.)

104. Scythæ *Tanaï* attinent. (Q. Curt.)

105. Miltiades erat inter suos dignitate regiâ, quamvis carebat *nominis.* (C. Nep.)

---

* Sous-entendu POENA, qu'il faut mettre au cas qu'exige le n° 339. Ne dites donc pas AD CAPUT.

85. Condamner quelqu'un *à mort*. (337, sous-ent. *ad pœnam*.)
86. Interdire *l'eau* et *le feu au coupable* de lèse-majesté. (338)
87. Le peuple *condamna* Conon à payer dix talents. (339)
88. Je te vaincrai ou je serai vaincu *par toi*. (340, avec abs.)
89. Le monde est gouverné *par la providence* de Dieu. (341)
90. Tout ce qui a été entrepris *par moi*. (342)
91. Héraclite avait pitié *de tous ceux* à qui il voyait un visage gai. (343)
92. L'âme se souvient *du passé*, embrasse le présent et prévoit l'avenir. (344, avec le *gén.*, 265, 266)
93. Nous obéissons *aux lois* de la patrie. (345)
94. Je ne suis *en rien* aussi flatté que *de la conscience* d'avoir rempli mes devoirs. (346)
95. Dion se rendit maître *de toute cette partie* de la Sicile qui avait été au pouvoir de Denys. (347)
96. Un dessein irréfléchi *est* toujours *suivi* de repentir. (348)
97. La vertu *est* souvent *admirée* et *louée*, mais non pas toujours *imitée*. (349)
98. Pausanias *vint* au secours *des Athéniens*. (350)
99. Favoriser *un parti*. (350.)
100. Quelques villes embrassèrent le parti de Cassius, mais celui *de Marcellus fut favorisé* par le plus grand nombre. (351)
101. Je ne manquerai ni *à mon devoir*, ni *à ma dignité*. (352)
102. La mort menace toujours *l'homme*. (354)
103. Il est utile *à un État* que personne n'abuse de ses biens. (355)
104. Les Scythes touchent *au Tanaïs*. (356)
105. Miltiade avait le rang d'un roi parmi les siens, quoiqu'il *manquât du nom*. (357)
106. Le chrétien doit *aimer* et *secourir son* ennemi. (358)
107. *Je n'ai* pas *honte* d'avouer mon ignorance dans les choses que je ne connais pas. (359)
108. Lorsque Alexandre eut tué Clitus, il commença à avoir horreur de son crime. (360)
109. Je montrerai combien il importe *à la sûreté publique* qu'il y ait deux consuls. (361)

106. Christianus *inimicus* amare *illi*eque opitulari debet. (Dan.)

107. Non *mihi* pudet fateri nescire quod nesciam. (Cic.)

108. Postquàm Alexander Clitum trucidaverat, pigere *is* facti cœpit. (Just.)

109. Ostendam quantùm *saluti communi* intersit duos consules in republicâ esse. (Cic.)

110. Ego *mihi* video quid intersit. (Cic.)

111. *Felicitatis nostræ* interest rectè vivere. (Cic.)

112. Quid tibi venit in mentem ità *respondendi*? (Cic.)

113. Philippus à Pausaniâ, cùm *spectare* ludos iret, juxtà theatrum occisus est. (C. Nep.)

114. Jugurtha venit *luere* Romæ pœnas scelerum. (Sall.)

115. *Discere* senectus sapientem non deterret. (Cic.)

116. Videmus ne ut pueri ne verberibus quidem *contemplare* res perquirereque deterreantur? (Cic.)

117. Heraclitum audivi *disserere*. (Cic.)

118. Nobis necesse est *fortes viri* esse. (T. Liv.)

119. Utilitas homines impellit *suscipere* labores. (Cic.)

120. Homo multa habet instrumenta *adipisci scientiæ*. (Cic.)

121. Nihil *agere* homines malè agere discunt. (Colum.)

122. Prohibenda est ira *punire*. (Cic.)

123. Natura mulieri domestica negotia *curare* tradidit. (Colum.)

124. Deum colenti stat *illius* merces. (Phæd.)

125. Supplicium sumptum est de Lentulo et *suis* sociis. (Sall.)

126. Avidum sæpè *illius* deludit aviditas. (Phæd.)

127. Familiarem tibi commendo : rebus omnibus *suis* consule (Cic.)

128. Populo Romano libertas *ejus* magno stetit. (Val. Max.)

129. *Quem* nôsti, is talis est. (Cic.)

130. Res non semper *tales* sunt *quales* videntur. (Cic.)

RÉCAPITULATION GÉNÉRALE. (245 A 762)

110. Je vois ce qui *est de mon intérêt*. (362)
111. Il importe *à notre bonheur* de bien vivre. (365)
112. Pourquoi avez-vous eu l'idée de *répondre* ainsi ? (366)
113. Au moment où Philippe *allait assister* à un spectacle, il fut tué par Pausanias près du théâtre. (367)
114. Jugurtha *vint subir* à Rome la peine de ses crimes. (368)
115. La vieillesse ne *détourne* pas le sage *d'apprendre*. (369)
116. Ne voyons-nous pas que les enfants ne peuvent être empêchés, même par le fouet, *de porter leurs regards et d'interroger sur toutes choses* ? (370)
117. J'ai entendu Héraclite *discuter*. (371)
118. Il nous est nécessaire d'être *des hommes courageux*. (372, dern. ex.)
119. L'intérêt pousse les hommes *à entreprendre* des travaux. (374, 2ᵉ ex.)
120. L'homme a beaucoup de moyens *d'acquérir de la science*. (375.)
121. A ne rien *faire* les hommes apprennent à mal faire. (376)
122. Quand on *punit*, la colère doit être éloignée. (376)
123. La nature a donné à la femme *les affaires domestiques à diriger*. (377.)
124. *Sa* récompense attend celui *qui* honore Dieu. (380)
125. On livra au supplice Lentulus et *ses* complices. (383)
126. *Son* avidité trompe souvent l'avide. (380)
127. Je vous recommande mon ami ; veillez à tous *ses* intérêts. (380, 1ᵉʳ ex.)
128. La liberté *du* peuple romain *lui* coûta cher. (380)
129. Cet homme est *tel que* vous le connaissez. (385, 2ᵉ ex.)
130. Les choses ne sont pas toujours *telles* qu'elles paraissent. (385, 1ᵉʳ ex.)
131. *Tels* sont les chefs de la république, tels ont coutume d'être les autres citoyens. (388, 2ᵉ manière.)
132. Vous n'êtes pas *tel* que la crainte vous ait détourné du péril. (389)
133. J'admire de *telles* paroles. (390, 1ᵉʳ ex.)
134. Je suis le *même* que j'étais dans mon enfance dans ma jeunesse et dans l'adolescence. (391)

131. *Tales* reipublicæ principes sunt, tales reliqui solent esse cives. (Cic.)

132. Non is es, *quàm te metus à periculo revocârit*. (Cic.)

133. *Tales* voces demiror. (Cic.)

134. Ego idem sum *quàm* et infans fui, et puer, et adolescens. (Sen.)

135. Quid quisque nostrûm de se *eodem* loquatur non est requirendum : boni viri judicent. (Cic.)

136. Inventa sunt specula ut homo se *eumdem* nosceret. (Sen.)

137. Primam ex naturâ hanc habemus appetitionem, ut conservemus *nosmetipsi*. (Cic.)

138. Scelerati *non* spirare *etiam* sine metu possunt. (Cic.)

139. Plancii ego salutem *item ut* meam tueri debeo. (Cic.)

140. De aliis fortassè non *idem* erit. (Cic.)

141. Placuit ejus sententia, *et etiam* ei acclamatum est. (Plin.)

142. Aliud mihi respondes *ut* rogo. (Cic.)

143. Turpe est aliud loqui, *quàm* sentire. (Sen.)

144. Lux *omne* alia solis ac lychnorum. (Cic.)

145. Non facilè dijudicari potest, *quis alteri* anteponendus esse videatur. (Cic.)

146. Alii gloriæ serviunt, *alteri* pecuniæ. (Cic.)

147. Aliis animus, *alteris* deest occasio. (Cic.)

148. Sergius Virginiusque, noxii ambo, *alius in alium* causam conferunt. (T. Liv.)

149. Alius *altero* curam suam mittit. (Sen.)

150. *Neque alter, neque alterum* diligit. (Cic.)

151. Vix *quibusque* ætatibus bini oratores laudabiles existunt. (Cic.)

152. *Secundæ* cogitationes sapientiores sunt. (Cic.)

135. Il ne faut pas s'occuper de ce que chacun de nous dira de *lui-même;* c'est aux hommes de bien à en juger. (392)

136. Les miroirs ont été inventés pour que l'homme se connût *lui-même.* (393)

137. Le premier penchant que la nature a mis en nous, c'est le soin de *notre propre* conservation. (394)

138. Les criminels *ne* peuvent *pas même* respirer sans crainte. (395)

139. Je dois défendre les jours de Plancius *de même que si* c'étaient les miens. (396, avec *non secùs ac.*)

140. Il n'en est pas de *même* des autres. (397)

141. Son avis plut, *et même* on l'accueillit avec acclamation. (398, avec *imò.*)

142. Vous me répondez autre chose *que* je ne vous demande. (399, avec *quàm.*)

143. Il est honteux de dire *autre chose qu'*on ne pense. (400)

144. La lumière du soleil est *tout autre que* celle des flambeaux. (402)

145. Il n'est pas facile de juger *lequel des deux* semble devoir être préféré *à l'autre.* (403)

146. *Les uns* travaillent pour la gloire, *les autres* pour l'argent. (404)

147. *Aux uns* le courage manque, *aux autres* l'occasion. (404)

148. Sergius et Virginius, tous deux coupables, s'accusent *l'un l'autre.* (405, avec *alter* répété.)

149. *Les uns* mettent leur souci *dans une chose, les autres dans une autre.* (406)

150. Ils ne s'aiment *ni l'un ni l'autre.* (407)

151. Il existe à peine deux orateurs recommandables par *chaque siècle.* (409)

152. *Les secondes* pensées sont les meilleures. (410)

153. Des ennemis sévères valent mieux que des amis indulgents : *ceux-là* disent souvent la vérité, *ceux-ci* jamais. (411)

174. Animal *quod* vocamus hominem sagax est et providum. (Cic.)

175. *Expeto* divitiæ. (Cic.)

176. Amicus certus in re incertâ *cerno*. (Cic.)

177. *Vivo* parvo benè. (Hor.)

178. Mercurium artium inventorem *fero*. (Cæs.)

179. Diligitur *non*, nisi cui fortuna secunda est. (Ovid.)

180. Fidem *cùm* perdit, perdere ultrà nil potest. (Publ. Syr.)

181. Si... quid iniqui à te petat, nega. (Sen.)

182. *Invenerunt multos* qui pro patriâ ultrò se morti obtulerint. (Cic.)

183. *Athenodorum* omnia *doceo*. (Plin.)

184. Quis *iis* non est egregius ? (Cic.)

185. Unus-ne mundus, *aut* plures ? (Cic.)

186. Uter nostrûm popularis est ? *te aut me*. (Cic.)

187. *Qui* potest esse tàm adversùs à vero ? (Cic.)

188. Non pudet vanitatis ? — Minimè. (Ter.)

189. *Quis* apud Arbellam vicit Alexander ? — Darius.

190. *Quod* de Pythagorâ et Platone loquar ? (Cic.)

191. ... Imperatorum scientia nihil est ? (Cic.) *

192. Si... eum interroget, obmutescit. (Plaut.)

193. Mens hominis qui artes invenit *est-ne*. divina ? (Cic.)

194. Sæpè otium legendis scriptoribus *impendo*. (Cic.)

195. Appetitus rationi pareo. (Cic.)

196. Tuis contentus, *non concupiscis* aliena. (Phæd.)

197. *Non* conscientiam *perdo*. (Sen.)

198. Obstupent posteri, Cæsar, triumphos *audiens* et *legens* tuos. (Cic.)

199. *Expugnata urbs*, præda ad militem pertinet. (Tac.)

200. Gratulabundus *patriam* expiravit. (Just.)

* Les points qui précèdent le mot IMPERATORUM, ainsi que ceux de l'exercice 192 qui suit, doivent être remplacés par l'expression de la règle. (Voir 451 et 452.)

177. *On vit* bien de peu. (435)

178. *On dit* que Mercure est l'inventeur des arts. (436)

179. *On n'est point aimé* si l'on n'est heureux. (438)

180. *Quand on perd* la confiance, on ne peut rien perdre au-delà. (439)

181. *Si l'on* vous demande quelque chose d'injuste, refusez-le. (440)

182. *On a trouvé beaucoup de personnes* qui se sont offertes à la mort d'elles-mêmes pour leur patrie. (441, avec *invenio* au passif.)

183. *On instruit* Athénodore *de tout.* (442)

184. *Qui d'entre eux* n'est pas parfait? (443, avec *gén.*)

185. Y a-t-il un seul monde *ou* plusieurs? (444)

186. Qui est l'ami du peuple, *de vous ou de moi?* (444)

187. *Qui* peut être aussi ennemi de la vérité? (445)

188. Vous ne rougissez pas de votre fourberie? — Pas du tout. (446)

189. *Qui est-ce que* vainquit Alexandre auprès d'Arbelle? — Darius. (446, 2e ex.)

190. *Que* dirai-je de Pythagore et de Platon? (450, 2e ex.)

191. *Est-ce que* la science des généraux n'est rien? (451, 1er ex.)

192. L'interroge-t-*on*, il se tait. (452, 440)

193. Le génie de l'homme qui inventa les arts *n'est-il pas* divin? (453, avec *nonne*.)

194. *Employez* souvent vos loisirs à lire les auteurs. (454, 1er ex.)

195. *Que* les désirs *obéissent* à la raison. (455)

196. Satisfait de tes biens, *ne désire point* ceux d'autrui. (456, avec *ne*.)

197. *Qu'il ne perde pas* sa conscience. (457)

198. *En apprenant, en lisant* vos triomphes, ô César, nos neveux seront saisis d'étonnement. (459)

199. *La ville étant prise,* le pillage en appartient aux soldats. (460)

200. Il expira *en félicitant* sa patrie. (286, avec le dat.)

201. *La nature étant rebelle* [ou si la nature est rebelle,] le travail est stérile. (462)

201. *Reluctans natura*, irritus labor est. (Sen.)
202. Annibal in Italiam pervenit, *Alpes superati*. (T. Liv.)
203. Capuam... venissem, consules conveni. (Cic.)
204. Bellum Gallicum, *Cæsar imperator*, gestum est. (Cic.)
205. ..... *Cognosco* advolare milites ad occidendum Antonium, servus Panopio, commutatâ cum eo veste, occidi passus est. (Val. Max.)
206. Dionysius tyrannus,... Syracusis *pulsus*, Corinthi ludum aperuit. (Cic.)
207. In *Græciam* musici floruerunt. (Cic.)
208. Moriar *patria* sæpè *servata* [dit Cicéron à son assassin.] (T.-L.)
209. *Tota* ambulat *Roma*. (Cic.)
210. Athenæ litterarum studia honores merebantur; *Lacedæmoni* jacebant. (Quint.)
211. Quid *Româ* faciam? mentiri nescio. (Juv.)
212. ... Heredotum sunt innumerabiles fabulæ. (Cic.)
213. Impii *in inferis* pœnas luunt. (Cic.)
214. Latino regnante, Trojani *in Italiâ* devenerunt. (Vict.)
215. Quintus mihi scripsit *Romæ* (Cic.)
216. Petere *astris* (Ovid.)
217. *Locis secretis* petere. (Hor.)
218. I nunc *Philippo* [dit Alexandre à Clytus en lui donnant la mort.] (Q. Curt.)
219. Mosa profluit *montis Vogesi*. (Cæs.)
220. Demaratus fugit Tarquinios *Corinthi*. (Cic.)
221. *Ruris* redit senex. (Ter.)
222. Appius *Cæsaris* nondùm redierat. (Cic.)
223. Paulus... *Thessaliâ* Delphos petit. (T.-L.)
224. Transiit *per Formias*. (Cic.)

202. Annibal arriva en Italie, *les Alpes ayant été franchies.* (462)

203. *Etant venu* à Capoue, j'eus une entrevue avec les consuls. (463, 1ᵉʳ ex.)

204. La guerre des Gaules fut faite *sous le commandement de César.* (463, 2ᵉ ex.)

205. *Ayant appris* que des soldats accouraient pour tuer Antoine, son esclave Panopion, ayant changé de vêtements avec lui, se laissa mettre à mort. (464)

206. Denys le tyran *ayant été chassé* de Syracuse, ouvrit une école à Corinthe. (465)

207. Les musiciens fleurirent *dans la Grèce.* (468)

208. Je mourrai *dans ma patrie* que j'ai souvent *sauvée.* (468)

209. Il se promène *dans tout Rome.* (469)

210. A *Athènes* l'étude des lettres obtenait des honneurs; elle languissait *à Lacédémone.* (469)

211. Que ferais-je *à Rome?* je ne sais point mentir. (470)

212. Il y a *chez Hérodote* des fables innombrables. (471)

213. Les impies souffrent des peines *aux enfers.* (471)

214. Sous le règne de Latinus, les Troyens arrivèrent *en Italie.* (472)

215. Quintus m'a écrit *à Rome.* (473)

216. *S'élever jusqu'aux astres.* (474)

217. *Aller dans des lieux écartés.* (474)

218. *Va* maintenant *trouver Philippe.* (475)

219. La Meuse sort *du mont Vosège* [les Vosges]. (476)

220. Démarate s'enfuit *de Corinthe* à Tarquinies. (477)

221. Le vieillard revient *de la campagne.* (477)

222. Appius n'était pas encore revenu *de chez César.* (478)

223. Paulus se rend à Delphes *par la Thessalie.* (479)

224. Il a passé *par Formie.* (480)

225. Il arriva que, dans une seule nuit, tous les Mercures qui étaient *dans la ville d'Athènes* furent renversés. (483)

226. Alcibiade fut élevé *dans la maison de Périclès.* (484)

225. Accidit ut unâ nocte omnes Hermæ qui *oppidi* erant *Athenarum*, dejicerentur. (C. Nep.)

226. Alcibiades educatus est *domi* Periclis. (C. Nep.)

227. Multis in locis parùm *firmamento* et parùm *viribus* veritas habet. (Cic.)

228. Nullam unquàm vidi *tàm magnam* concionem, *quàm* nunc vestra est. (Cic.)

229. *Multùm minùs* oratores quàm poetæ. (Cic.)

230. *Quàm parùm* philosophorum! (Cic.)

231. *Nimis* te diligo. (Cic.)

232. *Pluris* interfuit reipublicæ. (Cic.)

233. Pericula *parùm* ducere. (Cic.)

234. *Multùm* semper interest nostrâ cum amico esse. (Cic.)

235. *Quàm* potiùs pacem æternam exercemus? (Virg.)

236. *Placeat Deo* vera invenire possim! (Cic.)

237. Arbores.... per stirpes aluntur suas. (Cic.)

238. Quid est pietas, *quàm* voluntas grata in parentes? (Cic.)

239. Nihil est *quàm* tàm miseros faciat quàm impietas et scelus. (Cic.)

240. Non defatigabor *quàm* rem percepero. (Cic.)

241. *Quàm* hæc philosophia æstimanda est! (Cic.)

242. *Quàm parva* sunt præ elephanto hominum corpuscula! (Cic.)

243. Est pati pœnam *ut* meruisse minùs. (Ovid.)

244. Tantùm gloriæ *quàm virtus*. (Petr.)

245. *Tantùm coronarum quàm victoriarum*. (Cic.)

246. Nihil est tàm volucre *quantùm* maledictum. (Cic.)

247. Quùm te *tanti* dilexerim, *quàm* tu intelligere potuisti. (Cic.)

248. *Tantùm* te æstimo *quàm* meum fratrem. (Cic.)

249. *Tantùm quàm* potes, te ipsum coargue. (Sen.)

227. Dans beaucoup d'endroits la vérité a *peu d'appui* et *peu de force*. (486)

228. Je n'ai jamais vu une *aussi grande* assemblée *que* l'est la vôtre en ce moment. (492, 487.)

229. *Beaucoup moins* d'orateurs que de poètes. (493, 488)

230. *Combien peu* de philosophes ! (489)

231. Je vous aime *trop*. (495, avec *nimiò plùs*.)

232. Il importait *davantage* à la république. (496, avec *plùs*.)

233. Faire *peu* de cas des périls. (497)

234. Il nous *importe* toujours *beaucoup* d'être avec un ami. (498)

235. *Que ne* faisons-nous plutôt une paix éternelle ? (538, avec *quin*.)

Plaise à Dieu que je puisse trouver la vérité ! (539)

237. Les arbres ne se nourrissent *que* par leurs racines. (540, avec *tantummodò*.)

238. Qu'est-ce que la piété, *si ce n'est* un sentiment de reconnaissance envers ses parents ? (541)

239. Il n'est *rien qui* rende les hommes aussi malheureux que l'impiété et le crime. (542)

240. Je ne me rebuterai point *que* je *n*'aie compris la chose. (543, avec *antequàm*)

241. *Que* cette philosophie est *estimable* ! (500, 497)

242. *Que* les corps des hommes sont *petits* en comparaison d'un éléphant ! (501)

243. Il est moins malheureux de souffrir une peine *que* de l'avoir méritée. (503)

244. Autant de gloire *que de courage*. (504, 1er ex.)

245. *Autant* de couronnes *que* de victoires. (505)

246. Rien n'est aussi rapide *que* la médisance. (506)

247. Après vous avoir chéri *autant que* vous avez pu le comprendre. (507)

248. Je vous estime *autant que* mon frère. (508)

249. *Autant que* vous le pouvez, censurez-vous vous-même. (510)

250. *Tantumdem, quàm* dixi, scripta verbis oratio. (Cic.)

251. Tàm sum tuus amicus *qaanti* qui *plurimi*. (Cic.)

252. *Tàm* estis potentes, dites, nobiles, tàm vos comiter gerere debetis. (Ter.)

253. *Quantùm* quisque se ipse facit, *tantùm* fieri debet ab amicis. (Sen.)

254. *Tantùm* brevius omne tempus *quantùm* felicius est. (Plin.)

255. *Tàm* ad te tardiùs scripsi, *quàm* quotidiè te ipsum exspectabam. (Cic.)

256. *Quantùm* plura parant, *tantùm* plura cupiunt homines. (Just.)

257. *Quantùm* rarior moderatio est in optimatibus, hoc laudanda magis est. (Sen.)

258. *Quàm* majus prælium est, *tàm* clarior victoria (Just.)

259. *Plus aliquid* difficilius, hoc præclarius est. (Cic.)

260. Maximæ cuique fortunæ *minùs* est credendum. (T.-L.)

261. *Ut* potui *majoribus* itineribus exercitum duxi. (Cic.)

262. Esto in te ipsum quàm minùs facilis. (Sen.)

263. Assuescendum est conditioni suæ, et *minimè* de illà querendum. (Sen.)

264. Utres quàm *plurimùm* dividit. (Q. Curt.)

265. Varro est omnium *quàm* noverim *doctior*. (Aul. Gell.)

266. Nihil menti tàm est inimicum *quantùm* voluptas. (Cic.)

267. Verres Siciliam ità vexavit ac perdidit, *quàm* ea restitui in antiquum statum nullo modo potest. (Cic.)

268. Tibérius fuit egregius vità famàque *tàm quàm* privatus vixit. (Tac.)

RÉCAPITULATION GÉNÉRALE. (245 A 762) 231

250. Discours écrit en *autant* de mots *que* je l'ai prononcé. (511. 3ᵉ ex. ct 448)

251. Je suis votre ami autant *que qui que ce soit*. (512)

252. *Autant* vous êtes puissants, riches et nobles, *autant* vous devez vous conduire avec douceur. (513, avec *quàm*, *tàm*.)

253. *Autant* un homme s'estime lui-même, *autant* il doit être estimé de ses amis. (513, 497)

254. Le temps est *d'autant plus* court *qu'il* est heureux. (514, avec *tantò*, etc.)

255. J'ai d'*autant plus* tardé à vous écrire *que* je vous attendais chaque jour. (515, 2ᵉ ex.)

256. Les hommes désirent plus *à proportion qu'ils* acquièrent davantage. (516, avec *quantò*, *tantò*.)

257. *Plus* la modération est rare dans les grands, *plus* elle est admirable. (517)

258. *Plus* le combat est terrible, *plus* la victoire est illustre. (517, *quantò*. *tantò*.)

259. *Plus une chose* est difficile. *plus* elle est belle. (518)

260. C'est dans la plus grande fortune qu'il faut avoir *le moins* de sécurité. (519)

261. J'ai fait faire à l'armée *les plus* fortes marches *que* j'ai pu. (521)

262. Soyez envers vous-même le *moins* indulgent que vous pourrez. (521)

263. Il faut s'accoutumer à sa condition, et s'en plaindre le *moins possible*. (522)

264. Il distribue *le plus* d'outres *qu'il peut*. (523)

265. Varron est *le plus* savant *que* je connaisse. (524)

266. Rien ne nuit *tant* au génie *que* la volupté. (525, 506)

267. Verrès a *tant* tourmenté et tellement ruiné la Sicile *qu'*elle ne *peut* plus être remise dans son ancien état. (527)

268. Tibère eut une vie sans tache et une réputation brillante *tant qu'*il fut particulier. (528, avec *quoàd*.)

269. Scipion soumettait ses ennemis *tant* par les armes *que* par la douceur et les bienfaits. (529)

269. Scipio hostes vincebat *tantùm* armis *quantùm* benignitate et beneficio. (T. Liv.)

270. *Tantùm* præstitit Epaminondas cæteros imperatores! (C. Nep.)

271. *Tàm* patet ejus potestas, *quàm* terrarum orbem complexa sit. (Cic.)

272. Titus *tàm magnæ* fuit liberalitatis, *quàm* nulli quidquam *negabat*. (Eut.)

273. Non sum *satis* inurbanus ut eo graver. (Cic.)

274. *Satis* parvi divitias pendo, *quàm* de eis nihil curem. (Cic.)

275. Major sum, *ut* mancipium sim mei corporis. (Sen.)

276. Nec suscipiendæ sunt oratori causæ plures, *ut* quibus se suffecturum sciat. (Quint.)

277. Pausanias barbaros apud Platæas delevit, *eam que victoriam* ergo, Apollini donum dedit. (C. Nep.)

278. Instar *montem* equum ædificant Danai. (Virg.)

279. Ubi *terras* sumus? (Ter.)

280. Eò *delicias* (Sen.) Hic *viciniâ*. (Ter.)

281. Obviàm *hostis* consules eunt. (Tit. Liv.)

282. Propiùs *urbi* exercitum admovit. (Cic.)

283. En *Priamum*. (Virg.)

284. En quatuor *aræ*, ecce *duæ* tibi, Daphni, duoque altaria Phœbo. (Virg.)

285. Pridiè *constituta dies*. (Just.)

286. Vix ea fatus eram, *ut* talia reddidit. (Virg.)

287. Ut me salutaverit, *tàm citò* Romam profectus est. (Cic.)

288. *Potiùs* venit quàm putabam. (Cic.)

289. Depugna *maturiùs* quàm servias. (Cic.)

290. Fortuna vitrea est; tunc quàm splendet, frangitur. (Cic.)

291. Multi effluxère dies *quàm* ad te scripsi. (Cic.)

270. *Tant* Epaminondas l'emporta sur les autres généraux ! (531, 2ᵉ *ex.*)

271. Sa puissance est si étendue *qu*'elle embrasse l'univers. (532, avec *ita* à la place de *tam*.)

272. Titus fut d'une *si grande* libéralité *qu*'il ne refusait rien à personne. (533)

273. Je ne suis pas *assez* impoli *pour* me fâcher de cela. (534, avec *tam*.)

274. J'estime *assez peu* les richesses *pour* ne m'en inquiéter nullement. (535)

275. Je suis *trop* élevé *pour* être l'esclave de mon corps. (536)

276. L'orateur ne doit pas se charger de *plus* de causes qu'il ne sait *en* pouvoir plaider. (536, 2ᵉ *ex.*)

277. Pausanias anéantit les barbares à Platée, et *en reconnaissance de cette victoire*, il offrit un don à Apollon. (546, v. *ergo*)

278. Les Grecs construisent un cheval grand *comme une montagne*. (546)

279. Dans quel *pays* sommes-nous ? (547)

280. A *cet excès* de délicatesse. — Dans le voisinage. (548)

281. Les consuls vont *au-devant de l'ennemi*. (549)

282. Il fit approcher son armée *de la ville*. (550)

283. *Voici* Priam. (551, sous-ent. *adest*.)

284. *Voici* quatre autels : en *voici* deux pour vous, Daphnis, et deux pour Phœbus. (551, sous-ent. *aspice*.)

285. La veille *du jour fixé*. (553, avec *acc*.)

286. *A peine* avais-je dit ces mots *qu*'il répondit ainsi. (555)

287. Il *ne* m'eut *pas plus tôt* salué qu'*il* partit pour Rome. (556)

288. Il est arrivé *plus tôt* que je ne pensais. (557, 2ᵉ *ex.*)

289. Combattez *plutôt* que d'être esclave. (558)

290. La fortune est de verre ; elle se brise *alors qu*'elle brille. (559)

291. Il y a *plusieurs jours que* je vous ai écrit. (559, dern. *ex.*)

292. Longum est iter per *præceptis*, breve et efficax per *exemplis* (Sen.)

293. Confestim à *prælium*. (T. Liv.)

294. Tendit ad *arduis* virtus. (Ovid.)

295. Cæsar Massiliam, in Galliarum *urbe* pervenit. (Cæs.)

296. *Cumis* tenùs. (Cic.)

297. Absque *notitiam* Dei, nulla potest esse solida felicitas. (Sen.)

298. Sub *judex* lis est (Hor.)

299. Sophocles ad *summæ senectuti* tragœdias fecit. (Cic.)

300. Ex *nullius rei* excluditur amicitia. (Cic.)

301. Pacem cum *homines* habe, bellum cum *vitia*. (Sen.)

302. Nos contra *omnibus* fortunæ *impetibus* armat religio. (Cic.)

303. Non bonus est sommus de *prandium*. (Plaut.)

304. Fluvius Eurotas propter *Lacædemone* fluit. (Cic.)

305. Nemo post *Codro* Athenis regnavit. (Just.)

306. In *id* erat, ut comprehenderetur. (C. Nep.)

307. Hostes sub *monte* consederunt. (Cæs.)

308. Consilium sub *diem* nasci debet. (Sen.)

309. Super *vallo* præcipitare. (Sall.)

310. *Hanc* super *rem* scribam ad te. (Cic.)

311. Ab *Ægypti* venêre primi legum latores. (Cic.)

312. Terra circùm *axe* se convertit. (Cic,)

313. Nihil clàm *amicus* agere debemus. (Sen.)

314. Infrà *Saturnus* Jovis stella fertur. (Cic.)

315. Templum de *marmor* ponam. (Virg.)

316. Erat etiam vas vinarium *unius gemmæ pergrandis*, cum manubrio *auri*. (Cic.)

317. Campus Marathon abest ab oppido Atheniensium circiter *millium* passuum decem. (C. Nept.)

292. Le chemin est long *par les préceptes*, mais court et efficace *par les exemples*. (560, 206)
293. Aussitôt *après le combat*. (560, 207)
294. La vertu tend *aux choses élevées*. (560, 206)
295. César parvint à Marseille, *ville des Gaules*. (560, 209)
296. *Jusqu'à Cumes*. (561, 2° 2ᵉ ex.)
297. *Sans la connaissance* de Dieu, aucun bonheur ne peut être durable. (560, 207)
298. L'affaire est *devant le juge*, c'est-à-dire *est à décider*. (560, 209)
299. Sophocle composa des tragédies *jusqu'à l'extrême vieillesse*. (560, 206)
300. L'amitié n'est exclue d'aucun lieu. (560, 207)
301. Ayez la paix *avec les hommes*, la guerre *avec les vices*. (560, 207)
302. La religion nous arme *contre tous les coups* de la fortune. (560, 206)
303. Le sommeil n'est point bon *au sortir du* dîner. (560, 207)
304. Le fleuve Eurotas coule *près de Lacédémone*. (560, 206)
305. Personne ne régna à Athènes *après Codrus*. (560, 206)
306. Il était *sur le point* d'être arrêté. (560, 207)
307. Les ennemis s'établirent *au pied de la montagne*. (560, 209)
308. Les résolutions doivent naître *en plein jour*. (560, 209)
309. Se jeter *par-dessus la palissade*. (560, 209)
310. Je vous écrirai *sur cette affaire*. (560, 209)
311. Les premiers législateurs sont venus *de l'Egypte*. (560, 207)
312. La terre tourne *autour de son axe*. (560, 206)
313. Nous ne devons rien faire *à l'insu de notre ami*. (560, 207)
314. La planète de Jupiter se meut *au-dessous de Saturne*. (560, 206)
315. J'élèverai un temple *de marbre*. (562)
316. Il y avait aussi un vase à vin *d'une seule pierre précieuse très-grande* (562), avec un manche *en or*. (563)

318. Laterum genus, quo utuntur Romani. longum *pedem*, latum *semipedem* est. (Plin.)

319. Augustus gerere magistratum minoribus *annos* triginta permisit. (Plin. J.)

320. Sil effoditur ad *viginti* ab urbe *lapides*. (Plin.)

321. Vespasianus abolevit multa vitia *species* vitæ. (Suet.)

322. Romani Octaviæ imagines gestabant *humeri* (Tac.)

323. Ariobarzanes *per operam meam* vivit, régnat. (Cic.)

324. Prehende me *auriculas*. (Plaut.)

325. Otium non venale *auri*. (Hor.)

326. Eas res *annum* post administravit. (Cic.)

327. Augustus obiit *septuaginta* et *sex* ætatis annis. (Suet.)

328. Phœnix semel *annis quingentis* nascitur. (Sen.)

329. Decessit Philippus cùm *anni* quinque et viginti regnâsset. (Just.)

330. Mithidrates *anno* jàm *tertio* et *vicesimo* regnat. (Cic.)

331. Intrà *septimus dies*. (Q. Curt.)

332. *In* tres dies peribit. (Cic.)

333. Surge, piger, nil-ne habes *ad* faciendum?

334. Quem loquentem *audiendum*, dicas prædivitem. (Cic.)

335. *Non mentiendo*, pessimi interdùm homines sunt. (Sen.)

336. Nihil est *omnium rerum humanarum* præclarius quàm de republicâ benè mereri. (Cic.)

337. *Dicere* morâ diem extrahere. (Cæs.)

338. Causa *mittere* fuit quòd, etc. (Cæs.)

339. Non proficiscar, *timore* ægrotus *esse*. (Cic.)

340. Plus prodest..... pauca præcepta sapientiæ *tenere* quàm.... multa *discere*. (Sen.)

341. O *fortunata respublica!* (Cic.)

317. Le champ de Marathon est à environ *dix mille* pas d'Athènes. (564, avec l'acc.)

318. L'espèce de brique qu'emploient les Romains, est longue *d'un pied*, et large *d'un demi-pied*. (564, avec l'ablatif.)

319. Auguste permit aux citoyens âgés de *moins de trente ans* d'exercer des magistratures. (565)

320. L'ocre se trouve à *vingt milles* de Rome. (566, avec l'acc.)

321. Vespasien détruisit beaucoup de vices *par l'exemple* de sa vie. (567)

322. Les Romains portaient *sur leurs épaules* les images d'Octavie. (567)

323. Ariobarzane vit, règne *par mon bienfait*. (567, 2ᵉ ex.)

324. Prenez-moi *par les oreilles*. (567, 4ᵉ ex.)

325. Le repos ne s'achète pas *à prix d'or*. (568)

326. Il prit ses mesures *un an* après. (569)

327. Auguste mourut dans la *soixante-seizième année* de son âge. (569)

328. Il ne naît de phénix qu'une fois en *cinq cents ans*. (569)

329. Philippe périt après avoir régné *vingt-cinq ans*. (570)

330. Il y a déjà *vingt-trois ans* que Mithridate règne. (571, avec nomb. ord.)

331. Dans l'espace de *sept jours*. (373)

332. *Dans* trois jours il périra. (574)

333. Lève-toi, paresseux, n'as-tu rien *à faire*? (575, avec le part. fut.)

334. *A l'entendre parler*, vous le diriez fort riche. (576)

335. *A ne point mentir*, les hommes sont quelquefois bien méchants. (577)

336. *De toutes les choses humaines*, rien n'est plus beau que de bien mériter de la république. (578)

337. Perdre son temps en vains *discours*. (580)

338. Son dessein *en l'envoyant* était de, etc. (580)

339. Je ne partirai pas, *de peur* d'être malade. (581)

340. Il est plus utile *de retenir* peu de préceptes de sagesse, que *d'en apprendre* beaucoup. (582, avec le parf. du subj. pour le dernier verbe.)

342. O te felicem, Aristides....... tantoperè justitiam amavisse !

343. Aristides decessit ferè *quarto anno* quàm Themistocles Athenis erat expulsus. (C. Nep.)

344. Ajax heros *post Achillem* secundus. (Hor.)

345. *Ante* horam pugnæ, arcto repentè somno devinctus est. (Suet.)

346. Dives metuit ne, *post amissa bona*, fiat miser. (Cic.)

347. *Priùs* videmus fulgurationem *ut* sonum audiamus. (Sen.)

348 Id etiam, *antequàm dicam*, intelligis. (Cic.)

349. Falsi amici *pro consilio* adulationem afferunt. (Sen.)

350. Rure nihil scribo ; lego *contrà* libentissimè. (Cic.)

351. Vix ejus sumptus sufferre posset satrapes *longissimè ut* tu possis. (Ter.)

352. *Nulli* avarus bonus est, *sui* pessimus. (Publ. Syr.)

353. Innatus est nobis *in cognitionem* amor et *in scientiam*, (Cic.)

354. Vultus sæpè est *loco omnium verborum*. (Quint.)

355. Qui alteri suam *in* causam commodat, injuriâ postulat id gratiæ apponi sibi. (Phæd.)

356. *Pro* imperio in Italiâ decertatum. (Cic.)

357. Homines *homines propter* sunt generati, ut alii aliis prodesse possent. (Cic.)

358. *Classi* cadit omne nemus. (Luc.)

359. Non eadem *in omnes* sunt honesta atque turpia. (C. Nep.)

360. Alexander ad Jovem Hammonem pergit, *ad consulendum* et de eventu futurorum, et de origine suâ. (Just.)

361. Obducuntur cortice trunci, *ut* sint à frigore tutiores. (Cic.)

341. O *heureuse république!* (583)

342. Que vous fûtes heureux, Aristide, d'avoir tant aimé la justice! (583)

343. Aristide mourut environ *quatre ans après* que Thémistocle eut été banni d'Athènes. (584)

344. Ajax, ce héros qui fut le second *après Achille.* (585, avec *ab.*)

345. *Un peu avant* l'heure du combat, il tomba dans un profond sommeil. (586)

346. Le riche craint de devenir malheureux, *après avoir perdu ses biens.* (587, avec l'abl. absol.)

347. Nous voyons l'éclair *avant* d'entendre le tonnerre. (588, avec *antè... quàm.*)

348. Vous comprenez cela *avant* [ou *sans*] que je vous le dise. (589, avec *me tacente.*)

349. Les faux amis donnent des flatteries *au lieu de* conseils. (590, avec *loco.*)

350. Je n'écris rien à la compagne, *au lieu que* je lis très volontiers. (594)

351. *Bien loin que* vous puissiez fournir à sa dépense, à peine un satrape le pourrait faire. (595)

352. L'avare n'est bon *pour personne*, il est très-mauvais pour lui-même. (596, avec *in.*)

353. L'amour *pour la science* est innée en nous. (597)

354. La physionomie *tient* souvent *lieu* de langage. (598, avec *pro.*)

355. Celui qui est utile à un autre *pour* son propre avantage, demande injustement que cela lui soit imputé comme un mérite. (599)

356. On combattit en Italie *pour* l'empire. (600)

357. Les hommes ont été créés *pour les hommes*, afin qu'ils pussent être utiles les uns aux autres. (601, 1er ex.)

358. Toute la forêt tombe *pour* faire une flotte. (602)

359. Les mêmes choses ne sont pas honorables ni honteuses *pour tous.* (603)

360. Alexandre alla au temple de Jupiter-Ammon *pour s'instruire* du succès de ses nouvelles entreprises, et pour éclaircir son origine. (604, dern. ligne.)

361. Les troncs des arbres sont enveloppés d'écorce *pour* qu'ils soient *plus à l'abri* du froid. (605)

362. Ut *non* longiùs abeam. (Cic.)

363. Homines sunt hâc lege generati, *ut ii* tuerentur illum globum. (Cic.)

364. Ut gemmæ, ut abjiciantur in lutum, proprietatem non amittunt, sic multi, *ut* in tenebris involuti fuerint, optimam naturam non amiserunt. (Cic.)

365. Tenue est mendacium ; perlutet, *ut parùm* diligenter inspexeris. (Sen.)

366. *Propter me*, seditiosus sum. (Sall.)

367. Chrysippum *propter* facio. (Cic.)

368. In illo multæ, *pro* in homine Romano, litteræ erant. (Cic.)

369. Multi omnia se simulant scire, *sine* quidquam *scire*. (Plaut.)

370. Lycurgus nullam tulit legem *sine ut* suo exemplo confirmaret. (Cic.)

371. Latro *sine quàm* manus inquinet, jàm latro est. (Sen.)

372. Virtus nihil *sine experientiâ* omittit. (Q. Curt.)

373. Sensim *remoto* sensu ætas senescit. (Cic.)

374. Certum est, *liberi* à parentibus amo. (Quint.)

375. Satis constat nec Ciceroni *detrectatoribus desum*. (Tac.)

376. *Hoc accepto sum* Jovi vates respondit. (Q. Curt.)

377. Cogitemus *ille*, quem servum vocamus, eodem modo *orior* ac nobis. (Sen.)

378. Democritus dicit innumerabiles *sum mundi*. (Cic.)

379. Illud mihi sucurrebat, *gravis sum* judicare. (Cic)

380. Non rebatur oppidum *sum* Piræa (Cic.)

381. Traditum est *Homerus cæcus sum*. (Cic.)

382. *Orpheus poeta*, docet Aristoteles, nunquàm *sum*. (Cic.)

383. Rem *tu* benè *gero*, rumor erat. (Cic.)

362. *Pour ne pas* trop m'écarter. (606)

363. Les hommes ont été spécialement créés *pour habiter* ce globe. (607)

364. Comme les perles *pour être jetées* dans la boue, ne perdent point leur prix ; de même beaucoup d'hommes *pour avoir été enveloppés* dans les ténèbres, n'ont point perdu leur excellent naturel. (608)

365. Le mensonge est délié ; il est transparent, *pour peu que* vous l'examiniez (609)

366. *Pour moi*, je suis un séditieux. (610)

367. *Pour Chrysippe*, je l'estime. (610, avec *autem.*)

368. Il avait beaucoup de littérature *pour* un Romain. (611, avec *ut.*)

369. Beaucoup de gens font semblant de tout savoir *sans* rien *savoir*. (612)

370. Lycurgue ne porta aucune loi *sans* la confirmer par son exemple. (613)

371. Le voleur, *sans avoir souillé* ses mains, est déjà voleur. (614, avec *antequam.*)

372. Le courage n'omet rien *sans l'avoir éprouvé*. (615, 2°)

373. On vieillit *sans* s'en apercevoir. (615, 1er ex.)

374. Il est certain *que* les enfants *sont aimés* de leurs parents. (617, 1er ex.)

375. Il est assez certain *que les détracteurs* ne manquèrent point à Cicéron. (617, 7e ex.)

376. Le devin répondit *que cela serait agréable* à Jupiter. (617, 8e ex.)

377. Pensons *que cet homme*, que nous appelons notre esclave, *est né* de la même manière que *nous*. (618, 622)

378. Démocrite prétend *que les mondes* sont innombrables. (620, 617)

379. Je me disais *qu'il était pénible* de prononcer une sentence. (620, 617)

380. Il ne pensait pas *que le Pirée fût* un bourg. (620, 617)

381. On a prétendu *qu'Homère était aveugle*. (621, 617)

382. Aristote nous apprend *que le poète Orphée n'a jamais existé*. (622, 617.)

383. Le bruit courait *que vous aviez réussi*. (622, 617)

384. Est mihi animus, *hodiernus dies* initium libertatis *sum*. (Tac.)

385. Pollio *Cæsar* existimat suos *rescribo* et *corrigo* Commentarios. (Suet.)

386. Persuasum est, *sum* aliquandò, ut omnis hic mundus ardore *deflagro*. (Cic.)

387. Exaudita vox est, *ut* Roma *capio*. (Cic.)

388. Veientes prædicabant *sum* brevi à Gallis Roma caperetur. (Cic.)

389. Nihil in bello oportet *contemnere*. (C. Nep.)

390. Memini *hospes meus* mihi *narro*. (Cic.)

391. Romam quùm *venio*, scribam ad te. (Cic.)

392. Phocio fuit pauper cùm ditissimus esse *possum*. (C. Nep.)

393. Quùm res Flacci *agitur*, quùmque à majorum virtute non *degeneravit*, non pertimescam. (Cic.)

394. Ut *velis* esse me, ità ero. (Plaut.)

395. Epaminondas, dùm fortissimi militis officio *fungatur*, vulneratur. (Just.)

396. Dùm unam *movebat*.

397. Virtus vetat spectare fortunam, dùm *præstatur* fides. (Cic.)

398. Iratis subtrahendi sunt inimici, dùm se ipsi *colligunt*. (Cic.)

399. Si amitti vita beata *possit*, beata esse non potest. (Cic.)

400. Hectora quis *nôsse*, felix si Troja *fuisse*. (Ovid.)

401. Si in bonis rebus amicum contemnis aut in malis *deseras*, levis es aut improbus. (Cic.)

402. Dolorem si non *possum* frangere, occultabo. (Cic.)

403. Telo si primam aciem *præfrangis*, reliquo ferro vim nocendi sustuleris. (Just.)

404. Parvi sunt foris arma *si non* est consilium domi. (Cic.)

384. J'ai la confiance *que cette journée commencera une ère de liberté.* (623)

385. Pollion pense *que César aurait retouché* et *corrigé ses Commentaires.* (624, avec le verbe *sum* à la fin.)

386. On est persuadé *que* tout cet univers *sera* un jour embrasé. (625)

387. On entendit une voix crier *que* Rome *serait prise.* (626)

388. Les Véiens prédisaient *que* bientôt les Gaulois *prendraient* Rome. (626, 1er ex.)

389. A la guerre, il ne *faut* rien *négliger.* (628)

390. Je me souviens *que mon hôte m'a raconté.* (628, 3e ex.)

391. *Lorsque je serai arrivé* à Rome, je vous écrirai. (630)

392. Phocion resta pauvre, *lorsqu'il pouvait* être fort riche. (630)

393. *Comme* il s'agit de Flaccus, et *qu'* il n'a point dégénéré de la vertu de ses ancêtres, je n'aurai pas de crainte. (631, avec syncope au 2e verbe.)

394. *De même que* vous voudrez que je sois, *de même* je serai. (632)

395. Epaminondas est blessé *tandis qu'il remplit* le rôle du plus intrépide soldat. (633)

396. *Tandis qu'il agitait* l'urne. (633)

397. La vertu ne permet point de calculer le succès, *pourvu que* le devoir s'accomplisse. (634)

398. *Jusqu'à ce que* les personnes en colère soient rentrées en elles-mêmes, il faut éloigner de leur portée ceux à qui elles en veulent. (634)

399. *Si* le bonheur *peut* se perdre, ce ne peut être un bonheur. (635)

400. Qui *aurait connu* Hector, *si* Troie *avait été* heureuse? (635)

401. *Si* vous méprisez un ami dans la prospérité, ou *que* vous l'abandonniez dans l'infortune, vous êtes léger ou pervers. (636, avec l'ind.)

402. *Si je ne puis* vaincre ma douleur, je *saurai* la cacher. (637, 1e ex.)

403. *Si* vous *brisez* la pointe d'un javelot, vous *ôterez* au reste de l'arme la faculté de faire du mal. (637, 2e ex.)

404. Les armes sont peu puissantes au-dehors, *s'il* n'y a point de prudence au-dedans. (638)

11*

405. Æquitas tollitur omnis, si habere sum cuique..... licet. (Cic.)

406. Si domi sum, foris est animus ; *sed si foris sum,* animus domi est. (Plaut.)

407. Rana interrogavit natos suos, *si erat* bove latior. (Phæd.)

408. Pompeius Scauro *si* fronte studeat, *aut* mente, dubitatur. (Cic.)

409. Dubito *si* Thrasybulum primum omnium *pono*. (C. Nep.)

410. Minaciter agis, ut nos *terres*. (Cic.)

411. Ille, ut nunc se *habeat*, admirabili gloriâ est. (Cic.)

412. Id Datames ubi *audiverit*, arma sumit. (C. Nep.)

413. Oportet *quàm* virtus te *traho* ad verum decus. (Cic.)

414. Senatus imperavit decemviris *quàm* libros sibyllinos *inspicio*. (T. L.)

415. Conon muros *reficere* curat. (C. Nep.)

416. Eâ te curâ *liberare* volo. (Cic.)

417. Me admones ut me integrum, quoàd possim, *servo*. (Cic.)

418. *Ut ei* suum adventum *expectarent* jussit. (Cæs.)

419. Si sitis, nihil interest *ut* aqua sit *aut* vinum, nec refert *ut* sit aureum poculum *aut* vitreum, aut manus concava. (Sen.)

420. Quid tuâ interest *ut* dixerim *aut non?* (Cic.)

421. Suadeo tibi ut te quotidiè meliorem *facis* (Cic.)

422. Timor Romæ grandis fuit, *ut* iterùm Galli Romam *redeo*. (Eut.)

423. Unum illud extimescebam, *ut* quid turpiter jàm effecissem. (Cic.)

424. Non est periculum *ut* idem facere non *potes*. (Cic.)

405. Il n'y a plus de justice *si* chacun *ne* peut *pas* garder ce qui lui appartient. (639, avec *si non*.)

406. Si je suis à la maison, mon esprit est dehors; *mais si* je suis dehors, mon esprit est à la maison. (641, avec *sin autem*.)

407. La grenouille demanda à ses petits *si elle* était plus grosse que le bœuf. (642).

408. On ne sait *si* Pompée est pour Scaurus de mine seulement *ou* de cœur. (642, 2ᵉ ex.)

409. Je ne sais *si* je ne *placerai* pas Thrasybule le premier de tous. (642, 3ᵉ ex.)

410. Vous faites le méchant *pour* nous effrayer. (643)

411. Cet homme, *comme* il est aujourd'hui, brille d'un admirable éclat. (644)

412. Dès *que* Datame *eut appris* cela, il saisit ses armes. (645)

413. *Il faut que* la vertu vous *conduise* au véritable bonheur. (646)

414. Le sénat *ordonna* aux décemvirs *de* consulter les livres Sibyllins. (646)

415. Conon a soin *de faire relever* les murailles. (647)

416. Je veux vous *délivrer* de cette inquiétude. (648)

417. Vous me *recommandez de* me conserver en bonne santé aussi longtemps que je le pourrai. (649)

418. Il leur *ordonna d'*attendre son arrivée. (650, 617)

419. Si tu as soif, il n'importe *que* tu aies de l'eau *ou* du vin, un vase d'or *ou* de verre, *ou* le creux de ta main. (651)

420. Que t'*importe* que je l'aie dit ou non ? (652)

421. Je vous *conseille* de vous *rendre* meilleur chaque jour. (653).

422. On avait à Rome un grand *effroi* que les Gaulois *ne* revinssent. (655)

423. Ma seule *crainte* était d'avoir fait quelque chose de honteux. (655)

424. Il n'y a point à *craindre que* vous n'en *puissiez* faire autant. (656, avec *ne non*.)

425. Habetis consulem qui non *timeat* ea puæ statueritis defendere. (Cic.)

426. Vide ut *non* quid imprudens *ruo*. (Ter.)

427. Antè senectutem curavi *quàm* benè viverem, in senectute *quàm* benè moriar. (Sen.)

428. Quàm multi non *cavent* se derideri ! (Sen.)

429. Non committam... tibi insaniro *videor*. (Cic.)

430. Hi homines digni sunt *ut cum* eis disseratur. (Cic.)

431. Id casus *ut facio* impedivit. (Cic.)

432. Lex naturæ prohibet *ut* cui *naceo*. (Cic.)

433. Senectus non impedit *ut* litterarum studia *tenemus* usque ad ultimum tempus senectutis. (Cic.)

434. Per eum unum stetit *ut* urbe potiretur. (Cic.)

435. Quis potest *impediri* odisse protervam adolescentiam ? (Cic.)

436. Plato escam malorum voluptatem appellat, *quia* eâ videlicet homines capiantur, ut hamo pisces. (Cic.)

437. Ne exspectemus ut *rogor*. (Cic.)

438. Nunquàm adduci potuissem ut *exspectarem* animi vim et aciem ità obtusam et hebetem huic adolescenti fuisse. (Cic.)

439. Futurum hoc animo *exspectaveram*. (Cic.)

440. Tibi nulla causa est *ut* hunc calamitate affici *volo*. (Cic.)

441. Dubito *ut* vitium *sum* magis detestabile quàm ira. (Sen.)

442. Non debet dubitari *ut* fuerint antè Homerum poetæ. (Cic.)

443. Dubitamus-ne *ut* cœli vicissitudines *fio* divinâ ratione ? (Cic.)

444. *Dubitabam* nihil esse. (Cic.)

445. Commemoro vesperi quid quoque die *dixi, audivi, egi*. (Cic.)

425. Vous avez un consul qui *ne craindra point de défendre ce que vous aurez réglé.* (657)
426. *Prenez garde de vous précipiter* dans quelque imprudence. (658.)
427. Avant la vieillesse, *je me suis efforcé de* bien vivre; dans la vieillesse, je m'efforcerai *de* bien mourir. (659)
428. Combien de gens ne *prennent* pas *garde qu'*on se moque d'eux. (660)
429. *Je ne m'exposerai pas à* vous paraître extravagant. (661)
430. Ces hommes méritent *qu'*on discute avec eux. (662, avec *qui*, 561)
431. Le hasard m'a empêché de faire cela. (663)
432. La loi naturelle *nous défend de nuire* à personne. (663.)
433. La vieillesse *ne nous empêche pas de conserver* le goût des lettres jusqu'au dernier période de la vie. (664, avec *quominus.*)
434. Il n'a tenu qu'à lui *de* prendre la ville. (665, avec *quominus.*)
435. Qui peut *s'empêcher de haïr* une jeunesse insolente ? (666)
436. Platon appelle la volupté l'appât des vices, *de ce que* les hommes y sont pris, comme les poissons à l'hameçon. (667)
437. N'attendons pas *qu'on nous prie.* (668, avec *dum.*)
438. Je ne *me fusse* jamais *attendu que* cet enfant eût eu l'esprit aussi lourd et aussi hébété. (669)
439. *Je m'étais attendu que* cela arriverait. (670, avec *prænosco.*)
440. Vous n'avez pas *sujet de vouloir* que cet homme soit accablé de malheur. (671)
441. *Je doute qu'il y ait un* vice plus détestable que la colère. (672, avec *utrum.*)
442. On ne doit pas douter *qu'il n'*y ait eu des poètes avant Homère. (673)
443. *Doutons-nous que* les vicissitudes du ciel ne s'opèrent par une divine intelligence? (673)
444. *Je me doutais que* ce n'était rien. (674)
445. Je repasse le soir *ce que j'ai dit, entendu* et *fait* chaque jour. (675)

446. Quid quæque nox aut dies *fero* incertum est. (T. Liv.)

447. Deus intelligit *quod* quisque sentiat. (Cic.)

448. Non video quomodò sedare *possum* mala præsentia præteritæ voluptates. (Cic.)

449. Vellem tu animo sapienti fortique *esse*. (Cic.)

450. Quantùm in studiis *profecimus* aliorum si judicium. (Cic.)

451. Quis non *admiraretur* splendorem pulchritudinemque virtutis? (Cic.)

452. Epicurus dicit omnium rerum quas ad beatè vivendum sapientia *comparavit* nihil esse majus amicitiâ. (Cic.)

453. Diù cogita an tibi in amicitiam aliquis *recipietur*. (Sen.)

454. Nescio *si* te culpæ pœnituisset.

455. Non dubitat quin brevi Troja pereat. (Cic.)

456. Vereor ut tot labores *sustineo*. (Cic.)

457. Dubito an ullus M. Tullio eloquentior *existo*. (Aul. Gel.)

458. Xerxes se *Themistoclem* non *superavisse*, sed *conservavisse* judicavit. (C. Nep.)

459. *Lunam* solis lumine collustrari putatur. (Cic.)

460. Aiunt homines plus in alieno negotio *videant* quàm in suo. (Sen.)

461. Homo doctus in *illo* semper divitias habet. (Phæd.)

462. Crebro invise bonos, *est* sic *ut* eris ipse bonus. (Tib.)

463. *Non est ut* haberem magnoperè quod ad te scriberem, sed *ut* tecum absens loqui vellem. (Cic.)

464. Non *ut* ipse dissentiam, sed quòd te sapientem esse judicem. (Cic.)

465. Non, si Opimium defendisti, *est dicendum* te isti bonum civem putabunt. (Cic.)

446. On ne sait point *quel* événement une nuit, un jour *amène*. (675)
447. Dieu sait *ce que* chacun pense. (676)
448. Je ne vois pas *comment* des plaisirs passés *peuvent* calmer des maux présents. (677)
449. *Je voudrais que* vous fussiez d'un esprit sage et ferme. (677, avec le présent du subj.)
450. Que d'autres jugent *combien* nous *avons fait* de progrès. (678)
451. *Qui n'admirerait pas* l'éclat et la beauté de la vertu ? (679)
452. Epicure déclare que, de tout ce que la sagesse a *recueilli* pour le bonheur de la vie, il n'y a rien de plus grand que l'amitié. (680)
453. Examinez longtemps si quelqu'un *doit être admis* dans votre amitié. (681)
454. *Je ne sais si* vous vous seriez repenti de votre faute. (682)
455. Il ne doute pas que Troie ne *périsse* bientôt. (683, en employant *sum* avant le part.)
456. Je crains que vous ne *résistiez* pas à tant de travaux. (684)
457. Je doute qu'il *ait existé* quelqu'un plus éloquent que Cicéron. (685)
458. Xerxès jugea non *que Thémistocle* l'avait vaincu mais qu'il l'avait sauvé. (688, avec le part. passé seulement.)
459. *On pense* que la lune est éclairée par la lumière du soleil. (689)
460. *On dit que* les hommes sont plus clairvoyants dans les affaires d'autrui que dans les leurs. (690)
461. L'homme a toujours en *lui* des richesses. (692)
462. Visitez souvent les hommes vertueux, *c'est ainsi que* vous le deviendrez vous-même. (693)
463. *Ce n'est pas que* j'eusse beaucoup de choses à vous écrire, *mais c'est que* absent je voulais m'entretenir avec vous. (694)
464. *Ce n'est pas que* je diffère de sentiment, mais c'est que je vous crois sage. (696)
465. Quoique vous ayez défendu Opimius, *ce n'est pas à dire pour cela* que ceux-ci vous regarderont comme un bon citoyen. (697, avec *ideo*.)

466. *Quod est* nobilitas sola est atque unica virtus. (Juv.)

467. *Quod* debes cogitare, non te tibi soli gloriam quærere. (Cic.)

468. *Est* inani ostentatione gloriam consequi posse *reor*, vehementer *erro*. (Cic.)

469. (Credo) quò quisque est solertior et ingeniosior, hoc *docet* iracundiùs et laboriosiùs. (Cic.)

470. In *medio* sitiens stat Tantalus *undarum*. (Ovid.)

471. Cameli bisulcus est pes... (Plin.)

472. Occiderant minùs duo millia cives. (T. Liv.)

473. Bellum *eo scriptum* quod populus Romanus cum Jugurthâ gessit. (Sall.)

474. *Mortem* servituti turpitudinique *anteponi oportet*. (Cic.)

475. Ne *eas* adulatoribus aures *præbitum*. (Cic.)

476. *Juventuti opus est refrænari* atque *coerceri*. (Cic.)

477. Ratione duce, per totam vitam *oportet ire*. (Sen.)

478. Se præferre Dianæ *habuit audaciam*. (Ovid.)

479. *Habet pulchrum* se ipso contentus *esse* sapiens, amicis illi opus est (Sen.)

480. *Non pœnâ* adversum fortunam sustinet qui semper eam exspectat. (Sen.)

481. *Vi precandi* aliquid impetrare. (Cic.)

482. Beatus est cui *felicitas est* ut veras opiniones assequi possit! (Cic.)

483. Non est *locus invidendi* istis quos magnos felicesque populus vocat. (Sen.)

484. Cùm Ptolemæus *mori propè* videretur, per quietem regi monstrata in remedia veneni herba est. (Just.)

485. Ea est gens Romana, quæ victa quiescere *nescio*. (T. L.)

486. Non *capax* sum *dicere*. (Cic.)

466. *Ce qui* est la seule et unique noblesse, *c'est* la vertu. (698)

467. *Ce que* vous devez penser, *c'est de* ne point chercher la gloire pour vous seul. (699)

468. *C'est* se tromper grossièrement *que de* penser acquérir de la gloire par une vaine ostentation. (700, tournez par *ceux qui...*)

469. (*Je crois que*) plus on a de souplesse et de vivacité d'esprit, plus on *est* emporté et exigeant dans son *enseignement*. (701)

470. Tantale est altéré *au milieu des eaux*. (702)

471. *Le pied* du chameau est fourchu *à sa base*. (702, 8ᵉ ex.)

472. Moins de *deux mille citoyens* avaient péri. (703, 2ᵉ ex.)

473. *Je vais écrire* la guerre que le peuple romain eut avec Jugurtha. (704)

474. *Il faut préférer la mort* à la servitude et à la honte. (705)

475. *N'allez pas* prêter l'oreille aux flatteurs. (706)

476. La jeunesse *a besoin* d'être réprimée et contenue.)707)

477. *Il faut parcourir* la carrière de la vie sous la conduite de la raison. (708)

478. *Elle eut la hardiesse* de se préférer à Diane. (709)

479. Le sage *a beau* se suffire à lui-même, il a néanmoins besoin d'amis. (710, avec *quamvis*,)

480. Celui qui s'attend toujours à la mauvaise fortune *n'a pas de peine* à la supporter. (711, 2ᵉ ex.)

481. Obtenir quelque chose *a force de prier*. (712)

482. Heureux celui qui *a le bonheur de* pouvoir acquérir des idées justes. (713)

483. Vous n'*avez pas sujet d'envier* le sort des hommes que le peuple appelle grands et heureux. (714, avec *quòd*.)

484. Comme Ptolémée paraissait *près de mourir*, une herbe lui fut indiquée dans un songe comme un remède au poison. (715, avec *mox* sans *sum*.)

485. Le peuple romain est *capable de ne pas prendre de repos* après une défaite. (716)

486. Je ne suis pas *homme à le dire*. (716)

487. Thesauri quilibet *qui satient* avarum non *ii sunt.* (Cic.)

488. Si quid acciderit novi, *fac me scire.* (Cic.)

489. Quæ hic agantur, ea *ibi litteræ meæ cognoscere* facient. (Cic.)

490. Audere ultima necessitas *facit.* (T. L.)

491. Alexander Jovis filium se appellari *fecit.* (Q. Curt.)

492. Paupertas *fecit* audax *me* versus *facere.* (Hor.)

493. Pauci Perdicæ *nihil nisi* electo imperium dabant. (Q. Curt.)

494. *Nihil facit nisi loquatur.* (Cic.)

495. Jàm propè erat... sinistrum cornu *pellor.* (T. Liv.)

496. *Oportebit*-ne in re esse homini cuiquam *fides!* (Ter.)

497. Paulùm abfuit *ut* Varum interficeret. (Cæs.)

498. *Defuit capi* Lacedæmon. (T. Liv.)

499. Tantùm abest ut nostra *miror quin* nobis non *satisfacio* ipse Demosthenes. (Cic.)

500. Nec mihi longius quicquam est *ut* illum *videam.* (Cic.)

501. Ne adulari nos *permittamus.* (Cic.)

502. Pausanias accusatus capitis absolvitur, *mulctari non sinit* pecuniâ. (C. Nep.)

503. Nihil, *quamvis repugnent,* fas quemquam fidere *divi.* (Virg.)

504. Gloriæ te, Cæsar, esse avidissimum, *invitâ sapientiâ* non negabis. (Cic.)

505. *Non deest* fortuna in omni re *dominari.* (Sall.)

506. *Non deeris* adversùs infimos justitiam servare, (Cic.)

507. Nos *ad pessundandum aptæ sunt* cupiditates. (Sen.)

487. Tous les trésors du monde ne sont pas *capables de* rassasier l'avare. (717)

488. S'il arrive quelque chose de nouveau, *faites-le moi savoir*. (718)

489. Mes lettres *vous feront connaître* ce qui se passe ici. (719, avec *tu* avant *ex litter.*)

490. La nécessité *fait* tout oser. (720, 1er ex.)

491. Alexandre *se fit appeler* fils de Jupiter. (720, 2e ex.)

492. L'audacieuse pauvreté m'*a fait faire* des vers. (720, 3e ex.)

493. Peu donnaient l'empire à Perdicas, *qui ne faisait que d'être élu.* (721)

494. *Il ne fait que* parler. (722)

495. *Il ne s'en fallait pas beaucoup que* l'aile gauche *ne fut repoussée.* (729)

496. *Faudra-t-il* donc *en rien* ne *se fier* à personne! (730, avec *nullâ.*)

497. *Peu s'en fallut qu'il ne tuât Varus.* (731)

498. Lacédémone *faillit être prise.* (733, 3e ex. : mettez *capta* avant, et *est* apres *Lacedæmon.*)

499. *Tant s'en faut que nous admirions* nos propres écrits *que* Démosthène lui-même *ne nous satisfait pas.* (734, 1er ex.)

500. *Il me tarde de* le voir. (735)

501. Ne nous *laissons* point flatter. (737)

502. Pausanias accusé d'un crime capital en est absous, et *ne laisse pas d'être* condamné à l'amende. (738)

503. Il n'est permis à personne de compter sur rien *malgré les Dieux.* (739, dern. ex.)

504. Vous ne nierez point, César, que, *malgré votre sagesse,* vous ne soyez passionné pour la gloire. (740)

505. La fortune *ne manque pas de* dominer en tout. (741)

506. *Vous ne manquerez pas d'*observer la justice envers les plus petits. (742)

507. Les passions *ne servent qu'à* nous perdre. (743)

508. Nimiùm es simplex, Helene, *ad non* rustica *dicendum*, (Ovid.)

509. Tu *scito* ne *cedere* malis, sed contrà audentior ito. (Virg.)

510. Sapiens ipse *occupatur fingere* fortunam sibi. (Plaut.)

511. *Venit* in Galliam *proficisci*. (Cic.)

512. Væ tibi, si *veniam scire*. (Mart.)

513. Vix *crederes* quantùm errori pateat homo. (Sen.)

514. Aguntur bona multorum civium. (Cic.)

515. *Habetur ibi* Deus qui omnem hunc mundum regit. (Cic.)

516. *Habetur ibi* qui censeant unà animum et corpus occidere. (Cic.)

517. Proh! curia, inversique mores! (Hor.)

TRADUCTION.

508. Vous êtes trop simple, Hélène, *pour ne pas dire* grossière. (744)

509. *Sachez* ne point céder aux malheurs, mais marchez plus courageux encore. (745)

510. Le sage *s'occupe à* faire lui-même sa destinée. (746)

511. *Il vient de partir* pour la Gaule. (747)

512. Malheur à vous, si je *viens à le* savoir. (748, avec le verbe au futur.)

513. *On ne saurait croire* combien l'homme est sujet à l'erreur. (749)

514. *Il y va* des biens de plusieurs citoyens. (753, 1er ex.)

515. *Il y a* un Dieu qui régit tout cet univers. (754)

516. *Il y a des gens* qui pensent que l'âme et le corps meurent ensemble. (754)

517. O sénat, ô changements de mœurs! (762 et 218)

TABLE DES MATIÈRES.

PREMIÈRE PARTIE.

		Pages.
CHAPITRE I.	Exercices sur les cinq déclinaisons.	1
II.	Exercices sur les adjectifs.	18
III.	Exercices sur les pronoms en général.	28
IV.	Exercices sur les verbes.	30
V.	Questions sur les participes.	52
VI.	Questions sur les adverbes.	52
VII.	Questions sur les prépositions.	53
VIII.	Questions sur les conjonctions.	54
IX.	Questions sur les interjections.	54
Dictionnaire relatif à la première partie.		55

DEUXIÈME PARTIE. [SYNTAXE.]

Notions préliminaires (Questions.)		65
CHAPITRE I.	Accord de deux mots.	68
II.	Accord de l'adjectif avec le substantif.	ibid.
III.	Accord du verbe avec le sujet.	70
IV.	Accord de l'attribut avec le sujet.	72
V.	Compléments des substantifs.	74

TABLE DES MATIÈRES.

VI.	Compléments des adjectifs..........	78
VII.	Syntaxe des comparatifs et des superlatifs..	84
VIII.	Syntaxe du verbe *sum*............	88
IX.	Régime direct des verbes...........	91
X.	Régime indirect des verbes..........	95
XI.	Régime des verbes passifs..........	103
XII.	Régime des verbes déponents........	*ibid.*
XIII.	Régime des verbes neutres..........	106
XIV.	Régime des verbes impersonnels......	108
XV.	Verbe complément d'un autre verbe (*amat tudere*, etc.).................	110
XVI.	Règles particulières sur quelques adjectifs et quelques pronoms.............	114
	Tel que... Telle que.............	116
	Le même que, etc...............	116
	Autre, autrement que............	118
	Pronom *se*...................	122
	Quel, quelle, quelque... que.......	122
	Celui, ceux, celle, celles, qui, que, dont.	124
	Pronom *on*, *l'on*...............	126
	Qui interrogatif................	128
XVII.	Interrogation dans les verbes.......	130
	Emploi de l'impératif............	132
XVIII.	Syntaxe des participes............	132
XIX.	Adverbes de lieu, questions *ubi*, *quò*, *undè*, *quà*......................	136
XX.	Adverbes de quantité............	140
XXI.	Que, adverbe..................	140
XXII.	Que, après *plus*, *moins*, *autant*, *aussi*...	142
	D'autant plus, d'autant moins.... que.... plus, moins, *répétés*. Le plus, le moins.	146
	Tant que... que................	148

TABLE DES MATIÈRES.

	Si, adverbe. Assez... pour... trop... pour.	150
	Adverbes de manière.	152
XXIII.	Complément des adverbes de lieu.	ibid.
XXIV.	Complément des adverbes de temps.	154
XXV.	Syntaxe des prépositions.	156
XXVI.	Noms de matière, de mesure, de distance, de prix, etc.	160
	Préposition à de.	164
	Prépositions *après*, *avant*, *au lieu de*, *bien loin de*.	166
	Prépositions *pour*, *sans*.	168
XXVII.	Conjonctions. QUE retranché.	174
	Autres conjonctions.	180
	Que ou *de* exprimé par diverses conjonctions.	186
XXVIII.	Temps des verbes après *ut*, *ne*, *an*, *utrùm*, etc. *de* ou *que* après *craindre*, *prendre garde*, *empêcher*, *défendre*, etc.	188
	Verbes à l'indicatif en français, qu'il faut mettre au subjonctif en latin.	194
XXIX.	Règles particulières. — *On dit que*, *on croit que*. — Pronoms, etc.	198
XXX.	Locutions françaises ou *Gallicismes* proprement dits.	202
RÉCAPITULATION générale sur toute la syntaxe.		210

FIN.

www.ingramcontent.com/pod-product-compliance
Lightning Source LLC
Chambersburg PA
CBHW062233180426
43200CB00035B/1697